SELECTIONS

FROM OVID

WITH NOTES AND VOCABULARY

Erica Nork

THE FOCUS CLASSICAL LIBRARY
Series Editors • James Clauss and Stephen Esposito

Hesiod's Theogony • Richard Caldwell • 1987
The Heracles of Euripides • Michael Halleran • 1988
Aristophanes' Lysistrata • Jeffrey Henderson • 1988
Euripides' Medea • Anthony Podlecki • 1991
Aristophanes' Acharnians • Jeffrey Henderson • 1992
Aristophanes' Clouds • Jeffrey Henderson • 1992
The Homeric Hymns • Susan Shelmerdine • 1995
Aristophanes: Acharnians, Lysistrata, Clouds • Jeffrey Henderson • 1997
Euripides' Bacchae • Stephen Esposito • 1998
Terence: Brothers • Charles Mercier • 1998
Sophocles' Antigone • Ruby Blondell • 1998
Euripides' Hippolytus • Michael Halleran • 2000
Aristophanes' The Birds • Jeffrey Henderson • 1999
Sophocles' King Oidipous • Ruby Blondell • 2002
Sophocles' Oidipous at Colonus • Ruby Blondell • 2002
Sophocles: The Theban Plays • Ruby Blondell • 2002
Euripides: Medea, Hippolytus, Heracles, Bacchae • Stephen Esposito, ed. • 2002
Golden Verses: Poetry of the Augustan Age • Paul T. Alessi • 2003

SELECTIONS

FROM OVID

WITH NOTES AND VOCABULARY

CHARLES WILLIAM DUNMORE

Focus An Imprint of
Hackett Publishing Company
Indianapolis/Cambridge

Selections from Ovid
© 2003 Charles William Dunmore

Previously published by Focus Publishing / R. Pullins Company
Focus An Imprint of
Hackett Publishing Company
www.hackettpublishing.com
P.O. Box 44937
Indianapolis, Indiana 46244-0937

Printed in the United States of America

Cover: Apollo and Daphne, Bernini, Villa Borghese, Rome.

ISBN 13: 978-1-58510-088-0

18 17 16 15   7 8 9 10 11

To
RICHARD MANSFIELD HAYWOOD
For his constant help and encouragement.

INTRODUCTION

PUBLIUS OVIDIUS NASO, the poet known as Ovid, was born in Sulmo, a town about eighty miles east of Rome, on March 20, 43 B.C. There are few contemporary references to him and his life, but in his autobiographical poem (*Tristia* IV, 10) he gives us a wealth of information about himself.

Ovid tells us that his family was one of the equestrian order and had been for generations. His father destined Ovid and his brother, older by exactly one year, for a career in oratory—an education comparable to that of the law school of today. But he says that he had no heart for the forensic life and that from an early age the Muse of poetry attracted him. His father attempted to dissuade him from such a profitless pursuit, pointing out that "even Homer left no wealth" (*Tristia* IV, 10, 22). In deference to his father's wishes, he devoted himself to writing prose, that is, oratorical exercises—but he says "whatever I tried to write turned into verse" (*Tristia* IV, 10, 26). Ovid's education was completed at Athens, where he may have obtained some of his sources for the stories he told later in the *Metamorphoses*. After leaving Athens, he traveled with the Roman poet Macer (see *Tristia* IV, 10, 44) in Asia and Sicily.

When the opportunity came to him to rise to the senatorial order he declined this honor, preferring to remain a knight, or member of the *equites*. He did, however, take a small part in politics, becoming first, a member of the *Triumviri*, or Board of Three, a minor magistracy concerned with resolving litigation between persons of low social stature, such as the slaves. Later, he became one of the *Centumviri*, the judges who tried important civil and criminal cases, and he was then appointed to the *Decemviri*, a high court of ten men.

After two unsuccessful marriages, Ovid was married for the third time to a woman who remained faithful to him to his death and who bore him a daughter, Perilla. In the earlier years, however, when he was writing elegiac love-poetry, he had had a mistress, a married woman whom he addresses as Corinna. The Latin elegiac poets before him had mistresses to whom their poetry was devoted, so why not he? Indeed, he claims for himself the place of fourth (chronologically, that is) of the great Latin elegiac poets, coming after Tibullus, Gallus, and Propertius (incidentally, leaving Catullus out of the picture completely).

Ovid was evidently well liked and well received in Rome, for he tells us that he enjoyed the company of the literary greats of the day—Propertius, Horace, Macer, Ponticus, and Bassus; the last three of whom are little known to us. He says that he knew Vergil only by sight, and that Tibullus had died too soon (19 B.C.) for them to become acquainted. He had a number of influential friends, as his letters from the Black Sea attest, and he was a member of the elite literary circle of Valerius Messalla, friend of the emperor.

Thus, Ovid lived happily and prosperously both in Rome and at his country estate. His daughter had presented him with two grandchildren, his father had lived to the age of ninety, and his mother even longer.

In the midst of this happy life calamity struck without notice. In A.D. 8, in his fiftieth year, he was exiled by order of the Emperor Augustus to a dreary semibarbarous town on the Black Sea, called Tomis. Despite pleadings and protestations of his innocence the emperor remained obdurate, and Ovid was forced to leave Italy. He arrived in Tomis the following year and remained there until his death in A.D. 17 (or 18), never seeing his family again.

The reason for his banishment is not known to us. Contemporary writers make no mention of it, and Ovid refers to possible reasons in veiled terms. He says that there were two reasons—a poem and an error, "*duo crimina, carmen et error*" (*Tristia* II. 207). What the *error* was, we do not know. It has been conjectured that Ovid had discovered some scandal in the emperor's family or even that he himself had been involved with the notorious Julia, the emperor's daughter; this last reason seems improbable, as Augustus had banished Julia from Italy for adultery ten years prior to this time. It seems unlikely that we shall ever discover what this *error* was.

As for the *carmen,* Ovid himself seemed to think that it was the *Ars Amatoria,* a Handbook for the Lover's Art, which will be discussed below. It is hard to believe that Augustus, infamous for his own profligacy, would consider this innocent poem, published ten years before, sufficient reason to condemn Ovid to exile. Still, exiled he was, and to a place so barren and desolate (see *A Description of Tomis, Tristia* III, 10), that it must have been as distasteful as a prison to the poet.

Despite letters to the emperor, to Tiberius after Augustus' death, and to friends of the poet who were influential with both emperors, the sentence was not revoked, and Ovid lived the last years of his life in exile.

Ovid has been a highly favored poet through the ages, and has influenced other writers from his own day to ours. Dante (*Inferno* 4, 90) considered him the equal of the greatest poets of antiquity, including Homer and Horace. Ovid's version of the legend of Pyramus and Thisbe has been a popular one in European literature from the twelfth century on. Chaucer used it in *The Legend of Good Women;* Gower used it in the *Confessio Amantis;* and Boccaccio used it. Shakespeare employed it in *A Midsummer Night's Dream.*

The first great English translation of the *Metamorphoses* was that of Arthur Golding in 1565-1575, the version known and used by Shakespeare. Other famous English versions of this poem are by Dryden, Congreve, and Addison. Recent translations of the *Metamorphoses* are those of Rolfe Humphries (Indiana University Press, 1955), Mary M. Innes (Penguin Books, 1955), and Horace Gregory (Mentor Books, 1960).

IN THIS EDITION, I have endeavored to give sound, practical help to the student, and have gradually lessened this help as the student progresses through the book.

Mythological references have been explained in the notes at their first occurrence. Words that occur but once in text are identified in the notes and do not necessarily appear in the vocabulary. I have made no consistent attempt to give vowel quantities in the notes, except where it is useful for the student to know this for translation. For the most part, only basic meanings have been given in the vocabulary; where the context requires an unusual meaning for a particular word, it will be found in a note.

The text is, in large part, that of Ehwald, although I have felt free to use an alternate reading if it seemed to me that the sense was made clearer by doing so. Occasionally I have indicated alternate readings in the notes in an endeavor to show the student the problems involved in establishing a text. Punctuation and capitalization are entirely my own.

SELECTIONS from the following groups of Ovid's writings will be found in this edition:

METAMORPHOSES: This long poem (almost 12,000 lines) is Ovid's *magnum opus*. In fifteen books, it relates stories from Greek and Roman myth and legend—some familiar, some obscure—all having to do with a metamorphosis of some sort, beginning with the creation of the universe and ending with Julius Caesar's transformation into a star after death.

FASTI: A Collection of poems describing the feast-days of the Roman calendar for the first six months of the year. Historical and legendary sources for these holidays are given, along with astronomical and religious data. The work, originally planned to cover the entire year, was unfinished at the time of Ovid's exile, and had not been completed at the time of his death.

HEROIDES: A series of twenty-one poems taking the form of letters written by famous lovers of antiquity to those beloved by them. Eighteen of these are from women to men, hence the title *Heroides*, "Heroines."

TRISTIA and EPISTULAE EX PONTO: These are two groups of letters written by Ovid in exile to his wife, his friends, and even to some of his enemies. They are mostly in the same vein—either sad laments over his fate and gloomy descriptions of his life in Tomis, or letters to the emperor and to friends influential with the emperor, importuning the revocation of his sentence.

AMORES: A collection of love poems of a light nature, mostly written to or about a married woman, his mistress, whom Ovid refers to as Corinna.

ARS AMATORIA: This is the infamous 'Handbook for the Lover's Art' that was one of the causes of Ovid's sentence of banishment to Tomis. In three books, it gives some practical advice on how to woo and win a lover. Ovid is careful to state explicitly that the women he writes about are not Roman ladies but courtesans. Books I and II tell men how to win the girls of their choice, while the third book gives the same kind of advice to the women.

OVID was a prolific writer, and among his other works that exist in full or in part are the following: *Remedia Amoris*, a poem offering cures to heal the wounds of love; *Medicamina faciei femineae*, a fragment of a handbook for women on the use of cosmetics; *Ibis*, a harsh invective against some unnamed enemy who is trying to get possession of his property while Ovid is in exile; *Halieutica*, fragments of a treatise on fishes and fishing. Two lines remain of the tragedy *Medea*, as well as short fragments of epigrams and other poems, some impossible to identify, along with titles of works that are totally lost. Two extant poems, *Nux*, the lament of a nut tree over its wretched lot in life, and *Consolatio ad Liviam* (on the death of her son Drusus, the stepson of the emperor Augustus) are of doubtful authenticity.

I SHOULD LIKE to thank Miss Rita Fleischer of the Department of Classics of University College for her help in proofreading the manuscript of this book and in the preparation of the vocabulary. To the University of Indiana Press and Rolfe Humphries, I extend my thanks for permission to reprint the translations of the Prologue and Epilogue of Ovid's *Metamorphoses* by Mr. Humphries.

C.W.D.

University College
October, 1962

CONTENTS

INTRODUCTION   vii

METAMORPHOSES

BOOK I	Prologue (1-4)	3
	Creation (5-88)	3
	The Four Ages of Man (89-150)	8
	The Flood (253-312)	10
	Deucalion and Pyrrha (313-415)	13
	Daphne and Apollo (452-567)	18
	Jupiter and Io (568-746)	23
BOOK II	Phaëthon (1-328)	30
BOOK III	Cadmus (1-137)	42
	Actaeon (138-252)	48
	Semele (253-315)	52
	Tiresias (316-338)	54
	Echo and Narcissus (339-510)	55
BOOK IV	Pyramus and Thisbe (55-168)	61
	Mars and Venus (169-189)	65
BOOK V	Ceres and Proserpina (341-550)	66
	The Sirens (551-576)	74
	Arethusa (577-642)	76
BOOK VI	Arachne (70-145)	78
	Niobe (146-312)	82
	Latona (313-381)	88
BOOK VII	Jason and Medea (1-293)	90
BOOK VIII	Baucis and Philemon (620-737)	101
	Erysichthon (738-878)	105
BOOK IX	Iphis and Ianthe (669-797)	109
BOOK X	Orpheus and Eurydice (1-63)	114
	Pygmalion (243-297)	116

Book XI   The Death of Orpheus (1-84)   118
           Midas (85-193)   122
           Peleus and Thetis (221-265)   125
           Aesacus and Hesperia (749-795)   127
           Epilogue (871-879)   129

FASTI
Book II   Arion (79-118)   130
           Faunus (267-358)   131
           Tarquin and Lucretia (685-852)   134
Book III   Anna (523-656)   139
Book IV   The Founding of Rome (807-862)   144

HEROIDES
II   Phyllis to Demophoon (1-148)   147
X   Ariadne to Theseus (1-150)   152

TRISTIA
I, 3   The Final Night in Rome (1-102)   158
III, 2   Death Would Be Better than Exile (1-30) 161
III, 10   A Description of Tomis (1-78)   162
IV, 10   Ovid's Autobiography (1-132)   165

EPISTULAE EX PONTO
I, 4   To His Wife (1-58)   171
I, 10   To Flaccus (1-44)   173
III, 3   To Maximus (1-108)   174

AMORES
I, 4   Advice to his Mistress (1-70)   179
II, 2   Advice to his Mistress's Slave (1-66) 181
II, 19   Advice to his Mistress's Husband (1-60) 183

ARS AMATORIA
Book I, 1-170   186

Abbreviations   193

Vocabulary   195

SELECTIONS FROM OVID

CORRIGENDA

Page 7. The footnote on line 74 on *habitandae* should read: nom. pl. with *undae*, the subj. of *cesserunt*.

Page 118. The footnote on line 290 should say that in line 297 Paphos is Pygmalion's daughter. Some MSS have *de quo* in this line, in which case Paphos is Pygmalion's son. *Paphon* is the accusative form of the Greek name Paphos, which can be either m. or f.

METAMORPHOSES

PROLOGUE

In nova fert animus mutatas dicere formas
corpora: di, coeptis—nam vos mutastis et illas—
adspirate meis primaque ab origine mundi
ad mea perpetuum deducite tempora carmen.

My intention is to tell of bodies changed
To different forms; the gods, who made the changes,
Will help me—or I hope so—with a poem
That runs from the world's beginning to our own days.

CREATION

5   Ante mare et terras et, quod tegit omnia, caelum
unus erat toto naturae vultus in orbe,
quem dixere Chaos, rudis indigestaque moles;
nec quicquam nisi pondus iners congestaque eodem
non bene iunctarum discordia semina rerum.

Translation of the Prologue and Epilogue from *Ovid: Metamorphoses, Translated by Rolfe Humphries*. Bloomington: Indiana University Press, 1955.

1. **fert animus:** 'my mind proposes'.

2. **di:** voc. pl. **coeptis:** with *meis* in 3, dat. after *adspirate;* 'inspire the work that I have undertaken'. An invocation to one or some of the immortals was traditional in epic poetry. **nam . . . illas:** i.e., it was the gods who effected these changes.

4. **deducite perpetuum carmen:** a metaphor taken from spinning; the poet asks that his song shall continue in an unbroken thread from the beginning of things to his own time.

6. **unus erat naturae vultus:** 'the universe was all of one appearance'.

7. **quem:** i.e., the universe. **dīxēre:** shortened form of *dīxērunt,* common in both prose and poetry; here, the impersonal 'they call' or 'is called'. **Chaos:** a Gk. word, neut. acc. sing. **rudis indigesta moles:** 'a raw, formless mass'.

8. **congesta:** with *discordia semina* in 9; 'the warring seeds of disjoined elements heaped together'.

3

10 Nullus adhuc mundo praebebat lumina Titan,
    nec nova crescendo reparabat cornua Phoebe,
    nec circumfuso pendebat in aëre tellus
    ponderibus librata suis, nec bracchia longo
    margine terrarum porrexerat Amphitrite.
15 Utque erat et tellus illic et pontus et aër,
    sic erat instabilis tellus, innabilis unda,
    lucis egens aër; nulli sua forma manebat
    obstabatque aliis aliud, quia corpore in uno
    frigida pugnabant calidis, umentia siccis,
20 mollia cum duris, sine pondere habentia pondus.
    — Hanc deus et melior litem natura diremit;
    nam caelo terras et terris abscidit undas
    et liquidum spisso secrevit ab aëre caelum.
    Quae postquam evolvit caecoque exemit acervo,

is this an admission of ignorance?

10. **Tītan:** i.e., the sun. According to the Greek version of genesis, the first creatures were a race of Titans who sprang from the union of Heaven (Uranus) and Earth (Ge or Gaea). Zeus (Roman Jupiter) and his consort Hera (Juno) were the children of two of these Titans, Cronus (Saturn) and Rhea (Ops).

11. **Phoebē:** a Titaness, mother of Leto (Latona), and thus grandmother of Artemis (Diana) and Apollo. Because of her name, 'the shining one', she was often thought of as the sister of Phoebus Apollo, the sun-god; hence she became associated with the moon and with Artemis, goddess of the moon, the true sister of Apollo.

12. Be careful to distinguish between āër, āëris, 'air', and aes, aeris, 'bronze'.

13. **lībrāta:** 'balanced'; with *tellus* in 12.

14. **Amphītrīte:** 'the ocean'; Amphitrite was a goddess of the sea, usually represented as being the consort of Poseidon (Neptune).

15. **utque:** 'and although'.

16. **instabilis:** not 'unstable', but 'incapable of being stood upon', i.e., giving no support; likewise for **innabilis**.

17. **egens:** 'devoid of'; takes gen. case. **nulli . . . manebat:** lit., 'its own shape remained to nothing', i.e., things had no fixed or constant shape.

18. **obstabat aliis aliud:** 'everything was at odds with everything else'.

21. **litem:** 'confusion'. **diremit:** 'settled'.

22. **abscīdit:** subj. is *deus* in 21; the penultimate syllable is shortened by poetic license; the verb is from *caedere*, 'cut'.

23. **liquidum:** not 'liquid', but 'clear', or 'bright'.

24. **quae:** i.e., the sky, land, water, and air; note carefully that often the Latin relative pronoun must be translated by the English demonstrative; so, here, *quae* is to be translated 'these', not 'which'. **caeco acervo:** i.e., the blind mass that had been Chaos.

connecting relatives (margin annotation)

25   dissociata locis concordi pace ligavit.
      Ignea convexi vis et sine pondere caeli
      emicuit summaque locum sibi fecit in arce;
      proximus est aër illi levitate locoque,
      densior his tellus elementaque grandia traxit
30   et pressa est gravitate sua, circumfluus umor
      ultima possedit solidumque coercuit orbem.
      Sic ubi dispositam, quisquis fuit ille deorum,
      congeriem secuit sectamque in membra redegit,
      principio terram, ne non aequalis ab omni *litotic*
35   parte foret, magni speciem glomeravit in orbis.
      Tum freta diffundi rapidisque tumescere ventis *objective*
      iussit et ambitae circumdare litora terrae. *infinitive structure*
      Addidit et fontes et stagna immensa lacusque, *Filling craters*
      fluminaque obliquis cinxit declivia ripis,

---

25. dissociata: i.e., the elements implied in *quae* in 24; 'when they had been separated into their proper places, he bound them in peaceful harmony'.

26. ignea . . . caeli: 'fire', lit., 'the fiery weightless force of the convex heaven'. Empedocles, a Sicilian Greek of the fifth century B.C., developed the theory that everything could be resolved into four elements: fire, air, water, and earth.

27. Fire, as the lightest of the elements, would naturally find a place for itself in the *summa arce,* the uppermost region.

28. illi: i.e., fire; dat. after *proximus.* **levitate locoque:** abls. of respect.

29. elementaque grandia: 'its heavier portions'.

30. pressa est: 'sank'.

31. ultima: 'the outermost regions'. **solidumque coercuit orbem:** 'held in the land'. The early Greeks thought of the world as the lands of the Mediterranean area bounded on all sides by the stream called Ocean.

32. dispositam: with *congeriem* in 33; 'the mass that had been thus disposed'. **sectamque . . . redegit:** 'and separated it into its proper parts'; *sectam* refers to *congeriem,* i.e., the universe that had been separated into its four elements.

34-35. ne . . . foret: 'so that it might be equal in every part'. **foret:** alternate form for *esset.*

35. glomeravit: 'molded'; obj. is *terram* in 34. **in speciem:** 'into the form'.

36. freta: 'the waters', subj. of *diffundi, tumescere,* and *circumdare.* **diffundi:** a not infrequent use in Latin of the Greek middle voice of the verb, in Latin identical in form with the passive. In this usage, the action of the verb directly affects only its subject; i.e., here, the waters 'spread *themselves* out' or, as we would say, 'poured out'. **rapidisque:** some MSS. have *rabidisque.*

37. ambitae: 'encircled', i.e., by the waters.

39. declivia: 'sloping downwards', i.e., 'flowing'.

40 quae diversa locis partim sorbentur ab ipsa,
    in mare perveniunt partim campoque recepta
    liberioris aquae pro ripis litora pulsant.
    Iussit et extendi campos, subsidere valles,
    fronde tegi silvas, lapidosos surgere montes.
45 Utque duae dextra caelum totidemque sinistra
    parte secant zonae, quinta est ardentior illis,
    sic onus inclusum numero distinxit eodem
    cura dei, totidemque plagae tellure premuntur.
    Quarum quae media est, non est habitabilis aestu;
50 nix tegit alta duas; totidem inter utramque locavit
    temperiemque dedit mixta cum frigore flamma.
    Imminet his aër, qui quanto est pondere terrae
    pondus aquae levius, tanto est onerosior igni.
    Illic et nebulas, illic consistere nubes
55 iussit et humanas motura tonitrua mentes
    et cum fulminibus facientes fulgora ventos.
    His quoque non passim mundi fabricator habendum
    aëra permisit; vix nunc obsistitur illis,

40. **quae:** antecedent is *flumina.*
diversa locis: 'widely separated from
each other'; lit., 'turned apart in
respect to places'. **ipsā:** sc. *terrā.*

41-42. **campoque . . . pulsant:**
'and, being received by a greater
expanse of water, now beat against
shores, not banks'.

43-44. **extendi, tegi:** middle voice.

45-48. 'And as two zones divide
the vault of heaven on the right and
on the left, with a fifth zone hotter
than the others, so the providence
of god separated the enclosed mass
into the same number of zones, and
these were marked out on the earth';
i.e., just as the heavenly regions are
divided into five zones—two tem-
perate, two frigid, and one torrid—
so was the earth.

52-53. **qui . . . igni:** lit., 'by how
much the weight of water is lighter

than the weight of earth, by so much
is air heavier than fire'. This is a
common use of the correlatives
quantus . . . tantus in the abl. of
degree of difference; cf. *quanto
maiores sunt, tanto gravius cadunt:*
'the bigger they are, the harder they
fall'.

56. 'And the winds that cause
thunderbolts and lightning'.

57-58. **his . . . permisit:** 'the cre-
ator of the universe sent air to these
winds to hold them in on all sides'.
vix . . . illis: 'but even then they
could scarcely be restrained'; **aera:**
a number of third declension nouns
borrowed from Greek retain their
Gk. form of the acc. sing. in -*a.*
obsistitur: the impersonal construc-
tion; lit., 'it is scarcely set in their
way lest they', etc.

in tune with the winds

since

   cum sua quisque regant diverso flamina tractu,   *blasts*
60 quin lanient mundum: tanta est discordia fratrum.   *brothers*
   Eurus ad auroram Nabataeaque regna recessit
   Persidaque et radiis iuga subdita matutinis;
   vesper et occiduo quae litora sole tepescunt
   proxima sunt Zephyro; Scythiam Septemque triones
65 horrifer invasit Boreas; contraria tellus
   nubibus adsiduis pluvioque madescit ab Austro.
   Haec super imposuit liquidum et gravitate carentem
   aethera nec quicquam terrenae faecis habentem.
     Vix ita limitibus dissaepserat omnia certis,
70 cum, quae pressa diu fuerant caligine caecā,
   sidera coeperunt toto effervescere caelo;   *in order*
  —neu regio foret ulla suis animalibus orba,   *in negative purpose clause*
 bjects astra tenent caeleste solum formaeque deorum,
   cesserunt nitidis habitandae piscibus undae,
75 terra feras cepit, volucres agitabilis aër.   *For Monday*
     Sanctius his animal mentisque capacius altae   *more capable*
   deerat adhuc, et quod dominari in cetera posset.   *of higher thought*
is the n of man ambiguous? Natus homo est; sive hunc divino semine fecit
   ille opifex rerum, mundi melioris origo,   *means source*
80 sive recens tellus seductaque nuper ab alto
   aethere cognati retinebat semina caeli;

---

   59. *quisque* may take a plural verb.

   61-66. Ovid gives the four winds and their homes: **Eurus**, the east wind, **Zephyrus**, the west wind, **Boreas**, the north wind, and **Auster**, the south wind (also called *Notus*).

   61. Nabataea regna: Arabia; Nabataea was a district in this country, and Ovid names the country after the district; this is synecdoche, or using the name of a part for the whole, a device frequently used by Ovid: here, *Nabataea* is the adjectival form.

   64. Septem triones: this is the group of seven stars near the North Pole, the constellation of the Big Dipper or Great Bear (Ursa Major).

   66. Construe *ab* with both abl. phrases—*nubibus adsiduis* and *pluvio Austro.*

   68. aethera: acc. sing.; see note on *aera* in 58.

   70. quae: antecedent is *sidera* in 71.

   73. caeleste solum: 'the heavens'; note the distinction between the noun *solum* and the adj. *sōlus.*

   74. habitandae: dat., 'for living'.

   77. et . . . posset: 'and one who would be able to rule the others'.

   78, 80. sive, sive: 'either, or'.

quam satus Iapeto, mixtam pluvialibus undis,
finxit in effigiem moderantum cuncta deorum.
Pronaque cum spectent animalia cetera terram,
85 os homini sublime dedit caelumque videre
iussit et erectos ad sidera tollere vultus.
Sic, modo quae fuerat rudis et sine imagine, tellus
induit ignotas hominum conversa figuras.

THE FOUR AGES OF MAN

Aurea prima sata est, aetas quae vindice nullo,
90 sponte sua, sine lege, fidem rectumque colebat.
Poena metusque aberant; nec verba minantia fixo
aere ligabantur, nec supplex turba timebat
iudicis ora sui, sed erant sine vindice tuti.
Nondum caesa suis, peregrinum ut viseret orbem,
95 montibus in liquidas pinus descenderat undas,
nullaque mortales praeter sua litora norant.
Nondum praecipites cingebant oppida fossae;
non tuba directi, non aeris cornua flexi,
non galeae, non ensis erant: sine militis usu
100 mollia securae peragebant otia gentes.
Ipsa quoque immunis rastroque intacta nec ullis
saucia vomeribus per se dabat omnia tellus,
contentique cibis nullo cogente creatis

---

82. **quam:** sc. *terram.* **satus Iapeto:** Prometheus, son of the Titan Iapetus, fashioned man out of clay and taught him the arts of civilization; for this and other reasons, he suffered punishment at the hands of Jupiter, bound to a desolate rocky crag in the Caucasus, a mountain chain in Asia between the Black and Caspian seas. **satus:** lit., 'seed', from *serere,* 'sow'.

89. 'First came the Golden Age', etc.

91-92. **verba minantia fixo aere:** this refers to the Roman custom of engraving the laws on bronze tablets and displaying them prominently in public places. **aere:** see note on 12.

94. **caesa:** with *pinus* in 95.

96. **norant:** a syncopated form for *noverant,* from *noscere.*

98. The *tuba* was a straight trumpet of bronze, while the *cornu* was curved.

101. **ipsa:** with *tellus* in 102. **immunis:** 'having no duties'.

103. **contenti:** sc. *viri,* 'men', subj. of *legebant* in 104.

humans & gods have seperate consciousnesses

what is their reason/ purpose?

is the Golden Age a sort of pre-life?

vegetable life

arbuteos fetus montanaque fraga legebant
105 cornaque et in duris haerentia mōra rubetis,
et, quae deciderant patula Iovis arbore, glandes.
  Ver erat aeternum, placidique tepentibus auris
mulcebant Zephyri natos sine semine flores. *born w/o seeds –*
Mox etiam fruges tellus inarata ferebat, *everything was externally created*
110 nec renovatus ager gravidis cānebat aristis; *to grow white*
flumina iam lactis, iam flumina nectaris ibant,
flavaque de viridi stillabant ilice mella. *abl. absolute*
  Postquam, Saturno tenebrosa in Tartara misso,
sub Iove mundus erat, subiit argentea proles, *– children*
115 auro deterior, fulvo pretiosior aere. *subiit followed — comparitives*
Iuppiter antiqui contraxit tempora veris, *Jupiter brought a time of ancient spring*
perque hiemes aestusque et inaequales autumnos
et breve ver spatiis exegit quattuor annum. *four seasons*
Tum primum siccis aër fervoribus ustus *burned w/ dry heat*
120 canduit, et ventis glacies adstricta pependit.
Tum primum subiere domos; domus antra fuerunt *go over their...*
et densi frutices et vinctae cortice virgae.
Semina tum primum longis Cerealia sulcis
obruta sunt, pressique iugo gemuere iuvenci. *For wednesday*
125   Tertia post illam successit aënea proles,
saevior ingeniis et ad horrida promptior arma, *they're violent, but not evil*
non scelerata tamen; de duro est ultima ferro. *riminal*
Protinus inrupit venae peioris in aevum *veins —> pulse*
omne nefas fugitque pudor verumque fidesque; *truth, shame and honor fled*
130 in quorum subiere locum fraudesque dolusque *their place*
insidiaeque et vis et amor sceleratus habendi.
Vela dabant ventis nec adhuc bene noverat illos *traveling*
navita, quaeque diu steterant in montibus altis,
fluctibus ignotis exsultavere carinae. *or here*   *boats are operative*

117. inaequales: 'changeable'.
118. quattuor spatiis: 'in four sea-sons'.
120. glacies adstricta: 'icicle'.
121. subiēre: for *subiērunt*; sc. *viri*, 'men', as subj.

123. Cerealia: adj. from Ceres, goddess of agriculture.
124. gemuēre: for *gemuērunt*.
127. de: 'of'.
132. illos: i.e., the winds.
133. quaeque: antecedent is *carinae* in 134.

good and bad

land dividers

135 Communemque prius ceu lumina solis et auras
    cautus humum longo signavit limite mensor.
    Nec tantum segetes alimentaque debita dives
    poscebatur humus, sed itum est in viscera terrae;

minerals and jewels

    quasque recondiderat Stygiisque admoverat umbris,
140 effodiuntur opes, inritamenta malorum.

violence & greed

    Iamque nocens ferrum ferroque nocentius aurum
    prodierat; prodit bellum, quod pugnat utroque,
    sanguineaque manu crepitantia concutit arma.

life is all of plunder

    Vivitur ex rapto; non hospes ab hospite tutus, *no guest is safe from their house*
145 non socer a genero, fratrum quoque gratia rara est.
    Imminet exitio vir coniugis, illa mariti; *Affections of brothers is rare*
    lurida terribiles miscent aconita novercae,
    filius ante diem patrios inquirit in annos.
    Victa iacet Pietas, et Virgo caede madentes,
150 ultima caelestum, terras Astraea reliquit.

THE FLOOD

[Jupiter, angered at the crimes of mankind against the gods and against
their fellow men and even against Nature herself, calls a council of the
gods on Mt. Olympus, and announces his intention to destroy the race
of Man and to people the earth with a new and wondrous race of
mortals.]

    Iamque erat in totas sparsurus fulmina terras,
    sed timuit, ne forte sacer tot ab ignibus aether

135. **communemque:** with *humum*
in 136. **ceu:** 'like'.
    137-138. **segetes . . . humus:** 'the
earth was asked for crops', etc.
itum est: the impersonal constr.; lit.,
'it was journeyed', i.e., 'men went'.
    139. **quasque:** antecedent is *opes*
in 140. **recondiderat, admoverat:**
sc. 'the earth' as subj.
    144. **vivitur:** impersonal, 'it is

lived', i.e., 'men live'. **hospes:** may
mean either 'host' or 'guest'.
    145. **gratia:** 'affection'.
    148. **ante diem:** 'before the time',
i.e., of his natural death.
    149. **iacet:** from *iacēre*.
    149-150. **Virgo . . . Astraea:** the
maiden goddess of justice, the last
of the immortals to leave the earth.
    254. **sacer aether:** 'the heavens'.

255 conciperet flammas longusque ardesceret axis.
Esse quoque in fatis reminiscitur adfore tempus
quo mare, quo tellus correptaque regia caeli
ardeat, et mundi moles obsessa laboret.
Tela reponuntur manibus fabricata Cyclopum;
260 poena placet diversa: genus mortale sub undis
perdere et ex omni nimbos demittere caelo.
    Protinus Aeoliis Aquilonem claudit in antris,
et quaecumque fugant inductas flamina nubes,
emittitque Notum. Madidis Notus evolat alis,
265 terribilem picea tectus caligine vultum;
barba gravis nimbis, cānis fluit unda capillis,
fronte sedent nebulae, rorant pennaeque sinusque;
utque manu late pendentia nubila pressit
fit fragor; hinc densi funduntur ab aethere nimbi.
270 Nuntia Iunonis varios induta colores
concipit Iris aquas alimentaque nubibus adfert.

---

255. longus axis: i.e., of the earth, from pole to pole.

256. adfore tempus: indirect discourse after *esse;* 'he remembered that it was in the fates (i.e., the fates had said) that', etc. Fate, or Destiny, was a power above the gods themselves. In Greek literature (after the Homeric poems) Fate is personified in three women: Clotho, who spins the thread of life, Lachesis, who assigns one's lot and life span, and Atropos, who severs it. In Latin poetry the three fates are called the Parcae (after Parca, originally a Roman goddess of birth). adfore: alternate form for *adfuturum esse.*

257. correptaque: sc. *flammis.*

258. mundi moles: 'the universe'; some MSS. have *mundi moles operosa:* 'the carefully wrought universe'. laboret: 'would be in distress'; the point is that he did not want the *mundi moles* to suffer—but mankind only.

259. Cyclopum: it was the task of the Cyclops to forge thunderbolts for Jupiter.

262. Aeoliis antris: the caves of Aeolus, the keeper of the winds. Aquilonem: Aquilo was the north wind.

263. fugant: the causative verb; 'to cause to flee' or 'to put to flight'. nubes: i.e., storm clouds.

264. Notus: the south wind that brings rain.

265. terribilem vultum: the so-called Gk. acc. or acc. of respect; lit., 'covered with pitch-black gloom "in respect to" his frightful face'.

269. funduntur: middle voice.

270. varios colores: see note on 265.

271. concipit aquas: 'draws up water'. Iris, the goddess of the rainbow, often serves as the special messenger for Juno.

Sternuntur segetes et deplorata coloni
vota iacent, longique perit labor inritus anni.
     Nec caelo contenta suo est Iovis ira, sed illum
275 caeruleus frater iuvat auxiliaribus undis.
Convocat hic amnes, qui postquam tecta tyranni
intravere sui, "Non est hortamine longo
nunc" ait "utendum; vires effundite vestras:
sic opus est. Aperite domos ac mole remota
280 fluminibus vestris totas immittite habenas."
Iusserat. Hi redeunt ac fontibus ora relaxant
et defrenato volvuntur in aequora cursu.
     Ipse tridente suo terram percussit, at illa
intremuit motuque vias patefecit aquarum.
285 Exspatiata ruunt per apertos flumina campos,
cumque satis arbusta simul pecudesque virosque
tectaque cumque suis rapiunt penetralia sacris.
Si qua domus mansit potuitque resistere tanto
indeiecta malo, culmen tamen altior huius
290 unda tegit, pressaeque latent sub gurgite turres.
Iamque mare et tellus nullum discrimen habebant:
omnia pontus erant, deerant quoque litora ponto.
     Occupat hic collem, cumba sedet alter aduncā
et ducit remos illic, ubi nuper arabat;
295 ille supra segetes aut mersae culmina villae

273. **vota:** i.e., the crops for which they have prayed.
274. **contenta:** not 'content' but 'contained'.
275. **caeruleus frater:** Neptune. Water-nymphs and divinities of the sea are often described as being blue, perhaps from the color of their habitat.
279. **sic opus est:** 'there is need for this'.
280. **totas immitte habenas:** 'drop all the reins', as if the rivers were horses driven by the river-gods.
282. **defrenato cursu:** 'in unbridled flight'. **volvuntur:** middle voice.

283. **illa:** sc. *terra.*
284. **aquarum:** in prose we would expect the dat.
286. **satis:** 'the crops', from *serere,* 'to sow'.
287. **sacris:** i.e., the sacred belongings of the *penetralia,* such as the altar, statues, etc.
289. **indeiecta:** with *domus* in 288, 'standing firm'.
290. **pressae:** 'sunken'.
291. **discrimen:** 'distinction'.
293. **hic:** 'one fellow'. **alter:** 'another one'.
294. **ducit remos:** 'rows'.
295. **ille:** 'someone'.

navigat, hic summa piscem deprendit in ulmo.
Figitur in viridi, si fors tulit, ancora prato,
aut subiecta terunt curvae vineta carinae;
et modo qua graciles gramen carpsere capellae,
300   nunc ibi deformes ponunt sua corpora phocae.
     Mirantur sub aqua lucos urbesque domosque
Nereïdes, silvasque tenent delphines et altis
incursant ramis agitataque robora pulsant.
Nat lupus inter oves, fulvos vehit unda leones,
305   unda vehit tigres; nec vires fulminis apro,
crura nec ablato prosunt velocia cervo.
Quaesitisque diu terris, ubi sistere possit,
in mare lassatis volucris vaga decidit alis.
Obruerat tumulos immensa licentia ponti,
310   pulsabantque novi montana cacumina fluctus.
Maxima pars unda rapitur; quibus unda pepercit,
illos longa domant inopi ieiunia victu.

DEUCALION AND PYRRHA

     Separat Aonios Oetaeis Phocis ab arvis,
terra ferax, dum terra fuit, sed tempore in illo
315   pars maris et latus subitarum campus aquarum.
Mons ibi verticibus petit arduus astra duobus,
nomine Parnasus, superantque cacumina nubes.

299. **et modo qua:** 'and where just recently'.

300. **deformes phocae:** 'ugly sea-cows'.

302. **Nereides:** sea-nymphs, daughters of Nereus, an ancient divinity who was the son of Oceanus. Once a sea-god of considerable importance, Nereus was eclipsed in classical times by Poseidon (Neptune). Thetis, the mother of Achilles, was one of the Nereids.

303. **incursant:** 'brush against'.

306. **ablato:** governs both *apro* in 305, and *cervo*, dat. after *prosunt*.

308. **volucris:** nom. sing.

309. **licentia:** 'power'.

310. **montana cacumina:** acc. pl.

311. **maxima pars:** i.e., most living creatures. Note the quantity of the final syllable in each example of *unda*.

312. **longa . . . ieiunia:** nom. pl., 'slow starvation'.

313. Phocis was a region in Greece to the northwest of Attica, lying between Boeotia and the mountain range of Oeta in Thessaly. **Aonios:** sc. *agros*, 'Boeotia'. **Oetaeis:** abl., 'Thessalian'.

Hic ubi Deucalion—nam cetera texerat aequor—
cum consorte tori parva rate vectus adhaesit,
320 Corycidas nymphas et numina montis adorant
fatidicamque Themin, quae tunc oracla tenebat.
Non illo melior quisquam nec amantior aequi
vir fuit aut illa metuentior ulla deorum.
Iuppiter ut liquidis stagnare paludibus orbem
325 et superesse virum de tot modo milibus unum
et superesse videt de tot modo milibus unam,
innocuos ambo, cultores numinis ambo,
nubila disiecit nimbisque aquilone remotis
et caelo terras ostendit et aethera terris.
330 Nec maris ira manet, positoque tricuspide telo
mulcet aquas rector pelagi supraque profundum
exstantem atque umeros innato murice tectum
caeruleum Tritona vocat, conchaeque sonanti

318. Deucalion was the son of Prometheus, and when Zeus decided to destroy mankind by a flood, Deucalion, warned by Prometheus, built a boat for himself and his wife Pyrrha, the daughter of Epimetheus, in which they escaped destruction. The eldest son of Deucalion and Pyrrha was Hellen, the legendary ancestor of the Hellenic race.

319. consorte tori: i.e., his wife, Pyrrha.

320. Corycidas nymphas: 'the Corycian nymphs', i.e., those that inhabited the cave of Corycus on the slopes of Mt. Parnasus, a place sacred to Apollo.

321. Themin: the Greek form of the accusative of Themis, the goddess of justice and the mother of Prometheus, who once presided over the oracle at Delphi, a function later taken over by Apollo. She was famous as a prophetess.

323. Note the quantity of the final syllable of *illa* and *ulla*.

328. nimbisque aquilone remotis: abl. absol.

330-333. nec . . . vocat: 'and then the anger of the sea lessens, and the ruler of the waves lays aside his trident and calms the waters; he summons sea-blue Triton, who rises above the deep, his shoulders covered with sea-shells'. umeros . . . tectum: the Gk. acc. of respect; lit., 'covered in respect to his shoulders with sea-shells'.

333. Tritona: the Greek form of the acc. sing. of *Triton*, son of Poseidon and Amphitrite, who dwells with his father and mother at the bottom of the sea. Pausanias (9, 21, 1) has described this creature as having green hair, a scaly body, breathing organs below the ears, a human nose, animal-like teeth, green eyes, hands rough like the surface of a shell, and instead of feet, a tail like that of a dolphin. The chief function of Triton in poetry as well as in works of art was to calm the seas at Neptune's command by blowing on a trumpet made of a conch shell.

inspirare iubet fluctusque et flumina signo
335 iam revocare dato: cava bucina sumitur illi
tortilis, in latum quae turbine crescit ab imo;
bucina quae medio concepit ubi aëra ponto,
litora voce replet sub utroque iacentia Phoebo;
tunc quoque, ut ora dei madida rorantia barba
340 contigit et cecinit iussos inflata receptus,
omnibus audita est telluris et aequoris undis,
et quibus est undis audita, coercuit omnes.
Iam mare litus habet, plenos capit alveus amnes;
flumina subsidunt collesque exire videntur.
345 Surgit humus, crescunt loca decrescentibus undis,
postque diem longam nudata cacumina silvae
ostendunt limumque tenent in fronde relictum.
    Redditus orbis erat; quem postquam vidit inanem
et desolatas agere alta silentia terras,
350 Deucalion lacrimis ita Pyrrham adfatur obortis:
"O soror, o coniunx, o femina sola superstes,
quam commune mihi genus et patruelis origo,
deinde torus iunxit, nunc ipsa pericula iungunt,
terrarum, quascumque vident occasus et ortus,
355 nos duo turba sumus; possedit cetera pontus.
Haec quoque adhuc vitae non est fiducia nostrae
certa satis; terrent etiam nunc nubila mentem.

---

334. Note that Ovid frequently omits the subj. of the inf. after *iubeo*.

335-336. cava bucina tortilis: 'the curved hollow horn'.

336. in latum: 'in width'.

337. aera: 'Triton's breath'.

338. litora . . . Phoebo: 'it fills with its sound all of the land that lies between the rising and setting sun'.

339-340. tunc . . . receptus: 'and then, when the horn touched the god's lips wet from his dripping beard and sang out the signal for retreat that had been ordered . . . '.

349. agere: subj. is *desolatas terras*.

352. commune . . . origo: Deucalion and Pyrrha were cousins; their fathers were the Titans Prometheus and Epimetheus, sons of Iapetus.

353. torus: lit., 'bed'; often 'marriage bed' or simply 'marriage'.

354. occasus et ortus: i.e., of the sun.

355. nos . . . sumus: a unique instance of a crowd of two.

356. haec fiducia: i.e., whatever confidence we have now.

Quis tibi, si sine me fatis erepta fuisses,
nunc animus, miseranda, foret? Quo sola timorem
360 ferre modo posses? Quo consolante dolores?
Namque ego, crede mihi, si te quoque pontus haberet,
te sequerer, coniunx, et me quoque pontus haberet.
O utinam possim populos reparare paternis
artibus atque animas formatae infundere terrae!
365 Nunc genus in nobis restat mortale duobus—
sic visum superis—hominumque exempla manemus."
    Dixerat et flebant. Placuit caeleste precari
numen et auxilium per sacras quaerere sortes.
Nulla mora est: adeunt pariter Cephisidas undas,
370 ut nondum liquidas, sic iam vada nota secantes.
Inde ubi libatos inroravere liquores
vestibus et capiti, flectunt vestigia sanctae
ad delubra deae, quorum fastigia turpi
pallebant musco stabantque sine ignibus arae.
375   Ut templi tetigere gradus, procumbit uterque
pronus humi gelidoque pavens dedit oscula saxo,
atque ita "Si precibus" dixerunt "numina iustis
victa remollescunt, si flectitur ira deorum,
dic, Themi, qua generis damnum reparabile nostri
380 arte sit, et mersis fer opem, mitissima, rebus."

358-359. quis tibi nunc animus foret?: 'what would your feelings be now?' Some MSS. have *quid . . . animi*. erepta: 'rescued'. miseranda: 'you poor woman'. foret: alternate form for *esset*.

360. quo consolante dolores: 'when you grieve, who will console you?'

363. Note hiatus (lack of elision) between *o* and *utinam*. reparare: 'restore'.

364. animas . . . terrae: 'to breathe life into the moulded clay'. Prometheus had fashioned man of clay and given him fire and knowledge. For this and his defiance of Zeus,

he was bound to a desolate crag in the Caucasus.

368. per sacras sortes: the casting of lots was a Roman method of divination. Here it refers to any method of consulting the divine will.

369. Cēphīsidas: adj., 'of the river Cephisus'; this was a river in Boeotia in Greece. The Gk. form of the acc. pl. for certain third declension nouns and adjectives ends in *-ās*.

370. ut: 'although'. liquidas: 'clear'. nota: 'familiar'.

374. arae: subj.

376. humi: loc.

379. Themi: Gk. voc.

Mota dea est sortemque dedit: "Discedite templo
et velate caput cinctasque resolvite vestes
ossaque post tergum magnae iactate parentis."
   Obstipuere diu. Rumpitque silentia voce
385 Pyrrha prior iussisque deae parere recusat,
detque sibi veniam pavido rogat ore pavetque
laedere iactatis maternas ossibus umbras.
Interea repetunt caecis obscura latebris
verba datae sortis secum inter seque volutant.
390 Inde Promethides placidis Epimethida dictis
mulcet et "Aut fallax" ait "est sollertia nobis,
aut—pia sunt nullumque nefas oracula suadent—
'magna parens' terra est; lapides in corpore terrae
ossa reor dici; iacere hos post terga iubemur."
395   Coniugis augurio quamquam Titania mota est,
spes tamen in dubio est: adeo caelestibus ambo
diffidunt monitis. Sed quid temptare nocebit?
Discedunt velantque caput tunicasque recingunt
et iussos lapides sua post vestigia mittunt.
400 Saxa—quis hoc credat, nisi sit pro teste vetustas?—
ponere duritiem coepere suumque rigorem
mollirique mora mollitaque ducere formam.
Mox, ubi creverunt naturaque mitior illis
contigit, ut quaedam, sic non manifesta, videri
405 forma potest hominis, sed, uti de marmore coepta,

386. **det sibi veniam rogat:** 'she begs the goddess to forgive her'.

387. **iactatis ossibus:** 'by throwing her bones'. **umbras:** pl. for sing., a common poetical device employed usually for metrical reasons.

388-389. **caecis . . . verba:** 'the words hidden in the blind riddle'; *verba* is the obj. of both *repetunt* and *volutant*. **repetunt secum:** 'together they think over'. **inter se volutant:** 'they discuss with each other'.

390. **Promēthīdes, Epimēthida:** Gk. patronymics; 'the son of Prometheus comforts the daughter of Epimetheus'; the penultimate syllable of *Promethīdes* is long from contraction of *Promethiades*.

395. **Titania:** 'daughter of the Titan (Epimetheus)'.

400. **vetustas:** 'tradition'.

402. **morā:** abl. used as adverb: 'slowly', lit., 'with delay'. **mollīta:** i.e., the stones. **ducere:** 'take on'.

404. **ut:** 'indeed'. **quaedam:** with *forma* in 405. **sic:** 'although'.

405. **utī . . . coepta:** 'like a figure begun in marble'. Some editors read *coeptis*, to go with *signis:* 'similar to statues begun in marble'.

non exacta satis rudibusque simillima signis.
Quae tamen ex illis aliquo pars umida suco
et terrena fuit, versa est in corporis usum;
quod solidum est flectique nequit, mutatur in ossa;
410   quae modo vena fuit, sub eodem nomine mansit;
inque brevi spatio superorum numine saxa
missa viri manibus faciem traxere virorum,
et de femineo reparata est femina iactu.
Inde genus durum sumus experiensque laborum
415   et documenta damus qua simus origine nati.

DAPHNE AND APOLLO

[As the flood waters receded, the seeds of living things that had been kept alive in the soil began to grow, and the earth, nourished by the rays of the sun, brought forth innumerable forms of life. Among these was the monster Python, which Apollo slew with his bow and arrow. So that the fame of this deed might not be forgotten he instituted the sacred games, called Pythian from the name of the serpent that he had overcome.]

Primus amor Phoebi Daphne Peneïa(quem non
fors ignara dedit) sed saeva Cupidinis ira.

chance,
luck   Delius hunc nuper victo serpente superbus,
455   viderat adducto flectentem cornua nervo
"Quid" que "tibi, lascive puer, cum fortibus armis?"
dixerat; "ista decent umeros gestamina nostros,
qui dare certa ferae, dare vulnera possumus hosti,
qui modo pestifero tot iugera ventre prementem

406. **exacta, simillima:** with *forma* in 405.

410. **quae . . . fuit:** i.e., the veins of rock and earth.

452. **Phoebi:** Apollo is sometimes called Phoebus, 'the shining one', as he is the god of light and identified with the sun; see note on 11. **Daphnē:** Gk. nom. **Pēnēïa:** Daphne was the daughter of the Thessalian river-god Peneus. **quem:** antecedent is *amor*.

454. **Delius:** Apollo is sometimes referred to as 'the Delian' from the fact that he was born on the island of Delos.

455. **cornua:** i.e., a bow made of two horns joined together.

458. **qui:** the antecedent is implied in *nostros* in 457.

460   stravimus innumeris tumidum Pythona sagittis.
      Tu face nescio quos esto contentus amores
      inritare tua, nec laudes adsere nostras!"
      Filius huic Veneris "Figat tuus omnia, Phoebe,
      te meus arcus" ait "quantoque animalia cedunt
465   cuncta deo, tanto minor est tua gloria nostrā."
      Dixit et eliso percussis aëre pennis
      impiger umbrosa Parnasi constitit arce
      eque sagittifera prompsit duo tela pharetra
      diversorum operum: fugat hoc, facit illud amorem.
470   Quod facit, auratum est et cuspide fulget acuta;
      quod fugat, obtusum est et habet sub harundine plumbum.
      Hoc deus in nympha Peneïde fixit; at illo
      laesit Apollineas traiecta per ossa medullas.
      Protinus alter amat, fugit altera nomen amantis
475   silvarum latebris captivarumque ferarum
      exuviis gaudens innuptaeque aemula Phoebes.
      Vitta coercebat positos sine lege capillos.
      Multi illam petiere, illa aversata petentes
      impatiens expersque viri nemora avia lustrat,
480   nec, quid Hymen, quid Amor, quid sint conubia, curat.
      Saepe pater dixit "Generum mihi, filia, debes";
      saepe pater dixit "Debes mihi, nata, nepotes."
      Illa, velut crimen taedas exosa iugales

460. **Pythona:** acc.
461-462. **face tua:** Cupid is sometimes represented with a torch with which he kindles the fires of love. **nescio quos:** *nescio quis*, lit., 'I don't know who', is often used as the indefinite pronoun 'some'. **estō:** the 2nd pers. sing. of the fut. imper. of *esse*, 'be'.
462. **laudes:** 'honors', i.e., the bow and arrow.
463. **tuus:** sc. *arcus*.
464-465. **quanto . . . tanto:** see note on 52-53.
466. **eliso . . . pennis:** 'shaking

his wings and soaring through the air'.
467. **Parnāsi:** Parnasus was a mountain in Phocis sacred to Apollo.
468. **eque:** i.e., *ē que*.
469. **operum:** 'functions'. **fugat:** see note on 263.
470. **cuspide fulget acutā:** 'it has a sharp, gleaming point'.
472. **hoc:** 'the latter'.
476. **Phoebēs:** Gk. gen.; see note on 11.
478. **petiĕre:** for *petivĕrunt*.
479. **expers:** 'wanting no part of'.
480. **Hymen:** the god of weddings.

pulchra verecundo suffuderat ora rubore
485 inque patris blandis haerens cervice lacertis,
"Da mihi perpetua, genitor, carissime," dixit
"virginitate frui. Dedit hoc pater ante Dianae."
Ille quidem obsequitur. Sed te decor iste, quod optas,
esse vetat, votoque tuo tua forma repugnat.
490 Phoebus amat visaeque cupit conubia Daphnes,
quodque cupit, sperat, suaque illum oracula fallunt.
Utque leves stipulae demptis adolentur aristis,
ut facibus saepes ardent, quas forte viator
vel nimis admovit vel iam sub luce reliquit,
495 sic deus in flammas abiit, sic pectore toto
uritur et sterilem sperando nutrit amorem.
Spectat inornatos collo pendere capillos,
et "Quid, si comantur?" ait; videt igne micantes
sideribus similes oculos, videt oscula, quae non
500 est vidisse satis; laudat digitosque manusque
bracchiaque et nudos media plus parte lacertos;
si qua latent, meliora putat. Fugit ocior aurā
illa levi neque ad haec revocantis verba resistit:
"Nympha, precor, Peneï, mane! Non insequor hostis;
505 nympha, mane! Sic agna lupum, sic cerva leonem,
sic aquilam penna fugiunt trepidante columbae,
hostes quaeque suos: amor est mihi causa sequendi!
Me miserum! Ne prona cadas indignave laedi
crura notent sentes, et sim tibi causa doloris!

---

484. **pulchra ora:** acc. of respect. Some MSS. have *suffunditur*.
486. **da:** imper. of *dare*, 'allow'.
487. **frui:** inf., obj. of *da*.
488. **sed decor iste:** 'but that beauty of yours', subj. of *vetat* in 489. **te:** subj. of *esse* in 489.
489. **voto tuo:** dat. after *repugnat*.
490. **Daphnēs:** Gk. gen.
491. **oracula:** i.e., his prophetic powers.
495. **in flammas abiit:** 'turned into flame'.

495-496. **pectore toto uritur:** 'his heart was completely aflame'.
496. **sterilem:** 'hopeless'.
497. **pendēre:** inf. in indirect discourse after *spectat*.
503. **haec revocantis verba:** 'these words as he called her back'.
504. **Pēnēï:** voc. of *Peneius*, adj., 'daughter of Peneus'.
508. **me miserum:** acc. of exclamation. **ne cadas:** 'you might fall down'. **indigna laedi:** with *crura* in 509, 'unworthy to be injured'.

510 Aspera, qua properas, loca sunt. Moderatius, oro
     curre fugamque inhibe, moderatius insequar ipse.
     Cui placeas, inquire tamen: non incola montis,
     non ego sum pastor, non hic armenta gregesque
     horridus observo. Nescis, temeraria, nescis
515 quem fugias, ideoque fugis. Mihi Delphica tellus
     et Claros et Tenedos Patareaque regia servit;
     Iuppiter est genitor; per me quod eritque fuitque
     estque, patet; per me concordant carmina nervis.
     Certa quidem nostra est, nostra tamen una sagitta
520 certior, in vacuo quae vulnera pectore fecit.
     Inventum medicina meum est, opiferque per orbem
     dicor, et herbarum subiecta potentia nobis.
     Ei mihi, quod nullis amor est sanabilis herbis,
     nec prosunt domino, quae prosunt omnibus, artes!"
525   Plura locuturum timido Penēia cursu
     fugit cumque ipso verba imperfecta reliquit.
     Tum quoque visa decens; nudabant corpora venti,
     obviaque adversas vibrabant flamina vestes,
     et levis impulsos retro dabat aura capillos,
530 auctaque forma fuga est. Sed enim non sustinet ultra
     perdere blanditias iuvenis deus, utque movebat
     ipse amor, admisso sequitur vestigia passu.
     Ut canis in vacuo leporem cum Gallicus arvo
     vidit, et hic praedam pedibus petit, ille salutem;
535 alter inhaesuro similis iam iamque tenere
     sperat et extento stringit vestigia rostro;

514. **observo:** 'tend'.

515-516. **Delphica tellus:** one of the chief temples of Apollo was at Delphi, the seat of the famous oracle. Other well-known temples to the god were at Claros in Ionia, on the island of Tenedos off the coast of Troy, and at Patara in Lycia, all in Asia Minor.

518. **concordant carmina:** Apollo was the patron of music.

519. **nostra est:** sc. *sagitta*. Note the cases of *nostra* (*est*) and *nostra* (*tamen*).

523. **ei mihi:** a cry of grief.

531. **perdere:** 'to waste'. Some MSS. have *monebat* for *movebat*.

532. **admisso passu:** 'at full speed'.

533. **Gallicus canis:** Gallic hounds were famed for their swiftness.

535. **inhaesuro similis:** 'like one about to seize'.

536. **stringit vestigia:** 'grazes the heels'.

alter in ambiguo est, an sit comprensus, et ipsis
morsibus eripitur tangentiaque ora relinquit:
sic deus et virgo; est hic spe celer, illa timore.
540 Qui tamen insequitur, pennis adiutus amoris
ocior est requiemque negat tergoque fugacis
imminet et crinem sparsum cervicibus adflat.
Viribus absumptis expalluit illa citaeque
victa labore fugae spectans Peneïdas undas,
545 "Fer, pater," inquit "opem, si flumina numen habetis!
547 Qua nimium placui, mutando perde figuram!"
Vix prece finita, torpor gravis occupat artus,
mollia cinguntur tenui praecordia libro,
550 in frondem crines, in ramos bracchia crescunt;
pes modo tam velox pigris radicibus haeret,
ora cacumen habet. Remanet nitor unus in illa.
　　Hanc quoque Phoebus amat positaque in stipite dextra
sentit adhuc trepidare novo sub cortice pectus,
555 complexusque suis ramos, ut membra, lacertis
oscula dat ligno: refugit tamen oscula lignum.
Cui deus "At quoniam coniunx mea non potes esse,
arbor eris certe" dixit "mea! Semper habebunt
te coma, te citharae, te nostrae, laure, pharetrae.
560 Tu ducibus Latiis aderis, cum laeta Triumphum
vox canet et visent longas Capitolia pompas.
Postibus Augustis eadem fidissima custos
ante fores stabis mediamque tuebere quercum,

---

544. **Pĕnĕĭdăs:** acc. pl.; see note on 369.

547. Most MSS. have the following 546 and 547: /qua nimium placui, tellus, ait hisce, vel istam/ quae facit ut laedar mutando perde figuram./ **qua:** antecedent is implied in *figuram.*

549. **libro:** from *liber, -brī,* 'the bark of a tree'; not to be confused with the adj. *liber,* 'free'.

552. **ora . . . habet:** 'her head was now the top of a tree'.   **remanet**

. . . **illa:** 'her beauty alone remained'.

558. **habebunt:** i.e., 'shall be entwined with'.

560. **Triumphum:** the *Triumphus* was the grand entrance of a general into Rome after a victorious campaign.

561. **Capitolia:** the Capitolium was one of the hills of Rome; here, pl. for sing.

562. **postibus Augustis:** 'the entrance to Augustus' palace'.

utque meum intonsis caput est iuvenale capillis,
565   tu quoque perpetuos semper gere frondis honores!"
Finierat Paean. Factis modo laurea ramis
adnuit utque caput visa est agitasse cacumen.

JUPITER AND IO

Est nemus Haemoniae, praerupta quod undique claudit
silva, vocant Tempe. Per quae Peneus ab imo
570   effusus Pindo spumosis volvitur undis
deiectuque gravi tenues agitantia fumos
nubila conducit, summisque adspergine silvis
impluit et sonitu plus quam vicina fatigat.
Haec domus, haec sedes, haec sunt penetralia magni
575   amnis. In his, residens facto de cautibus antro,
undis iura dabat nymphisque colentibus undas.
Conveniunt illuc popularia flumina primum,
nescia gratentur consolenturne parentum.
Populifer Sperchīos et inrequietus Enipeus
580   Eridanusque senex lenisque Amphrysos et Aeas;
moxque amnes alii, qui, qua tulit impetus illos,
in mare deducunt fessas erroribus undas.
Inachus unus abest imoque reconditus antro
fletibus auget aquas, natamque miserrimus Io
585   luget ut amissam. Nescit vitāne fruatur
an sit apud Manes; sed quam non invenit usquam,

565. honores: 'beauty'.
566. Paean: an epithet of Apollo as the god of healing.
567. ut caput: 'like a head'.
568. Haemoniae: Haemonia is the poetic name for Thessaly.
570. Pindo: Mt. Pindus in Thessaly, the home of the Muses.
571. tenues fumos: 'light spray'.
572. nubila conducit: 'it forms mist'.
575. his: i.e., *domus, sedes,* etc.
578. consolenturne: the enclitic particle -*ne* is used here because of the indirect question; 'they did not know whether to', etc.
579-580. Sperchios, Enipeus, Eridanus, Amphrysos, and Aeas are rivers in Thessaly.
584. Io: acc., same as nom. in the *Metamorphoses*, although the acc. *Ion* is found in *Amores* II, 2, 45, and II, 19, 29; *Ionem* is found in other authors.
586. Manes: these were the deified souls of the dead, the ghosts or shades in the underworld, sometimes thought of as being gods of the infernal regions.

  esse putat nusquam atque animo peiora veretur.
   Viderat a patrio redeuntem Iuppiter illam
  flumine et "O virgo Iove digna tuoque beatum
590 nescio quem factura toro, pete" dixerat "umbras
  altorum nemorum"—et nemorum monstraverat umbras—
  "dum calet et medio sol est altissimus orbe.
  Quodsi sola times latebras intrare ferarum,
  praeside tuta deo nemorum secreta subibis,
595 nec de plebe deo, sed qui caelestia magnā
  sceptra manu teneo, sed qui vaga fulmina mitto.
  Ne fuge me!" Fugiebat enim. Iam pascua Lernae
  consitaque arboribus Lyrcea reliquerat arva,
  cum deus inductas lata caligine terras
600 occuluit tenuitque fugam rapuitque pudorem.
   Interea medios Iuno dispexit in agros,
  et noctis faciem nebulas fecisse volucres
  sub nitido mirata die; non fluminis illas
  esse, nec umenti sensit tellure remitti,
605 atque suus coniunx ubi sit, circumspicit, ut quae
  deprensi totiens iam nosset furta mariti.
  Quem postquam caelo non repperit, "Aut ego fallor,
  aut ego laedor," ait; de lapsaque ab aethere summo
  constitit in terris nebulasque recedere iussit.
610 Coniugis adventum praesenserat, inque nitentem
  Inachidos vultus mutaverat ille iuvencam—
  bos quoque formosa est. Speciem Saturnia vaccae,
  quamquam invita, probat nec non, et cuius et unde
  quove sit armento, veri quasi nescia quaerit.
615 Iuppiter e terra genitam mentitur, ut auctor

---

588. **illam:** i.e., Io.
590. **nescio quem:** see note on 461.
594. **secreta:** sc. *loca;* 'the innermost places'.
595. **de plebe:** 'of the common sort'. **deo:** in apposition to *deo* in 594.
605. **ut quae:** 'as one who'.

606. **deprensi:** 'caught in the act'. **nosset:** for *novisset*.
611. **Inachidos:** Gk. female patronymic, gen. **vultūs:** acc., 'the appearance'.
612. **Saturnia:** 'the daughter of Saturn', i.e., Juno.
615. **auctor:** i.e., Jupiter, the author of the outrage.

desinat inquiri. Petit hanc Saturnia munus.
Quid faciat? Crudele suos addicere amores;
non dare suspectum est. Pudor est, qui suadeat illinc,
hinc dissuadet amor. Victus pudor esset amore;
620 sed, leve si munus sociae generisque torique
vacca negaretur, poterat non vacca videri!
 Paelice donata, non protinus exuit omnem
diva metum, timuitque Iovem et fuit anxia furti,
donec Arestoridae servandam tradidit Argo.
625 Centum luminibus cinctum caput Argus habebat:
inde suis vicibus capiebant bina quietem,
cetera servabant atque in statione manebant.
Constiterat quocumque modo, spectabat ad Io:
ante oculos Io quamvis aversus habebat.
630 Luce sinit pasci; cum sol tellure sub alta est,
claudit et indigno circumdat vincula collo.
Frondibus arboreis et amara pascitur herba,
proque toro terrae non semper gramen habenti
incubat infelix limosaque flumina potat.
635 Illa etiam supplex Argo cum bracchia vellet
tendere, non habuit quae bracchia tenderet Argo;
et conata queri mugitus edidit ore,
pertimuitque sonos propriaque exterrita voce est.
Venit ad ripas, ubi ludere saepe solebat,
640 Inachidas; rictus novaque ut conspexit in unda
cornua, pertimuit seque exsternata refugit.
Naïdes ignorant, ignorat et Inachus ipse,
quae sit. At illa patrem sequitur sequiturque sorores,
et patitur tangi seque admirantibus offert.
645 Decerptas senior porrexerat Inachus herbas;

616. hanc: i.e., *iuvencam*.
617. addicere: 'to surrender'.
620. sociae: dat., Juno was the sister as well as the wife of Jupiter.
623. anxia furti: 'apprehensive of further deceit'.
624. Arestoridae: dat., the son of Arestor, Argus. servandam: sc. *illam*, i.e., Io.

626. inde: i.e., 'of these (hundred eyes)'. suis vicibus: 'in turn'.
629. Io: acc.
633. terrae habenti: loc.
640. rictūs: 'gaping jaws'; most MSS. have *ripas* for *rictus*.
642. Naides: water-nymphs, sisters of Io.

illa manus lambit patriisque dat oscula palmis,
nec retinet lacrimas; et, si modo verba sequantur,
oret opem nomenque suum casusque loquatur.
Littera pro verbis, quam pes in pulvere duxit,
650 corporis indicium mutati triste peregit.
"Me miserum!" exclamat pater Inachus, inque gementis
cornibus et niveae pendens cervice iuvencae
"me miserum!" ingeminat; "tune es quaesita per omnes,
nata, mihi terras? Tu non inventa repertā
655 luctus eras levior! Retices, nec mutua nostris
dicta refers, alto tantum suspiria ducis
pectore; quodque unum potes, ad mea verba remugis!
At tibi ego ignarus thalamos taedasque parabam,
spesque fuit generi mihi prima, secunda nepotum.
660 De grege nunc tibi vir, et de grege natus habendus.
Nec finire licet tantos mihi morte dolores,
sed nocet esse deum, praeclusaque ianua leti
aeternum nostros luctus extendit in aevum."
Talia maerentem stellatus submovet Argus,
665 ereptamque patri diversa in pascua natam
abstrahit. Ipse procul montis sublime cacumen
occupat, unde sedens partes speculatur in omnes.
    Nec superum rector mala tanta Phoronidos ultra
ferre potest, natumque vocat, quem lucida partu
670 Pleïas enixa est, letoque det imperat Argum.
Parva mora est alas pedibus virgamque potenti
somniferam sumpsisse manu tegumenque capillis.

655. luctus eras levior: 'you would have been a lighter grief', i.e., if she had not been found.
656. tantum: 'only'.
658. at: this particle is used to shift the point of view; here, from the woes of Io to those of the speaker, her father.
662. praeclusa ianua leti: i.e., Inachus was immortal.
664. maerentem: i.e., Inachus; some MSS. have the pl. maerentes,

i.e., Io and her father. stellatus: lit., 'starred', but here 'many-eyed'.
665. patri: dat. of separation.
668. Phoronidos: Gk. gen., 'Argive', i.e., Io; Phorōneus, the son of Inachus, was the king of Argos.
669. natum: i.e., Mercury.
670. Pleias: Maia, daughter of Atlas, one of the Pleiades, the constellation of Seven Stars. imperat: sc. ut.

Haec ubi disposuit, patria Iove natus ab arce
desilit in terras; illic tegumenque removit
675 et posuit pennas; tantummodo virga retenta est.
Hac agit ut pastor per devia rura capellas
dum venit adductas, et structis cantat avenis.
Voce nova et captus custos Iunonius, "At tu,
quisquis es, hoc poteras mecum considere saxo,"
680 Argus ait, "neque enim pecori fecundior ullo
herba loco est, aptamque vides pastoribus umbram."
Sedit Atlantiades et euntem multa loquendo
detinuit sermone diem iunctisque canendo
vincere harundinibus servantia lumina temptat.
685 Ille tamen pugnat molles evincere somnos
et, quamvis sopor est oculorum parte receptus,
parte tamen vigilat. Quaerit quoque—namque reperta
fistula nuper erat—qua sit ratione reperta.
Tum deus "Arcadiae gelidis in montibus" inquit
690 "inter Hamadryadas celeberrima Nonacrinas
Naïas una fuit; nymphae Syringa vocabant.
Non semel et satyros eluserat illa sequentes
et quoscumque deos umbrosaque silva feraxque
rus habet. Ortygiam studiis ipsaque colebat
695 virginitate deam. Ritu quoque cincta Dianae
falleret et posset credi Latonia si non
corneus huic arcus, si non foret aureus illi.

673. patriā: this is the adj. *patrius*, meaning 'belonging to one's ancestors'.

676. hac: sc. *virgā*.

677. adductas: 'collected'; some editors read *abductas*. structis avenis: 'reed pipes'.

682. Atlantiades: 'the son of Atlas', i.e., Argus.

682-683. euntem detinuit diem: 'whiles away the time'.

684. servantia: 'watchful'.

690. Hamadryadas: 'wood nymphs'. Nōnacrinas: 'Arcadian'; Nonacris was a mountain in Arcadia where the Styx was said to have its source.

691. Syringa: acc. of *Syrinx*.

692. non semel: 'time and time again'.

694. Ortygiam: with *deam* in 695, i.e., Diana, the virgin goddess; Ortygia was another name for the island of Delos, the birthplace of Diana (Artemis) and Apollo. colebat: 'imitated'.

695. ritu . . . Dianae: 'when clothed after the fashion of Diana'.

696. Latonia: i.e., Diana. Latona (Gk. Leto) was the mother of Diana and Apollo.

697. huic: Syrinx; illi: Diana.

Sic quoque fallebat. Redeuntem colle Lycaeo
Pan videt hanc pinuque caput praecinctus acuta
700 talia verba refert"—restabat verba referre,
et precibus spretis fugisse per avia nympham,
donec harenosi placidum Ladonis ad amnem
venerit. Hic illam, cursum impedientibus undis,
ut se mutarent liquidas orasse sorores:
705 Panaque, cum prensam sibi iam Syringa putaret,
corpore pro nymphae calamos tenuisse palustres.
Dumque ibi suspirat, motos in harundine ventos
efficisse sonum tenuem similemque querenti.
Arte nova vocisque deum dulcedine captum
710 "Hoc mihi concilium tecum" dixisse "manebit!"
Atque ita disparibus calamis compagine cerae
inter se iunctis nomen tenuisse puellae.

Talia dicturus vidit Cyllenius omnes
succubuisse oculos adopertaque lumina somno.
715 Supprimit extemplo vocem firmatque soporem
languida permulcens medicata lumina virga.
Nec mora: falcato nutantem vulnerat ense
qua collo est confine caput, saxoque cruentum

698. **Lycaeo:** Lycaeus was a mountain in Arcadia.

699. **Pan:** the protective divinity of flocks and shepherds, usually represented as being goatlike in form. He was thought of as the inventor of the musical pipe of seven reeds, the syrinx. **pinu acuta:** 'pine needles'. **caput:** acc. of respect.

700. **talia verba refert:** 'addressed her with these words'. **restabat:** Mercury's story stops here, for he sees that all of Argus' eyes are closed in sleep (713-714). Ovid, however, goes on to finish the story in indirect discourse: 'it remained to complete his words, and to tell how the nymph spurned his entreaties and fled', etc.

702. **Ladonis:** Ladon was a river in Arcadia.

704. **orasse:** for *oravisse*.

707. **dumque suspirat:** 'and as he sighed'.

709. **vocisque dulcedine:** 'by the sweetness of the sound'.

710. **concilium:** 'bond'. Some MSS. have *colloquium*.

712. **tenuisse:** 'kept'; the subject is the syrinx, Pan's Pipes, made by 'fixing together reeds of different length with a joining of wax'. With this Ovid completes Mercury's unfinished tale.

713. **Cyllenius:** Mercury, who was said to have been born on Mt. Cyllene in Arcadia.

716. **medicata:** 'magic'.

718. **saxo:** 'over the rocks'. **cruentum:** i.e., Argus' head.

deicit et maculat praeruptam sanguine rupem.
720 Arge, iaces, quodque in tot lumina lumen habebas,
exstinctum est, centumque oculos nox occupat una.
Excipit hos volucrisque suae Saturnia pennis
collocat et gemmis caudam stellantibus implet.
    Protinus exarsit nec tempora distulit irae.
725 Horriferamque oculis animoque obiecit Erinyn
paelicis Argolicae stimulosque in pectore caecos
condidit et profugam per totum terruit orbem.
Ultimus immenso restabas, Nile, labori.
Quem simulac tetigit, positisque in margine ripae
730 procubuit genibus resupinoque ardua collo,
quos potuit solos, tollens ad sidera vultus
et gemitu et lacrimis et luctisono mugitu
cum Iove visa queri finemque orare malorum.
Coniugis ille suae complexus colla lacertis,
735 finiat ut poenas tandem rogat; "In" que "futurum
pone metus!" inquit, "numquam tibi causa doloris
haec erit"; et Stygias iubet hoc audire paludes.
Ut lenita dea est, vultus capit illa priores,
fitque quod ante fuit. Fugiunt e corpore saetae,
740 cornua decrescunt, fit luminis artior orbis,
contrahitur rictus, redeunt umerique manusque,
ungulaque in quinos dilapsa absumitur ungues.
De bove nil superest, formae nisi candor, in illa.
Officioque pedum nymphe contenta duorum

---

719. **praeruptam rupem:** 'the steep cliff'.
720-721. Some editors attribute these lines to Mercury.
722. **hos:** sc. *oculos*. **volucris suae:** the peacock was Juno's bird; Argus' eyes can still be seen in the tail of this creature.
724. **exarsit:** subj. is Juno.
725. **Erīnyn:** the Erinyes were primitive spirits of punishment whose special duty it was to pursue those guilty of murder within the family. Trans. here as 'torment'.

726. **stimulos:** this was generally thought of as being a stinging insect like a horsefly. **caecos:** 'invisible'.
727. **profugam terruit:** 'drove her fleeing in terror'.
731. **quos solos:** with *vultūs*, 'head'.
733. **visa:** sc. *est*.
737. **Stygias . . . paludes:** as mortals were accustomed to swear by the gods, so the gods swore by the rivers of the underworld.

745   erigitur; metuitque loqui, ne more iuvencae
      mugiat, et timide verba intermissa retemptat.

PHAËTHON

[A son, Epaphus, was born to Io in Egypt, the child of Jupiter. Among
the companions of Epaphus was one Phaëthon, who boasted that his
father was the god of the sun. Epaphus taunted him for foolishly
believing the word of his mother and disputed his claim. Phaëthon then
asked his mother Clymene for proof of his divine lineage. Clymene
directed him to Phoebus himself to seek the answer to his question.
Crossing Ethiopia and India, he quickly arrived at the palace of the
Sun.]

      Regia Solis erat sublimibus alta columnis,
      clara micante auro flammasque imitante pyropo;
      cuius ebur nitidum fastigia summa tegebat,
      argenti bifores radiabant lumine valvae.
5   Materiam superabat opus; nam Mulciber illic
      aequora caelarat medias cingentia terras
      terrarumque orbem caelumque, quod imminet orbi.
      Caeruleos habet unda deos, Tritona canorum
      Proteaque ambiguum ballenarumque prementem
10   Aegaeona suis immania terga lacertis,
      Doridaque et natas, quarum pars nare videtur,
      pars in mole sedens viridis siccare capillos,

746. **verba intermissa retemptat:**
lit., 'she tries again her lost speech'.
3. **cuius:** antecedent is *regia*.
fastigia summa: 'the lofty gables'.
4. **bifores valvae:** 'double doors'.
5. **opus:** i.e., the workmanship.
Mulciber: a surname often applied
to Vulcan; lit., 'he who is gentle'.
This was apparently a euphemism
given to this mighty god so that he
might not use his fire for destructive
purposes.
6. **caelarat:** syncopated form for
caelaverat.

8. **Tritona canorum:** see note on
Book I, 333.
9. **Protea ambiguum:** Proteus was
a prophetic sea-divinity, herdsman of
Poseidon's flocks (i.e., the seals). He
had the remarkable power of chang-
ing his form at will.
10. **Aegaeona:** Aegaeon was a
hundred-armed monster, known
more commonly as Briareus.
11. **Dorida:** Doris was a daughter
of Oceanus, sister and wife of Ne-
reus, and mother of the Nereids
(see note on Book I, 302).

pisce vehi quaedam. Facies non omnibus una,
nec diversa tamen; qualem decet esse sororum.
15 Terra viros urbesque gerit silvasque ferasque
fluminaque et nymphas et cetera numina ruris.
Haec super imposita est caeli fulgentis imago,
signaque sex foribus dextris totidemque sinistris.
Quo simul acclivi Clymeneïa limite proles
20 venit et intravit dubitati tecta parentis,
protinus ad patrios sua fert vestigia vultus
consistitque procul: neque enim propiora ferebat
lumina. Purpurea velatus veste sedebat
in solio Phoebus claris lucente smaragdis.
25 A dextra laevaque Dies et Mensis et Annus
Saeculaque et positae spatiis aequalibus Horae;
Verque novum stabat cinctum florente corona,
stabat nuda Aestas et spicea serta gerebat,
stabat et Autumnus calcatis sordidus uvis,
30 et glacialis Hiems cānos hirsuta capillos.
Ipse loco medius rerum novitate paventem
Sol oculis iuvenem, quibus adspicit omnia, vidit
"quae" que "viae tibi causa? quid hac" ait "arce petisti,
progenies, Phaëthon, haud infitianda parenti?"
35 Ille refert "O lux immensi publica mundi,
Phoebe pater, si das usum mihi nominis huius,
nec falsa Clymene culpam sub imagine celat,
pignora da, genitor, per quae tua vera propago
credar, et hunc animis errorem detrahe nostris."
40 Dixerat. At genitor circum caput omne micantes
deposuit radios propiusque accedere iussit,
amplexuque dato "Nec tu meus esse negari
dignus es, et Clymene veros" ait "edidit ortus.

---

18. **signa sex:** i.e., of the zodiac.
19. **acclivi limite:** 'the steep approach'.
28. **nuda:** i.e., lightly clad.
29. **calcatis uvis:** 'from the treading of grapes'.
31. **loco medius:** 'in the center'.

33. **viae:** 'journey'.
34. **progenies haud infitianda parenti:** voc., 'a son no parent would deny'.
35. **publica:** 'common to all'.
37. **culpam:** 'a guilty secret'.
39. **errorem:** 'uncertainty'.

Quoque minus dubites, quodvis pete munus, ut illud
45   me tribuente feras. Promissis testis adesto
dis iuranda palus oculis incognita nostris."
Vix bene desierat, currus rogat ille paternos
inque diem alipedum ius et moderamen equorum.
Paenituit iurasse patrem, qui terque quaterque
50   concutiens illustre caput "Temeraria" dixit
"vox mea facta tua est. Utinam promissa liceret
non dare. Confiteor, solum hoc tibi, nate, negarem;
dissuadere licet. Non est tua tuta voluntas.
Magna petis, Phaëthon, et quae nec viribus istis
55   munera conveniant nec tam puerilibus annis.
Sors tua mortalis; non est mortale quod optas.
Plus etiam, quam quod superis contingere possit,
nescius adfectas. Placeat sibi quisque licebit,
non tamen ignifero quisquam consistere in axe
60   me valet excepto. Vasti quoque rector Olympi,
qui fera terribili iaculatur fulmina dextra,
non aget hos currus. Et quid Iove maius habemus?
Ardua prima via est et qua vix mane recentes
enituntur equi. Medio est altissima caelo,
65   unde mare et terras ipsi mihi saepe videre
fit timor, et pavida trepidet formidine pectus.
Ultima prona via est et eget moderamine certo;
tunc etiam, quae me subiectis excipit undis,

44. quŏque: note that this is not
the conjunction quŏque.
45. promissis: dat., 'to my prom-
ise'.
46. iuranda palus: 'the stream that
is sworn by', i.e., the Styx; see note
on Book I, 737. incognita: the sun
could never see the rivers of the
underworld.
48. in diem: 'for one day'.
49. iurasse: subj. of paenituit.
50-51. temeraria vox mea facta
tuā est: 'my words have been made
rash by yours'; note that vox fre-

quently means 'word', 'remark' or
'saying', as well as 'voice'.
53. dissuadere licet: 'but I can try
to dissuade you'.
58. placeat sibi quisque licebit:
sc. ut; 'although each of the gods
may do as he pleases'.
59. ignifero axe: 'the fiery chariot
of the sun'.
63. prima via: 'the first part of
the way'. mane recentes: 'in their
early morning freshness'.
65. videre: subj. of fit, in 66; some
MSS. have sit.
68. quae: antecedent is Tethys.

ne ferar in praeceps, Tethys solet ipsa vereri.
70   Adde quod adsidua rapitur vertigine caelum
sideraque alta trahit celerique volumine torquet.
Nitor in adversum, nec me, qui cetera, vincit
impetus, et rapido contrarius evehor orbi.
Finge datos currus: quid ages? Poterisne rotatis
75   obvius ire polis, ne te citus auferat axis?
Forsitan et lucos illic urbesque deorum
concipias animo delubraque ditia donis
esse? Per insidias iter est formasque ferarum.
Utque viam teneas nulloque errore traharis,
80   per tamen adversi gradieris cornua Tauri
Haemoniosque arcus violentique ora Leonis
saevaque circuitu curvantem bracchia longo
Scorpion atque aliter curvantem bracchia Cancrum.
Nec tibi quadripedes animosos ignibus illis,
85   quos in pectore habent, quos ore et naribus efflant,
in promptu regere est. Vix me patiuntur, ubi acres
incaluere animi, cervixque repugnat habenis.
At tu, funesti ne sim tibi muneris auctor,
nate, cave, dum resque sinit, tua corrige vota.
90   Scilicet ut nostro genitum te sanguine credas
pignora certa petis. Do pignora certa timendo
et patrio pater esse metu probor. Adspice vultus
ecce meos! Utinamque oculos in pectore posses
inserere et patrias intus deprendere curas!

69. **Tēthys:** wife of Oceanus; here, 'the sea'.

70ff. It was the ancient concept that the sphere of heaven (*caelum*) containing the stars revolved around the earth in one direction while the sun made its way across the sky daily in the opposite direction.

77. **concipias:** 'imagine'.

78. **formas ferarum:** i.e., the constellations, which were quite real to the ancients.

79. **ut:** 'although'. **nulloque er-**rore traharis: 'and do not stray from your course'.

81. **Haemonios arcūs:** the constellation Sagittarius, which was thought of as being a Centaur, whose home was Haemonia, or Thessaly.

85. **quos:** i.e., *ignes*.

86. **in promptu:** 'easy'.

88. **funesti muneris:** 'the gift of death'.

89. **dum res sinit:** 'while the situation allows'.

90. **scilicet:** 'of course'.

91. **pignora certa:** 'certain proof'.

95   Denique quidquid habet dives circumspice mundus,
eque tot ac tantis caeli terraeque marisque
posce bonis aliquid: nullam patiere repulsam.
Deprecor hoc unum, quod vero nomine poena
non honor est. Poenam, Phaëthon, pro munere poscis.
100   Quid mea colla tenes blandis, ignare, lacertis?
Ne dubita, dabitur—Stygias iuravimus undas—
quodcumque optaris; sed tu sapientius opta."
     Finierat monitus. Dictis tamen ille repugnat,
propositumque premit flagratque cupidine currus.
105   Ergo qua licuit genitor cunctatus ad altos
deducit iuvenem, Vulcania munera, currus.
Aureus axis erat, temo aureus, aurea summae
curvatura rotae, radiorum argenteus ordo.
Per iuga chrysolithi positaeque ex ordine gemmae
110   clara repercusso reddebant lumina Phoebo.
     Dumque ea magnanimus Phaëthon miratur opusque
perspicit, ecce vigil rutilo patefecit ab ortu
purpureas Aurora fores et plena rosarum
atria. Diffugiunt stellae, quarum agmina cogit
115   Lucifer et caeli statione novissimus exit.
Quem petere ut terras mundumque rubescere vidit
cornuaque extremae velut evanescere lunae,
iungere equos Titan velocibus imperat Horis.
Iussa deae celeres peragunt, ignemque vomentes
120   ambrosiae suco saturos praesepibus altis

96. **ēque:** governs *tot ac tantis bonis.*

106. **Vulcania munera:** i.e., Vulcan, the god of the forge, had made it for him.

108. **curvatura:** i.e., 'rims'.

109. **ex ordine:** 'in a row'.

110. **repercusso Phoebo:** 'in the sun's reflection'.

112. **vigil rutilo ab ortu:** 'keeping watch in the crimson east'.

115. Lucifer, the morning star, is the last to fade.

116. **quem:** i.e., Lucifer. **petere terras:** Lucifer is here thought of as setting.

117. **extremae lunae:** i.e., the moon in its last quarter.

118. **Titan:** Phoebus. **Horis:** the Hours were goddesses, daughters of Jupiter and Themis, who regulated the seasons and guarded the gates of heaven. Note that *imperat* here takes the inf. instead of the construction with *ut* and the subjunctive which is customary in prose.

quadripedes ducunt adduntque sonantia frena.
Tum pater ora sui sacro medicamine nati
contigit et rapidae fecit patientia flammae,
imposuitque comae radios praesagaque luctus
125 pectore sollicito repetens suspiria dixit:
"Si potes his saltem monitis parere parentis,
parce, puer, stimulis et fortius utere loris.
Sponte sua properant; labor est inhibere volentes.
Nec tibi directos placeat via quinque per arcus.
130 Sectus in obliquum est lato curvamine limes,
zonarumque trium contentus fine polumque
effugit australem iunctamque aquilonibus Arcton.
Hac sit iter. Manifesta rotae vestigia cernes.
Utque ferant aequos et caelum et terra calores,
135 nec preme, nec summum molire per aethera cursum;
altius egressus caelestia tecta cremabis,
inferius terras; medio tutissimus ibis.
Neu te dexterior tortum declinet ad Anguem,
neve sinisterior pressam rota ducat ad Aram;
140 inter utrumque tene. Fortunae cetera mando,
quae iuvet et melius quam tu tibi consulat opto.
Dum loquor Hesperio positas in litore metas
umida nox tetigit; non est mora libera nobis;
poscimur, et fulget tenebris Aurora fugatis.
145 Corripe lora manu!—vel, si mutabile pectus
est tibi, consiliis, non curribus utere nostris

121. **sonantia:** 'jingling'.
123. **rapidae:** 'consuming'. **patientia:** with *ora* in 122.
124. **comae:** dat., 'upon his head'. **radios:** 'his shining crown'. **praesaga:** with *suspiria* in 125. **luctūs:** gen.
129. **directos quinque per arcūs:** 'straight through the five zones of heaven'.
131-132. The annual course of the sun, the ecliptic, is contained within three zones, not touching the north

and south frigid zones. **Arcton:** Gk. form of the acc. sing. in the second declension; the constellation of the Great Bear in the north polar region.
138. **Anguem:** the constellation of the Dragon, lying in the extreme north.
139. **pressam Aram:** 'low-lying Ara', the constellation of the Altar in the southern skies.
142. **Hesperio:** Hesperus was the evening star; hence *hesperius*, 'western'. **metas:** 'goal'.

dum potes et solidis etiamnunc sedibus adstas
dumque male optatos nondum premis inscius axes.
Quae tutus spectes, sine me dare lumina terris."
150   Occupat ille levem iuvenali corpore currum
statque super, manibusque datas contingere habenas
gaudet, et invito grates agit inde parenti.
   Interea volucres, Pyrois et Eous et Aethon,
Solis equi, quartusque Phlegon hinnitibus auras
155 flammiferis implent pedibusque repagula pulsant.
Quae postquam Tethys, fatorum ignara nepotis,
reppulit, et facta est immensi copia caeli,
corripuere viam pedibusque per aëra motis
obstantes scindunt nebulas pennisque levati
160 praetereunt ortos isdem de partibus euros.
Sed leve pondus erat, nec quod cognoscere possent
Solis equi, solitaque iugum gravitate carebat.
Utque labant curvae iusto sine pondere naves
perque mare instabiles nimia levitate feruntur,
165 sic onere adsueto vacuus dat in aëra saltus
succutiturque alte similisque est currus inani.
Quod simulac sensere, ruunt tritumque relinquunt
quadriiugi spatium nec quo prius ordine currunt.
Ipse pavet, nec qua commissas flectat habenas,
170 nec scit qua sit iter, nec, si sciat, imperet illis.
Tum primum radiis gelidi caluere Triones
et vetito frustra temptarunt aequore tingi.
Quaeque polo posita est glaciali proxima Serpens,
frigore pigra prius nec formidabilis ulli,
175 incaluit sumpsitque novas fervoribus iras.

148. **nondum premis axes:** 'while you have not yet mounted the chariot'.

149. **quae:** antecedent is *lumina*.

152. **grates agit:** 'gives thanks'.

156. **quae:** antecedent is *repagula* in 155. **Tethys:** as the sun appears to rise from the sea, the sea-goddess Tethys is thought of as removing the barriers. **nepotis:** Clymene, Phaëthon's mother, was the daughter of Tethys and Oceanus.

162. **iugum:** i.e., the chariot.

166. **succutitur alte:** 'is tossed aloft'. **inani:** i.e., without a driver.

171. **Triones:** the constellation of Ursa Major, the Great Bear, which, being in the north polar region, never sinks below the horizon in the north temperate zone.

Te quoque turbatum memorant fugisse, Boöte,
quamvis tardus eras et te tua plaustra tenebant.
    Ut vero summo despexit ab aethere terras
infelix Phaëthon penitus penitusque iacentes
180 palluit, et subito genua intremuere timore,
suntque oculis tenebrae per tantum lumen obortae.
Et iam mallet equos numquam tetigisse paternos;
iam cognosse genus piget et valuisse rogando;
iam Meropis dici cupiens ita fertur, ut acta
185 praecipiti pinus borea, cui victa remisit
frena suus rector, quam dis votisque reliquit.
Quid faciat? Multum caeli post terga relictum,
ante oculos plus est. Animo metitur utrumque,
et modo, quos illi fatum contingere non est,
190 prospicit occasus, interdum respicit ortus.
Quidque agat, ignarus stupet et nec frena remittit
nec retinere valet nec nomina novit equorum.
Sparsa quoque in vario passim miracula caelo
vastarumque videt trepidus simulacra ferarum.
195 Est locus in geminos ubi bracchia concavat arcus
Scorpius et cauda flexisque utrimque lacertis
porrigit in spatium signorum membra duorum.
Hunc puer ut nigri madidum sudore veneni
vulnera curvata minitantem cuspide vidit,
200 mentis inops gelida formidine lora remisit.
    Quae postquam summum tetigere iacentia tergum,

176. **Boöte:** voc.; Boötes, a constellation representing a wagon-driver, appears to be nearly stationary.

183. **genus:** 'his parentage'. **valuisse rogando:** i.e., that his request had been granted.

184. **Meropis:** Merops was a king of Ethiopia and husband of Clymene, Phaëthon's mother.

185, 186. **pinus:** (fem.) i.e., 'ship'. **victa frena:** 'the useless rudder'.

186. **quam:** i.e., the ship.

189. **quos:** antecedents are both *occasūs* and *ortūs* in 190.

195. **concavat:** 'bends'.

196. **caudā . . . lacertis:** abl. absol.

197. **in spatium signorum duorum:** the constellation of the Scorpion was thought of by the Greeks as covering the space of two signs of the zodiac, the claws occupying the space later given to Libra.

198. **hunc:** Scorpius.

exspatiantur equi nulloque inhibente per auras
ignotae regionis eunt, quaque impetus egit,
hac sine lege ruunt altoque sub aethere fixis
205   incursant stellis rapiuntque per avia currum.
Et modo summa petunt, modo per declive viasque
praecipites spatio terrae propiore feruntur.
Inferiusque suis fraternos currere Luna
admiratur equos, ambustaque nubila fumant.
210   Corripitur flammis, ut quaeque altissima, tellus
fissaque agit rimas et sucis aret ademptis.
Pabula canescunt, cum frondibus uritur arbor,
materiamque suo praebet seges arida damno.
Parva queror; magnae pereunt cum moenibus urbes,
215   cumque suis totas populis incendia gentes
in cinerem vertunt. Silvae cum montibus ardent,
ardet Athos Taurusque Cilix et Tmolus et Oete
et tum sicca, prius creberrima fontibus, Ide
virgineusque Helicon et nondum Oeagrius Haemus.
220   Ardet in immensum geminatis ignibus Aetna
Parnasusque biceps et Eryx et Cynthus et Othrys
et tandem nivibus Rhodope caritura Mimasque
Dindymaque et Mycale natusque ad sacra Cithaeron.
Nec prosunt Scythiae sua frigora: Caucasus ardet,
225   Ossaque cum Pindo maiorque ambobus Olympus,
aëriaeque Alpes et nubifer Appenninus.
Tum vero Phaëthon cunctis e partibus orbem

204. hāc: correlative with *quāque*
in 203; 'in whatever direction their
impulse drives them, there they
rush', etc.
208. suis: sc. *equis*. The sun is
now closer to the earth than the
moon is.
217-226. A catalogue of the famous
mountains of the ancient world, all
in the nom. case here except *Pindo*,
abl. of *Pindus*, in 225.
219. nondum Oeagrius Haemus:
i.e., Mt. Haemus in Thrace before

the time of Oeagrus, father of Or-
pheus, who was king in that land.
220. geminatis ignibus: Aetna
was an active volcano in antiquity
as far back as our written records go.
Vulcan (Hephaestus), the god of the
forge, was thought of as having his
workshop inside the mountain; thus,
the fires now burn outside as well
as inside.
223. natusque ad sacra: Mt.
Cithaeron in Boeotia was sacred to
the worshippers of Bacchus.

adspicit accensum nec tantos sustinet aestus
ferventesque auras velut e fornace profunda
230 ore trahit currusque suos candescere sentit;
et neque iam cineres eiectatamque favillam
ferre potest calidoque involvitur undique fumo,
quoque eat aut ubi sit picea caligine tectus
nescit, et arbitrio volucrum raptatur equorum.
235   Sanguine tum credunt in corpora summa vocato
Aethiopum populos nigrum traxisse colorem.
Tum facta est Libye raptis umoribus aestu
arida; tum nymphae passis fontesque lacusque
deflevere comis. Quaerit Boeotia Dircen,
240 Argos Amymonen, Ephyre Pirenidas undas.
Nec sortita loco distantes flumina ripas
tuta manent. Mediis Tanaïs fumavit in undis,
Penēusque senex Teuthrantēusque Caicus
et celer Ismenos cum Phegiaco Erymantho;
245 arsurusque iterum Xanthus flavusque Lycormas
quique recurvatis ludit Maeandrus in undis,
Mygdoniusque Melas et Taenarius Eurotas,
arsit et Euphrates Babylonius, arsit Orontes,
Thermodonque citus Gangesque et Phasis et Hister.
250 Aestuat Alphēos, ripae Spercheides ardent.
Quodque suo Tagus amne vehit, fluit ignibus aurum;
et quae Maeonias celebrabant carmine ripas
flumineae volucres, medio caluere Caÿstro.

---

235. **credunt:** impersonal, 'it is believed' or 'people say'.
239-259. Here the poet gives his readers a catalogue of the famous rivers and springs of antiquity.
241. **sortita:** 'possessing by lot'; modifies *flumina* and governs *ripas*. **loco distantes:** i.e., 'wider'; some editors take this to mean 'far-removed'.
245. **arsurusque iterum Xanthus:** the river Xanthus, which flowed through the plain of Troy, burned a second time when it was set on fire by Hephaestus during the Trojan war.
246. **recurvatis undis:** the Meander river in Asia Minor was famous for its winding course.
251. **fluit ignibus aurum:** the Tagus was a gold-bearing river in Spain.
253. **volucres:** the swans of the Cayster river in Lydia were famed for their song.

Nilus in extremum fugit perterritus orbem
255 occuluitque caput, quod adhuc latet; ostia septem
pulverulenta vacant, septem sine flumine valles.
Fors eadem Ismarios Hebrum cum Strymone siccat,
Hesperiosque amnes; Rhenum Rhodanumque Padumque,
cuique fuit rerum promissa potentia, Thybrim.
260   Dissilit omne solum, penetratque in Tartara rimis
lumen et infernum terret cum coniuge regem.
Et mare contrahitur, siccaeque est campus harenae
quod modo pontus erat; quosque altum texerat aequor,
exsistunt montes et sparsas Cycladas augent.
265 Ima petunt pisces, nec se super aequora curvi
tollere consuetas audent delphines in auras.
Corpora phocarum summo resupina profundo
exanimata natant. Ipsum quoque Nerea fama est
Doridaque et natas tepidis latuisse sub antris.
270 Ter Neptunus aquis cum torvo bracchia vultu
exserere ausus erat; ter non tulit aëris ignes.
Alma tamen Tellus, ut erat circumdata ponto,
inter aquas pelagi contractosque undique fontes,
qui se condiderant in opacae viscera matris,
275 sustulit oppressos collo tenus arida vultus
opposuitque manum fronti magnoque tremore
omnia concutiens paulum subsedit, et infra
quam solet esse fuit; sacraque ita voce locuta est:
"Si placet hoc meruique quid o tua fulmina cessant,
280 summe deum? Liceat periturae viribus ignis
igne perire tuo clademque auctore levare.
Vix equidem fauces haec ipsa in verba resolvo"—

255. **quod adhuc latet:** the source of the Nile was not discovered until the nineteenth century.

259. A prophecy of the greatness that was to come to the Roman Tiber.

260. **Tartara:** the neut. pl. form is frequently used by poets for metrical reasons instead of the common form *Tartarus*.

264. **Cycladăs:** Gk. acc. pl.

272. **ut erat circumdata:** 'surrounded as she was'.

279. **quid:** 'why'.

280-281. **liceat . . . levare:** 'let it be permitted to me, destined to perish by fire, to perish by your fire', etc.

presserat ora vapor—"tostos en adspice crines
inque oculis tantum, tantum super ora favillae.
285　Hosne mihi fructus, hunc fertilitatis honorem
officiique refers, quod adunci vulnera aratri
rastrorumque fero totoque exerceor anno,
quod pecori frondes, alimentaque mitia, fruges
humano generi, vobis quoque tura ministro?
290　Sed tamen exitium fac me meruisse; quid undae,
quid meruit frater? Cur illi tradita sorte
aequora decrescunt et ab aethere longius absunt?
Quodsi nec fratris nec te mea gratia tangit,
at caeli miserere tui. Circumspice utrumque;
295　fumat uterque polus. Quos si vitiaverit ignis,
atria vestra ruent. Atlas en ipse laborat
vixque suis umeris candentem sustinet axem.
Si freta, si terrae pereunt, si regia caeli,
in Chaos antiquum confundimur. Eripe flammis,
300　si quid adhuc superest, et rerum consule summae."
Dixerat haec Tellus—neque enim tolerare vaporem
ulterius potuit nec dicere plura—suumque
rettulit os in se propioraque Manibus antra.
　　At pater omnipotens, superos testatus et ipsum
305　qui dederat currus, nisi opem ferat omnia fato
interitura grave, summam petit arduus arcem
unde solet nubes latis inducere terris,
unde movet tonitrus vibrataque fulmina iactat.
Sed neque quas posset terris inducere nubes

286, 288. The *quod* clauses refer to the *officii* of line 286. It will be noted that Ovid writes the gen. sing. of nouns in -*ius* and -*ium* in *ii*, rather than in the single -*i* preferred by earlier writers.

291. **frater:** i.e., Neptune. **tradita sorte:** after Saturn had been cast out of the heavens his kingdom was divided by lot among his three sons, Jupiter, Neptune, and Pluto.

296. Atlas is traditionally repre-

sented as bearing the vault of the heavens on his shoulders.

299. **Chaos:** neut. sing.

302-303. **suumque . . . antra:** 'and she withdrew into the caverns that lie closer to the underworld'. **Manibus:** see note on Book I, 586.

306. **arduus:** not 'arduous' but 'lofty', a transferred epithet; i.e., it is actually not the subject of *petit* that is *arduus,* but the object.

310   tunc habuit, nec quos caelo dimitteret imbres.
       Intonat et dextra libratum fulmen ab aure
       misit in aurigam pariterque animaque rotisque
       expulit et saevis compescuit ignibus ignes.
       Consternantur equi et saltu in contraria facto
315   colla iugo eripiunt abruptaque lora relinquunt.
       Illic frena iacent, illic temone revulsus
       axis, in hac radii fractarum parte rotarum,
       sparsaque sunt late laceri vestigia currus.
           At Phaëthon, rutilos flamma populante capillos,
320   volvitur in praeceps longoque per aëra tractu
       fertur, ut interdum de caelo stella sereno,
       etsi non cecidit, potuit cecidisse videri.
       Quem procul a patria diverso maximus orbe
       excipit Eridanus fumantiaque abluit ora.
325   Naïdes Hesperiae trifida fumantia flamma
       corpora dant tumulo signantque hoc carmine saxum:
       HIC SITUS EST PHAETHON CURRUS AURIGA PATERNI
       QUEM SI NON TENUIT MAGNIS TAMEN EXCIDIT AUSIS

CADMUS

[Europa, the daughter of Agenor, king of Phoenicia, was admired by
Jupiter as she was playing in the meadows by the seashore with her
companions. Eager to make her his own, he assumed the form of a snow-
white bull and gamboled in the fields nearby. Europa, at first appre-
hensive of the bull, soon lost her fear and sat on the back of the
creature. The bull gradually approached the sea and suddenly plunged
into it and carried Europa to Crete, where Jupiter revealed himself to
her in his true form. She became the mother of Minos and, by some
accounts, his brothers Rhadamanthus and Sarpedon.]

       Iamque deus posita fallacis imagine tauri
       se confessus erat Dictaeaque rura tenebat,

325. **trifidā flammā:** i.e., the
forked lightning that Jupiter had
hurled.
326. **carmine:** not 'song' but
'verse'; *carmen* was the usual Latin
word for poem.

2. **Dictaea rura:** i.e., Crete. *Dictē*
was a mountain in Crete where Ju-
piter was said to have been brought
up. **tenebat:** 'had reached'.

cum pater ignarus Cadmo perquirere raptam
imperat et poenam si non invenerit addit
5   exsilium, facto pius et sceleratus eodem.
Orbe pererrato—quis enim deprendere possit
furta Iovis?—profugus patriamque iramque parentis
vitat Agenorides Phoebique oracula supplex
consulit et quae sit tellus habitanda requirit.
10   "Bos tibi" Phoebus ait "solis occurret in arvis,
nullum passa iugum curvique immunis aratri.
Hac duce carpe vias et qua requieverit herba
moenia fac condas Boeotiaque illa vocato."
Vix bene Castalio Cadmus descenderat antro
15   incustoditam lente fidet ire iuvencam
nullum servitii signum cervice gerentem.
Subsequitur pressoque legit vestigia passu
auctoremque viae Phoebum taciturnus adorat.
Iam vada Cephisi Panopesque evaserat arva;
20   bos stetit et tollens speciosam cornibus altis
ad caelum frontem mugitibus impulit auras.
Atque ita respiciens comites sua terga sequentes
procubuit teneraque latus submisit in herba.
Cadmus agit grates peregrinaeque oscula terrae
25   figit et ignotos montes agrosque salutat.
Sacra Iovi facturus erat. Iubet ire ministros

---

3. **Cadmo:** Cadmus was the son of Agenor, and brother of Europa.

8. **Agēnoridēs:** Gk. patronymic, nom. sing.

9. **habitanda:** sc. *sibi.*

13. **fac:** sc. *ut;* 'see to it that', etc. **Boeōtia:** adj. **vocatō:** 2nd pers. sing. fut. imper. Actually Boeotia was the country, not the city.

14. **Castalio antro:** i.e., the oracle of Apollo. Castalia was a spring on Mt. Parnassus sacred to Apollo and the Muses.

17. **presso passu:** 'with slow steps'; some MSS. have *presso gressu.* **legit:** 'follows'.

18. **auctorem viae Phoebum:** 'Apollo, who had shown him the way'.

19. **Cephisi:** the *Cēphīsus* was a river in Boeotia. **Panopēs:** gen. of *Panopē,* a town in Phocis just north of Boeotia. Leaving the oracle of Apollo, Cadmus would have come to Panope first on his way to the future site of Thebes.

22. **comites:** Cadmus is to be thought of as attended by a throng of his countrymen.

et petere e vivis libandas fontibus undas.
Silva vetus stabat nulla violata securi,
et specus in media virgis ac vimine densus
30 efficiens humilem lapidum compagibus arcum,
uberibus fecundus aquis, ubi conditus antro
Martius anguis erat, cristis praesignis et auro.
Igne micant oculi, corpus tumet omne venenis,
tres vibrant linguae, triplici stant ordine dentes.
35 Quem postquam Tyria lucum de gente profecti
infausto tetigere gradu demissaque in undas
urna dedit sonitum, longo caput extulit antro
caeruleus serpens horrendaque sibila misit.
Effluxere urnae manibus sanguisque relinquit
40 corpus, et attonitos subitus tremor occupat artus.
Ille volubilibus squamosos nexibus orbes
torquet et immensos saltu sinuatur in arcus,
ac media plus parte leves erectus in auras
despicit omne nemus; tantoque est corpore, quanto,
45 si totum spectes, geminas qui separat Arctos.
Nec mora, Phoenicas, sive illi tela parabant,
sive fugam, sive ipse timor prohibebat utrumque,
occupat. Hos morsu, longis amplexibus illos,
hos necat adflatu funesta tabe veneni.
50 Fecerat exiguas iam sol altissimus umbras;
quae mora sit sociis miratur Agenore natus
vestigatque viros. Tegumen derepta leoni
pellis erat, telum splendenti lancea ferro

27. vivis: 'flowing'. An indication of the prohibition on using still water for sacred rites.

32. Martius anguis: the slaying of the sacred serpent of Mars is the reason for the evils that plagued the House of Cadmus all through his life. He and his wife Harmonia were eventually turned into serpents.

35. Tyria de gente profecti: 'the travelers of the Tyrian race'. These are the *ministros* of 26.

37. sonitum: 'splash'.

42. sinuatur: middle voice; 'he twists himself'. arcūs: 'coils'.

45. geminas . . . Arctos: 'the one who separates the two Bears'; i.e., the constellation of Draco, the serpent, lying between Ursa Major and Ursa Minor.

46. Phoenicas: Sidon, the homeland of Cadmus, was in Phoenicia.

53. lancea: predicate nom. after *telum* (*erat*).

et iaculum, teloque animus praestantior omni.
55   Ut nemus intravit letataque corpora vidit
victoremque supra spatiosi corporis hostem
tristia sanguinea lambentem vulnera lingua,
"Aut ultor vestrae, fidissima corpora, mortis,
aut comes" inquit "ero." Dixit, dextraque molarem
60   sustulit et magnum magno conamine misit.
Illius impulsu cum turribus ardua celsis
moenia mota forent; serpens sine vulnere mansit,
loricaeque modo squamis defensus et atrae
duritia pellis validos cute reppulit ictus.
65   At non duritia iaculum quoque vicit eadem,
quod medio lentae spinae curvamine fixum
constitit et totum descendit in ilia ferrum.
Ille dolore ferox caput in sua terga retorsit
vulneraque adspexit fixumque hastile momordit,
70   idque, ubi vi multa partem labefecit in omnem,
vix tergo eripuit; ferrum tamen ossibus haesit.
Tum vero, postquam solitas accessit ad iras
causa recens, plenis tumuerunt guttura venis,
spumaque pestiferos circumfluit albida rictus,
75   terraque rasa sonat squamis, quique halitus exit
ore niger Stygio, vitiatas inficit auras.
Ipse modo immensum spiris facientibus orbem
cingitur, interdum longa trabe rectior exstat,
impete nunc vasto ceu concitus imbribus amnis
80   fertur et obstantes proturbat pectore silvas.
Cedit Agenorides paulum spolioque leonis

---

56. **supra:** governs *corpora* in 55.

63. **loricae modo:** 'as by (lit., 'in the manner of') a leather breast-plate'.

64. **cute:** 'from his hide'.

65. 'But that same hardness did not prevail against the javelin'; but note case of *duritiā eādem*.

66. **quod:** antecedent is *iaculum* in 65.

67. **totum ferrum:** nom., 'the whole iron point'.

69. **hastile:** neut. acc. sing.

74. **circumfluit:** 'flecked'.

76. **vitiatas:** anticipation of the result of the action of the verb; this is called prolepsis.

79. **impete:** a little-used abl. from an obsolete nom. *impes;* the more usual form *impetū* would have been metrically impossible.

sustinet incursus instantiaque ora retardat
cuspide praetenta. Furit ille et inania duro
vulnera dat ferro figitque in acumine dentes;
85   iamque venenifero sanguis manare palato
coeperat et virides adspergine tinxerat herbas.
Sed leve vulnus erat, quia se retrahebat ab ictu
laesaque colla dabat retro plagamque sedere
cedendo arcebat nec longius ire sinebat,
90   donec Agenorides coniectum in gutture ferrum
usque sequens pressit, dum retro quercus eunti
obstitit, et fixa est pariter cum robore cervix.
Pondere serpentis curvata est arbor, et ima
parte flagellari gemuit sua robora caudae.
95   Dum spatium victor victi considerat hostis,
vox subito audita est; neque erat cognoscere promptum
unde, sed audita est: *Quid, Agenore nate, peremptum
serpentem spectas? Et tu spectabere serpens.*
Ille diu pavidus pariter cum mente colorem
100   perdiderat, gelidoque comae terrore rigebant.
Ecce viri fautrix superas delapsa per auras
Pallas adest motaeque iubet supponere terrae
vipereos dentes, populi incrementa futuri.
Paret et ut presso sulcum patefecit aratro,
105   spargit humi iussos, mortalia semina, dentes.
Inde, fide maius, glaebae coepere moveri,
primaque de sulcis acies apparuit hastae,
tegmina mox capitum picto nutantia cono;
mox umeri pectusque onerataque bracchia telis
110   exsistunt, crescitque seges clipeata virorum.

88-89. dabat retro: 'drew back'. **plagamque . . . arcebat:** 'and by giving ground the serpent prevented the blow from sinking deep'. **ire:** subj. is *plagam*.

92. pariter cum robore: 'to the tree trunk'.

94. sua robora: subj. of *flagellari*

97. peremptum: 'slain'.

98. et tu spectabere serpens: cf. note on 32.

102. Pallas: an epithet of Athena and, hence, of Minerva.

106. fide maius: 'a thing beyond belief'. **moveri:** middle voice.

Sic, ubi tolluntur festis aulaea theatris,
surgere signa solent primumque ostendere vultus,
cetera paulatim, placidoque educta tenore
tota patent imoque pedes in margine ponunt.
115 Territus hoste novo Cadmus capere arma parabat.
"Ne cape" de populo, quem terra creaverat, unus
exclamat "nec te civilibus insere bellis!"
Atque ita terrigenis rigido de fratribus unum
comminus ense ferit; iaculo cadit eminus ipse.
120 Hunc quoque qui leto dederat, non longius illo
vivit, et exspirat modo quas acceperat auras.
Exemploque pari furit omnis turba, suoque
Marte cadunt subiti per mutua vulnera fratres.
Iamque brevis vitae spatium sortita iuventus
125 sanguineam tepido plangebat pectore matrem,
quinque superstitibus, quorum fuit unus Echion.
Is sua iecit humo monitu Tritonidis arma
fraternaeque fidem pacis petiitque deditque.
Hos operis comites habuit Sidonius hospes,
130 cum posuit iussus Phoebēis sortibus urbem.
     Iam stabant Thebae. Poteras iam, Cadme, videri
exsilio felix: soceri tibi Marsque Venusque
contigerant; huc adde genus de coniuge tanta,
tot natas natosque et, pignora cara, nepotes,

111*ff.* The curtain (*aulaeum*) of the Roman theater was fixed on a roller let into the floor of the stage, and was painted with various figures (*signa*). Thus, when the curtain was raised these figures would seem to grow from the floor.

119. **comminus, eminus:** *comminus* was the military term for hand-to-hand combat, while *eminus* was used for fighting at a distance with javelins or other missiles.

122-123. **suo Marte:** 'in mutual slaughter'.

123. **subiti:** i.e., the *fratres* had suddenly sprung into being.

125. Some MSS. have *sanguineo tepidam.*

126. Echion later married Cadmus' daughter Agave, and became the father of Pentheus.

127. **Tritonidis:** according to an ancient legend, Lake Tritonis in Libya was the birthplace of Minerva (Athena); thus the goddess is sometimes called Tritonis.

129. **Sidonius hospes:** i.e., Cadmus.

132. **Marsque Venusque:** Harmonia, Cadmus' wife, was the daughter of Mars and Venus.

135   hos quoque iam iuvenes; sed scilicet ultima semper
       exspectanda dies hominis, dicique beatus
       ante obitum nemo supremaque funera debet.

ACTAEON

       Prima nepos inter tot res tibi, Cadme, secundas
       causa fuit luctus, alienaque cornua fronti
140   addita, vosque canes satiatae sanguine erili.
       At bene si quaeras, Fortunae crimen in illo,
       non scelus invenies; quod enim scelus error habebat?
       Mons erat infectus variarum caede ferarum,
       iamque dies medius rerum contraxerat umbras,
145   et sol ex aequo meta distabat utraque,
       cum iuvenis placido per devia lustra vagantes
       participes operum compellat Hyantius ore:
       "Lina madent, comites, ferrumque cruore ferarum,
       fortunamque dies habuit satis; altera lucem
150   cum croceis invecta rotis Aurora reducet,
       propositum repetemus opus; nunc Phoebus utraque
       distat idem terra finditque vaporibus arva.
       Sistite opus praesens nodosaque tollite lina."
       Iussa viri faciunt intermittuntque laborem.
155   Vallis erat piceis et acuta densa cupressu,
       nomine Gargaphie, succinctae sacra Dianae,
       cuius in extremo est antrum nemorale recessu,
       arte laboratum nulla; simulaverat artem

135-137. **sed . . . debet:** practically all of Cadmus' descendants died violent deaths. Actaeon (see the next selection), Agave, Pentheus, Ino, Semele, Oedipus, Iocasta, Antigone, *et al.*

140. **canes:** (here) fem.

141. **Fortunae crimen:** 'destiny'.

143. **infectus caede:** 'stained with the blood'.

145. **meta:** this was the turning point set up at each end of a racecourse.

147. **Hyantius:** i.e., Actaeon; Hyantes was an old name for the Boeotians.

148. **lina:** the method of hunting employed here was that of the use of beaters, who drove the game into nets that had been spread out for this purpose.

151-152. **utrāque terrā:** i.e., from the east and the west.

     ingenio natura suo: nam pumice vivo
160 et levibus tofis nativum duxerat arcum.
     Fons sonat a dextra tenui perlucidus unda,
     margine gramineo patulos succinctus hiatus.
     Hic dea silvarum venatu fessa solebat
     virgineos artus liquido perfundere rore.
165 Quo postquam subiit, nympharum tradidit uni
     armigerae iaculum pharetramque arcusque retentos;
     altera depositae subiecit bracchia pallae;
     vincla duae pedibus demunt; nam doctior illis
     Ismenis Crocale sparsos per colla capillos
170 colligit in nodum, quamvis erat ipsa solutis.
     Excipiunt laticem Nepheleque Hyaleque Ranisque
     et Psecas et Phiale, funduntque capacibus urnis.
       Dumque ibi perluitur solita Titania lympha,
     ecce nepos Cadmi dilata parte laborum
175 per nemus ignotum non certis passibus errans
     pervenit in lucum: sic illum fata ferebant.
     Qui simul intravit rorantia fontibus antra,
     sicut erant nudae, viso sua pectora nymphae
     percussere viro subitisque ululatibus omne
180 implevere nemus circumfusaeque Dianam
     corporibus texere suis. Tamen altior illis
     ipsa dea est colloque tenus supereminet omnes.
     Qui color infectis adversi solis ab ictu
     nubibus esse solet aut purpureae Aurorae,
185 is fuit in vultu visae sine veste Dianae.

---

160. **nativum:** 'natural'.

162. **patulos hiatus:** 'an open pool'; Gk. acc. of respect; i.e., the fountain was surrounded by a pool with grassy banks.

164. **virgineos:** Diana was unwed; cf. Book I, 486-487.

166. **retentos:** from *retendere*.

169. **Ismenis:** a patronymic; Crocale was a daughter of Ismenus, a river in Boeotia.

170. **solutis:** sc. *capillis*.

173. **Titania:** Diana; cf. note on Book I, 11.

174. **dilata parte laborum:** i.e., the hunt was postponed until the next day.

183. **qui:** the antecedent is *is* in 185.

184. Ovid employs some irregularities in meter; here the short final syllable of *solet* is to be scanned long, and hiatus is allowed after *purpureae*.

Quae quamquam comitum turba est stipata suarum,
in latus obliquum tamen adstitit oraque retro
flexit; et ut vellet promptas habuisse sagittas,
quas habuit, sic hausit aquas vultumque virilem
190 perfudit, spargensque comas ultricibus undis
addidit haec cladis praenuntia verba futurae:
"Nunc tibi me posito visam velamine narres,
si poteris narrare, licet!" Nec plura minata
dat sparso capiti vivacis cornua cervi,
195 dat spatium collo summasque cacuminat aures,
cum pedibusque manus, cum longis bracchia mutat
cruribus et velat maculoso vellere corpus;
additus et pavor est. Fugit Autonoëius heros
et se tam celerem cursu miratur in ipso.
200 Ut vero vultus et cornua vidit in unda,
"Me miserum!" dicturus erat; vox nulla secuta est;
ingemuit: vox illa fuit. Lacrimaeque per ora
non sua fluxerunt; mens tantum pristina mansit.
Quid faciat? Repetatne domum et regalia tecta?
205 An lateat silvis? Pudor hoc, timor impedit illud.
Dum dubitat, videre canes; primique Melampus
Ichnobatesque sagax latratu signa dedere,
Gnosius Ichnobates, Spartana gente Melampus.
Inde ruunt alii rapida velocius aura:
210 Pamphagus et Dorceus et Oribasus, Arcades omnes,
Nebrophonusque valens et trux cum Laelape Theron,
et pedibus Pterelas et naribus utilis Agre,
Hylaeusque fero nuper percussus ab apro
deque lupo concepta Nape, pecudesque secuta
215 Poemenis, et natis comitata Harpyia duobus,
et substricta gerens Sicyonius ilia Ladon

189. English requires us to translate *hausit aquas* before *quas habuit*. hausit: 'scooped up'.

198. *Autonoëius*: Actaeon was the son of Autonoë.

206-224. The poet gives us a catalogue of Actaeon's hounds. The names are all Gk., and each has a meaning: Melampus, 'Black-foot'; Ichnobates, 'Trail-follower'; Pamphagus, 'All-devouring', etc.; these are all in the nom. case except the abls. *Laelape* and *Cyprio*.

et Dromas et Canache Sticteque et Tigris et Alce
et niveis Leucon et villis Asbolus atris
praevalidusque Lacon et cursu fortis Aëllo
220 et Thoos et Cyprio velox cum fratre Lycisce
et medio nigram frontem distinctus ab albo
Harpalos et Melaneus hirsutaque corpore Lachne,
et patre Dictaeo, sed matre Laconide nati,
Labros et Argiodus et acutae vocis Hylactor
225 quosque referre mora est. Ea turba cupidine praedae
per rupes scopulosque adituque carentia saxa
quaque est difficilis, quaque est via nulla, sequuntur.
  Ille fugit per quae fuerat loca saepe secutus.
Heu, famulos fugit ipse suos! Clamare libebat:
230 "Actaeon ego sum; dominum cognoscite vestrum!"
Verba animo desunt. Resonat latratibus aether.
  Prima Melanchaetes in tergo vulnera fecit,
proxima Therodamas; Oresitrophus haesit in armo.
Tardius exierant, sed per compendia montis
235 anticipata via est. Dominum retinentibus illis
cetera turba coit confertque in corpore dentes.
Iam loca vulneribus desunt. Gemit ille, sonumque,
etsi non hominis, quem non tamen edere possit
cervus, habet maestisque replet iuga nota querellis
240 et genibus pronis supplex similisque roganti
circumfert tacitos tamquam sua bracchia vultus.
  At comites rapidum solitis hortatibus agmen
ignari instigant oculisque Actaeona quaerunt
et velut absentem certatim Actaeona clamant—
245 ad nomen caput ille refert—et abesse queruntur,
nec capere oblatae segnem spectacula praedae.
Vellet abesse quidem, sed adest; velletque videre,
non etiam sentire canum fera facta suorum.
  Undique circumstant, mersisque in corpore rostris

223. **Dictaeo:** i.e., Cretan, named from Dictē, a mountain of Crete. **Laconide:** 'Spartan'; Laconia was another name for Sparta.

244. **certatim:** i.e., each trying to call louder than the other.

250   dilacerant falsi dominum sub imagine cervi.
      Nec nisi finita per plurima vulnera vita
      ira pharetratae fertur satiata Dianae.

SEMELE

      Rumor in ambiguo est. Aliis violentior aequo
      visa dea est, alii laudant dignamque severa
255   virginitate vocant; pars invenit utraque causas.
      Sola Iovis coniunx non tam culpetne probetne
      eloquitur, quam clade domus ab Agenore ductae
      gaudet et a Tyria collectum paelice transfert
      in generis socios odium. Subit ecce priori
260   causa recens, gravidamque dolet de semine magni
      esse Iovis Semelen. Dum linguam ad iurgia solvit,
      "Profeci quid enim totiens per iurgia?" dixit;
      "ipsa petenda mihi est. Ipsam, si maxima Iuno
      rite vocor, perdam, si me gemmantia dextra
265   sceptra tenere decet, si sum regina Iovisque
      et soror et coniunx, certe soror. At, puto, furto est
      contenta, et thalami brevis est iniuria nostri.
      Concipit! Id deerat; manifestaque crimina pleno
      fert utero, et mater, quod vix mihi contigit, uno
270   de Iove vult fieri; tanta est fiducia formae!
      Fallat eam faxo. Nec sum Saturnia, si non

254. **dignam:** sc. *rem, i.e.,* Diana's revenge; *dignus* generally takes the abl.

256. **culpetne probetne:** indirect questions.

257. **domus:** objective gen. after *clade.*

258. **Tyria paelice:** i.e., Europa. The kingdom of Agenor, her father, included the city of Tyre.

259. **in generis socios:** 'against others of the same family'.

261. **Semelēn:** a Gk. form of the acc. Semele was a daughter of Cadmus and sister of Actaeon.   **ad iur-** gia: 'for the purpose of casting words of abuse'; i.e., at Jupiter.

263. **ipsa:** i.e., Semele.

266-267. Note that the *-o* of *puto* must be scanned short.   **furto est contenta:** 'she is content with this secret affair'.   **thalami:** the *thalamus* was the bridal chamber; hence, 'marriage'.

269. **quod . . . contigit:** according to most accounts, Vulcan was the only child of Juno and Jupiter.

271. **fallat:** subj. is *fiducia formae* in 270. **faxo:** sc. *ut;* this is the archaic form of the 1st pers. sing. of the future tense of *facere.*

ab Iove mersa suo Stygias penetrabit ad undas."
   Surgit ab his solio fulvaque recondita nube
limen adit Semeles nec nubes ante removit

275 quam simulavit anum posuitque ad tempora canos
sulcavitque cutem rugis, et curva trementi
membra tulit passu; vocem quoque fecit anilem,
ipsaque erat Beroë, Semeles Epidauria nutrix.
   Ergo ubi captato sermone diuque loquendo

280 ad nomen venere Iovis, suspirat et "Opto
Iuppiter ut sit" ait "metuo tamen omnia: multi
nomine divorum thalamos iniere pudicos.
Nec tamen esse Iovem satis est; det pignus amoris,
si modo verus is est; quantusque et qualis ab alta

285 Iunone excipitur, tantus talisque, rogato,
det tibi complexus suaque ante insignia sumat."
   Talibus ignaram Iuno Cadmeida dictis
formarat; rogat illa Iovem sine nomine munus.
Cui deus "Elige!" ait "nullam patiere repulsam!

290 quoque magis credas, Stygii quoque conscia sunto
numina torrentis; timor et deus ille deorum est."
Laeta malo nimiumque potens perituraque amantis
obsequio Semele "Qualem Saturnia" dixit
"te solet amplecti, Veneris cum foedus initis,

295 da mihi te talem." Voluit deus ora loquentis
opprimere; exierat iam vox properata sub auras.
Ingemuit; neque enim non haec optasse, neque ille
non iurasse potest. Ergo maestissimus altum
aethera conscendit, vultuque sequentia traxit

273. **his:** sc. *verbis.*
274. **Semelēs:** Gk. gen.
279. **captato sermone:** 'after delicately trying to get the topic started'. See note on Book IV, 72.
284-286. 'as great and mighty as he is when regal Juno receives him, ask him to come to your embrace in this fashion—and not before he adorns himself in all his splendor'.

285. **rogato:** 2nd pers. sing. fut. imper.
290. See note on Book I, 737. **sunto:** 3rd pers. pl. fut. imper. of *esse.*
292. **laeta malo:** 'happy in her misfortune'.
293. **obsequio:** 'promise'.
297-298. A promise exacted from a god under oath is irrevocable.
299. **vultuque:** 'and with a nod'.

300   nubila, quis nimbos immixtaque fulgura ventis
       addidit et tonitrus et inevitabile fulmen.
       Qua tamen usque potest, vires sibi demere temptat,
       nec quo centimanum deiecerat igne Typhoea,
       nunc armatur eo; nimium feritatis in illo est.
305   Est aliud levius fulmen, cui dextra Cyclopum
       saevitiae flammaeque minus, minus addidit irae:
       tela secunda vocant superi. Capit illa domumque
       intrat Agenoream. Corpus mortale tumultus
       non tulit aetherios donisque iugalibus arsit.
310   Imperfectus adhuc infans genetricis ab alvo
       eripitur, patrioque tener—si credere dignum est—
       insuitur femori maternaque tempora complet.
       Furtim illum primis Ino matertera cunis
       educat; inde datum nymphae Nyséides antris
315   occuluere suis lactisque alimenta dedere.

TIRESIAS

       Dumque ea per terras fatali lege geruntur,
       tutaque bis geniti sunt incunabula Bacchi,

300. quis: for *quibus*.

303. Typhoeus was a hundred-handed monster who had attempted to overthrow the gods of Mt. Olympus. Jupiter struck him with a thunderbolt and hurled him to the depths of Tartarus; or, according to one version, he was buried under Mt. Aetna in Sicily.

305. dextra Cyclopum: the Cyclops forged the thunderbolts that Jupiter used.

310ff. This is the story of the wondrous birth of Bacchus (Dionysus), the god of fertility, who does not appear in legend again until some years later, when, as a young man, he returns to his native Thebes and wreaks his vengeance on those of Cadmus' family who refuse to acknowledge his divinity. This is the story told in Euripides' *Bacchae*. For Ino's part in nursing him in his early years, she was driven mad by Juno and threw herself into the sea; Jupiter, however, turned her into a sea nymph.

314. nymphae Nyseides: nymphs from Nysa, a city in Asia Minor, where Bacchus spent his youth gathering a band of followers, women who indulged in Bacchic rites.

316. fatali: not 'fatal' but 'of fate'.

317. bis geniti: i.e., once from Semele and once from the thigh of Jupiter. incunabula Bacchi: lit., 'Bacchus' cradles'; i.e., his childhood.

forte Iovem memorant diffusum nectare curas
seposuisse graves vacuaque agitasse remissos
320 cum Iunone iocos et "Maior vestra profecto est,
quam quae contingit maribus" dixisse "voluptas."
Illa negat. Placuit quae sit sententia docti
quaerere Tiresiae: venus huic erat utraque nota.
Nam duo magnorum viridi coeuntia silva
325 corpora serpentum baculi violaverat ictu;
deque viro factus—mirabile!—femina septem
egerat autumnos; octavo rursus eosdem
vidit et "Est vestrae si tanta potentia plagae,"
dixit "ut auctoris sortem in contraria mutet,
330 nunc quoque vos feriam!" Percussis anguibus isdem
forma prior rediit, genetivaque venit imago.
Arbiter hic igitur sumptus de lite iocosa
dicta Iovis firmat; gravius Saturnia iusto
nec pro materia fertur doluisse, suique
335 iudicis aeterna damnavit lumina nocte.
At pater omnipotens—neque enim licet inrita cuiquam
facta dei fecisse deo—pro lumine adempto
scire futura dedit poenamque levavit honore.

ECHO AND NARCISSUS

Ille per Aonias fama celeberrimus urbes
340 inreprehensa dabat populo responsa petenti.
Prima fide vocisque ratae temptamina sumpsit
caerula Liriope, quam quondam flumine curvo

---

318. **memorant:** 'people say' or 'as the story goes'.

319. **vacuā:** with *Iunone* in 320; 'while she was idle'.

325. **violaverat:** 'struck them apart'.

334. **nec pro materia:** 'and more than the case required'.

335ff. Tiresias was famed in antiquity for his prophetic powers, and appears as a blind seer in many works of literature from the *Odyssey* through the fifth century B.C. Greek writers of tragedy.

339. **ille:** Tiresias. **Aonias:** 'Boeotian'.

implicuit clausaeque suis Cephisus in undis
vim tulit. Enixa est utero pulcherrima pleno
345 infantem nymphe, iam tunc qui posset amari,
—Narcissumque vocat. De quo consultus, (an esset
tempora maturae visurus longa senectae,)
fatidicus vates "Si se non noverit" inquit.
Vana diu visa est vox auguris; exitus illam
350 resque probat letique genus novitasque furoris.

Namque ter ad quinos unum Cephisius annum
addiderat, poteratque puer iuvenisque videri;
multi illum iuvenes, multae cupiere puellae;
sed—fuit in tenera tam dura superbia forma—
355 nulli illum iuvenes, nullae tetigere puellae.
Adspicit hunc trepidos agitantem in retia cervos
vocalis nymphe, quae nec reticere loquenti
nec prius ipsa loqui didicit, resonabilis Echo.
Corpus adhuc Echo, non vox erat; et tamen usum
360 garrula non alium, quam nunc habet, oris habebat,
__reddere de multis ut verba novissima posset.

Fecerat hoc Iuno, quia, cum deprendere posset
cum Iove saepe suo nymphas in monte iacentes,
illa deam longo prudens sermone tenebat
365 (dum fugerent nymphae.) Postquam hoc Saturnia sensit
"Huius" ait "linguae, qua sum delusa, potestas
parva tibi dabitur vocisque brevissimus usus";
reque minas firmat. Tamen haec in fine loquendi
ingeminat voces auditaque verba reportat.
370 Ergo ubi Narcissum per devia rura vagantem
vidit et incaluit, sequitur vestigia furtim;
quoque magis sequitur flamma propiore calescit,

---

343. **Cēphīsus:** a river in Boeotia; here, the god of the river. The ancients believed that all inanimate things, especially rivers, streams, pools, and woods, had their own special divinity—a divinity that we would find difficult to dissociate from the object itself.

348. It was the usual habit of seers and oracles to speak in riddles.

356. **in retia:** see note on *lina* in 148.

357. **vocalis:** 'talkative'.

361. 'she was able only to repeat the last of many words that were spoken'.

non aliter quam cum summis circumlita taedis
admotas rapiunt vivacia sulphura flammas.
375 O quotiens voluit blandis accedere dictis
et molles adhibere preces! Natura repugnat
nec sinit incipiat; sed, quod sinit, illa parata est
exspectare sonos ad quos sua verba remittat.
    Forte puer, comitum seductus ab agmine fido,
380 dixerat "Ecquis adest?" et "Adest" responderat Echo.
Hic stupet, utque aciem partes dimittit in omnes,
voce "Veni" magna clamat; vocat illa vocantem.
Respicit et rursus nullo veniente "Quid" inquit
"me fugis?" et totidem quot dixit verba recepit.
385 Perstat et alternae deceptus imagine vocis
"Huc coeamus" ait; nullique libentius umquam
responsura sono "Coeamus" rettulit Echo,
et verbis favet ipsa suis; egressaque silva
ibat, ut iniceret sperato bracchia collo.
390   Ille fugit fugiensque "Manus complexibus aufer!
Ante" ait "emoriar, quam sit tibi copia nostri."
Rettulit illa nihil nisi "Sit tibi copia nostri."
Spreta latet silvis pudibundaque frondibus ora
protegit et solis ex illo vivit in antris.
395 Sed tamen haeret amor crescitque dolore repulsae;
et tenuant vigiles corpus miserabile curae,
adducitque cutem macies, et in aëra sucus
corporis omnis abit; vox tantum atque ossa supersunt.
Vox manet; ossa ferunt lapidis traxisse figuram.
400 Inde latet silvis nulloque in monte videtur;
omnibus auditur: sonus est, qui vivit in illa.
    Sic hanc, sic alias undis aut montibus ortas
luserat hic nymphas, sic coetus ante virilis.
Inde manus aliquis despectus ad aethera tollens
405 "Sic amet ipse licet, sic non potiatur amato!"

377. (nec) sinit: sc. *ut*.
381. aciem: lit., 'keenness (of sight)', i.e., 'gaze'.
391. ante . . . quam sit tibi co-pia nostri: 'before I would allow you to hold me'.
405. amato: neut., 'that which is loved'.

handwritten margin note: doubleness → mirrors, unexpected plurals

dixerat; adsensit precibus Rhamnusia iustis.
    Fons erat inlimis, nitidis argenteus undis,
quem neque pastores neque pastae monte capellae
contigerant aliudve pecus, quem nulla volucris
410 nec fera turbarat nec lapsus ab arbore ramus.
Gramen erat circa, quod proximus umor alebat,
silvaque sole locum passura tepescere nullo.
Hic puer et studio venandi lassus et aestu
procubuit faciemque loci fontemque secutus.
415 Dumque sitim sedare cupit, sitis altera crevit;
dumque bibit visae correptus imagine formae
spem(sine corpore)amat; corpus putat esse quod unda est.
Adstupet ipse sibi vultuque immotus eodem
haeret(ut e Pario formatum marmore signum)

margin: mirror and opposites

420 Spectat humi positus geminum—sua lumina—sidus
et dignos Baccho, dignos et Apolline crines

margin: archaic aesthetic

impubesque genas et eburnea colla decusque
oris et in niveo mixtum candore ruborem;
cunctaque miratur quibus est mirabilis ipse.

margin: water and fire

425 Se cupit imprudens, et qui probat, ipse probatur;

margin: interlocking word order

dumque petit, petitur pariterque accendit et ardet.
Inrita fallaci quotiens dedit oscula fonti!

margin: playing with active and passive

In medias quotiens visum captantia collum
bracchia mersit aquas nec se deprendit in illis!
430 Quid videat, nescit; sed, quod videt, uritur illo,
atque oculos idem, qui decipit, incitat error.

margin: For Tuesday

Credule, quid frustra simulacra fugacia captas?

margin: narrative voice

Quod petis, est nusquam; quod amas, avertere, perdes!
Ista repercussae, quam cernis, imaginis umbra est:
435 nil habet ista sui; tecum venitque manetque;

margin: reflexive

margin: breaks the reflection

406. **Rhamnusia:** Nemesis, a god-dess who punished arrogance and insolence to the gods (*hybris*); there was a famed statue of this divinity in the Gk. city of Rhamnus.
414. **secutus:** 'attracted by'.
419. **Pario marmore:** Paros, one of the Cyclades, a group of islands to

the south and east of Greece roughly forming the shape of a crescent, was famous for its gleaming white marble.
421. **Baccho:** Bacchus (Gk. Dionysus), the god of wine, was usually portrayed as a handsome youth.
433. **avertere:** not an inf.

tecum discedet—si tu discedere possis!
   Non illum Cereris, non illum cura quietis
abstrahere inde potest; sed opaca fusus in herba
spectat inexpleto mendacem lumine formam
440 perque oculos perit ipse suos paulumque levatus
ad circumstantes tendens sua bracchia silvas
"Ecquis, io silvae, crudelius" inquit "amavit?
Scitis enim, et multis latebra opportuna fuistis.
Ecquem, cum vestrae tot agantur saecula vitae,
445 qui sic tabuerit, longo meministis in aevo?
Et placet, et video; sed quod videoque placetque,
non tamen invenio: tantus tenet error amantem.
Quoque magis doleam, nec nos mare separat ingens
nec via nec montes nec clausis moenia portis:
450 exigua prohibemur aqua! Cupit ipse teneri!
Nam quotiens liquidis porreximus oscula lymphis,
hic totiens ad me resupino nititur ore.
Posse putes tangi: minimum est, quod amantibus obstat.
Quisquis es, huc exi! Quid me, puer unice, fallis?
455 Quove petitus abis? Certe nec forma nec aetas
est mea, quam fugias, et amarunt me quoque nymphae.
Spem mihi nescio quam vultu promittis amico,
cumque ego porrexi tibi bracchia, porrigis ultro;
cum risi, adrides; lacrimas quoque saepe notavi
460 me lacrimante tuas; nutu quoque signa remittis
et, quantum motu formosi suspicor oris,
verba refers aures non pervenientia nostras.
Iste ego sum! Sensi, nec me mea fallit imago;
uror amore mei: flammas moveoque feroque!
465 Quid faciam? Roger, anne rogem? Quid deinde rogabo?
Quod cupio, mecum est: inopem me copia fecit.
O utinam a nostro secedere corpore possem!
Votum in amante novum: vellem, quod amamus, abesset!
Iamque dolor vires adimit, nec tempora vitae

---

438. fusus: 'sprawled'.
  456. et: note that here, as in many other places, *et* is not to be translated   'and', but by some other conjunction to fit the sense of the context.

470 longa meae superant, primoque exstinguor in aevo.
Nec mihi mors gravis est, posituro morte dolores;
hic, qui diligitur, vellem diuturnior esset;
nunc duo concordes anima moriemur in una."
Dixit et ad faciem rediit male sanus eandem
475 et lacrimis turbavit aquas, obscuraque moto
reddita forma lacu est. Quam cum vidisset abire,
"Quo refugis? Remane nec me, crudelis, amantem
desere!" clamavit; "liceat, quod tangere non est,
adspicere et misero praebere alimenta furori!"
480 Dumque dolet, summa vestem deduxit ab ora
nudaque marmoreis percussit pectora palmis.
Pectora traxerunt roseum percussa ruborem,
non aliter quam poma solent, quae candida parte,
parte rubent, aut (ut variis solet) uva racemis
485 ducere purpureum nondum matura colorem.
Quae simul adspexit liquefacta rursus in unda,
non tulit ulterius, sed, ut intabescere flavae
igne levi cerae matutinaeque pruinae
sole tepente solent, sic attenuatus amore
490 liquitur et tecto paulatim carpitur igni;
[et neque iam color est mixto candore rubori
nec vigor et vires et quae modo visa placebant,
nec corpus remanet, quondam quod amaverat Echo.
Quae tamen ut vidit, quamvis irata memorque
495 indoluit, quotiensque puer miserabilis "Eheu!"
dixerat, haec resonis iterabat vocibus "Eheu!"
Cumque suos manibus percusserat ille lacertos,
haec quoque reddebat sonitum plangoris eundem.
Ultima vox solitam fuit haec spectantis in undam:
500 "Heu, frustra dilecte puer." Totidemque remisit
verba locus, dictoque vale "Vale" inquit et Echo.
Ille caput viridi fessum submisit in herba;
lumina mors clausit domini mirantia formam.

---

471. **posituro:** dat.
472. **esset:** i.e., *viveret*.
478. **non est:** 'it is not possible'.

494. **quae:** antecedent is *Echo* in 493.

Tum quoque se, postquam est inferna sede receptus,
505 in Stygia spectabat aqua. Planxere sorores   *dido's*
Naïdes et sectos fratri posuere capillos;   *marriage to Aeneas*
planxerunt Dryades; plangentibus adsonat Echo.
Iamque rogum quassasque faces feretrumque parabant:
nusquam corpus erat; croceum pro corpore florem
510 inveniunt foliis medium cingentibus albis.

PYRAMUS AND THISBE

[The daughters of Minyas, king of Orchomenus in Boeotia, as they
spin decide to tell stories to while away the time. One of them begins
with the tale of Pyramus and Thisbe.]

55   "Pyramus et Thisbe, iuvenum pulcherrimus alter,
altera, quas Oriens habuit, praelata puellis,
contiguas tenuere domos, ubi dicitur altam
coctilibus muris cinxisse Semiramis urbem.
Notitiam primosque gradus vicinia fecit,
60   tempore crevit amor; taedae quoque iure coissent,
sed vetuere patres. Quod non potuere vetare,
ex aequo captis ardebant mentibus ambo.
Conscius omnis abest; nutu signisque loquuntur,
quoque magis tegitur, tectus magis aestuat ignis.

509. **croceum:** with *medium* in 510.
56. **quas:** the antecedent is to be understood from *puellis*.
57. **tenuere:** 'had' not 'held'. **altam:** with *urbem* in 58. The city is Babylon, where Ninus and Semiramis were said to reign.
58. **coctilibus muris:** these 'cooked' walls were walls faced with glazed tiles; Babylon was famed for these in antiquity.
59. 'Their nearness caused the beginning of their acquaintance'; this is hendiadys, lit., 'one through two',

or the use of two nouns in the same case whereas the translation requires one to be dependent on the other.
60. **taedae iure:** 'in lawful marriage'; the *taedae* were wedding torches. **coissent:** the apodosis of a past contrary to fact condition; 'they would have . . . if their fathers had not. . . .'
62. **ex aequo:** 'equally'.
63. **conscius:** 'confidant' or perhaps, 'witness'.
64. The *eo* which would be the normal correlative of *quo* is lacking.

65   Fissus erat tenui rima, quam duxerat olim
cum fieret, paries domui communis utrique.
Id vitium nulli per saecula longa notatum—
quid non sentit amor?—primi vidistis amantes
et vocis fecistis iter; tutaeque per illud
70   murmure blanditiae minimo transire solebant.
Saepe, ubi constiterant, hinc Thisbe, Pyramus illinc,
inque vices fuerat captatus anhelitus oris,
'Invide' dicebant 'paries, quid amantibus obstas?
Quantum erat, ut sineres toto nos corpore iungi;
75   aut, hoc si nimium est, vel ad oscula danda pateres!
Nec sumus ingrati: tibi nos debere fatemur,
quod datus est verbis ad amicas transitus aures.'
Talia diversa nequiquam sede locuti
sub noctem dixere 'Vale,' partique dedere
80   oscula quisque suae non pervenientia contra.
    Postera nocturnos Aurora removerat ignes,
solque pruinosas radiis siccaverat herbas;
ad solitum coiere locum. Tum murmure parvo
multa prius questi, statuunt ut nocte silenti
85   fallere custodes foribusque excedere temptent,
cumque domo exierint, urbis quoque tecta relinquant,
neve sit errandum lato spatiantibus arvo,
conveniant ad busta Nini lateantque sub umbra
arboris: arbor ibi niveis uberrima pomis—
90   ardua morus erat—gelido contermina fonti.

65-66. **duxerat, fieret:** subj. is *paries communis.*

68-69. **primi, tutae:** English requires these adjectives to be translated as adverbs.

72. **fuerat captatus:** 'had listened for'; *captatus* is from *captare,* a frequentative verb formed from the perf. pass. part. of *capere;* it means 'try to catch' or 'angle for', in fishing.

74. **quantum erat:** 'how small a thing it would be'.

77. The entire *quod* clause is the object of *debere* in 76.

78. **diversā:** with *sede;* i.e., from opposite sides of the wall.

79-80. **parti suae:** i.e., to his own side of the wall.

81. **ignes:** 'stars'.

87. **spatiantibus:** dat.

88. **busta Nini:** the tomb of Ninus, the husband of Semiramis.

90. **mōrus:** a number of second declension nouns are fem., especially the names of plants, trees, and gems.

Pacta placent; et lux tarde discedere visa
praecipitatur aquis et aquis nox exit ab isdem.
Callida per tenebras versato cardine Thisbe
egreditur fallitque suos adopertaque vultum
95   pervenit ad tumulum dictaque sub arbore sedit.
Audacem faciebat amor. Venit ecce recenti
caede leaena boum spumantes oblita rictus
depositura sitim vicini fontis in unda.
Quam procul ad lunae radios Babylonia Thisbe
100   vidit et obscurum timido pede fugit in antrum;
dumque fugit tergo velamina lapsa reliquit.
Ut lea saeva sitim multa compescuit unda,
dum redit in silvas, inventos forte sine ipsa
ore cruentato tenues laniavit amictus.
105   Serius egressus vestigia vidit in alto
pulvere certa ferae totoque expalluit ore
Pyramus. Ut vero vestem quoque sanguine tinctam
repperit, 'Una duos' inquit 'nox perdet amantes,
e quibus illa fuit longa dignissima vita;
110   nostra nocens anima est. Ego te, miseranda, peremi,
in loca plena metus qui iussi nocte venires
nec prior huc veni. Nostrum divellite corpus
et scelerata fero consumite viscera morsu,
o quicumque sub hac habitatis rupe, leones!

---

92. **praecipitatur:** middle voice; 'plunges'.

93. **callida:** certainly not 'experienced' here; perhaps it would be better to translate as an adverb, 'cleverly'.

94. **vultum:** the Gk. acc. of respect.

97. **spumantes rictūs:** Gk. acc. of respect. **oblīta:** from *oblino*; not to be confused with *oblītus* from *obliviscor*.

99. **quam:** English requires the demonstrative rather than the relative pronoun.

100-101. **fūgit, fugit, reliquit:** the change of tense is regular with *dum* in this construction; see *dum redit, laniavit* in lines 103-104.

103. **ipsā:** i.e., Thisbe.

109. **longā:** with *vitā*.

110. **nostra:** the pl. 'our' for the sing. 'my' is common in both prose and poetry; trans. 'I am the guilty one'.

111. **metūs:** gen. **venires:** note the subjunctive after *iubeo* instead of the prose construction with the infinitive.

112. A single *nec* is to be translated 'and . . . not'.

113. **scelerata:** 'guilty'.

115 Sed timidi est optare necem!' Velamina Thisbes
     tollit et ad pactae secum fert arboris umbram.
     Utque dedit notae lacrimas, dedit oscula vesti,
     'Accipe nunc' inquit 'nostri quoque sanguinis haustus!'
     Quoque erat accinctus, demisit in ilia ferrum,
120 nec mora, ferventi moriens e vulnere traxit
     et iacuit resupinus humo. Cruor emicat alte,
     non aliter quam cum vitiato fistula plumbo
     scinditur et tenui stridente foramine longas
     eiaculatur aquas atque ictibus aëra rumpit.
125 Arborei fetus adspergine caedis in atram
     vertuntur faciem, madefactaque sanguine radix
     purpureo tingit pendentia mora colore.
         Ecce metu nondum posito, ne fallat amantem,
     illa redit iuvenemque oculis animoque requirit,
130 quantaque vitarit, narrare pericula gestit.
     Utque locum et visa cognoscit in arbore formam,
     sic facit incertam pomi color: haeret, an haec sit.
     Dum dubitat, tremebunda videt pulsare cruentum
     membra solum retroque pedem tulit oraque buxo
135 pallidiora gerens exhorruit aequoris instar
     quod tremit exigua cum summum stringitur aura.
     Sed postquam remorata suos cognovit amores,
     percutit indignos claro plangore lacertos
     et laniata comas amplexaque corpus amatum
140 vulnera supplevit lacrimis fletumque cruori
     miscuit et gelidis in vultibus oscula figens
     'Pyrame,' clamavit 'quis te mihi casus ademit?
     Pyrame, responde! Tua te carissima Thisbe
     nominat; exaudi vultusque attolle iacentes!'
145 Ad nomen Thisbes oculos a morte gravatos
     Pyramus erexit visaque recondidit illa.
         Quae postquam vestemque suam cognovit et ense

---

115. **timidi:** gen. of characteristic: 'it is the mark of a coward', etc.
Thisbes: a Gk. form of the gen. sing.
130. **gestit:** 'is eager'.

132. **haeret:** 'she is perplexed'; cf. the English expression 'to be stuck with a problem'.
146. **visa illā:** abl. absol.

    vidit ebur vacuum, 'Tua te manus' inquit 'amorque
    perdidit, infelix! Est et mihi fortis in unum
150 hoc manus; est et amor: dabit hic in vulnera vires.
    Persequar exstinctum letique miserrima dicar
    causa comesque tui; quique a me morte revelli
    heu sola poteras, poteris nec morte revelli.
    Hoc tamen amborum verbis estote rogati,
155 o multum miseri meus illiusque parentes,
    ut quos certus amor, quos hora novissima iunxit,
    componi tumulo non invideatis eodem.
    At tu quae ramis arbor miserabile corpus
    nunc tegis unius, mox es tectura duorum,
160 signa tene caedis pullosque et luctibus aptos
    semper habe fetus, gemini monimenta cruoris!'
    Dixit et aptato pectus mucrone sub imum
    incubuit ferro, quod adhuc a caede tepebat.
    Vota tamen tetigere deos, tetigere parentes:
165 nam color in pomo est, ubi permaturuit, ater,
    quodque rogis superest, una requiescit in urna."
      Desierat, mediumque fuit breve tempus, et orsa est
    dicere Leuconoë. Vocem tenuere sorores.

MARS AND VENUS

      "Hunc quoque, siderea qui temperat omnia luce,
170 cepit amor Solem: Solis referemus amores.
    Primus adulterium Veneris cum Marte putatur
    hic vidisse deus: videt hic deus omnia primus.
    Indoluit facto Iunonigenaeque marito

---

148. **ebur:** i.e., scabbard; lit., 'ivory'.

149-150. **in unum hoc:** 'for this one deed'.

154. **hoc estote rogati:** lit., 'be asked this', i.e., 'let us ask this of you'; *estote* is the 2nd pers. pl. of the fut. imper. of *esse*.

167. **medium tempus:** 'interval'.

168. Leuconoë was another of the daughters of king Minyas.

169. **siderea:** scansion will determine the quantity of the final vowel.

173. **indoluit:** 'he was shocked'. **Iunonigenae marito:** i.e., Vulcan, the son of Juno and husband of Venus; *Iunonigena* (i.e., born of Juno) is a first declension masc.

furta tori furtique locum monstravit. At illi
175 et mens et quod opus fabrilis dextra tenebat
excidit. Extemplo graciles ex aere catenas
retiaque et laqueos, quae lumina fallere possent,
elimat; non illud opus tenuissima vincant
stamina, non summo quae pendet aranea tigno.
180 Utque leves tactus momentaque parva sequantur,
efficit et lecto circumdata collocat arte.
Ut venere torum coniunx et adulter in unum,
arte viri vinclisque nova ratione paratis
in mediis ambo deprensi amplexibus haerent.
185 Lemnius extemplo valvas patefecit eburnas
immisitque deos. Illi iacuere ligati
turpiter, atque aliquis de dis non tristibus optat
sic fieri turpis. Superi risere, diuque
haec fuit in toto notissima fabula caelo."

CERES AND PROSERPINA

[Minerva is being entertained on Mt. Helicon by the Muses. While one
of the sisters is talking, nine magpies alight in a nearby tree and begin
to chatter in human voices. When Minerva asks the meaning of this,
she is told that once upon a time the nine daughters of Pierus, king of
Pella (a city in Macedonia), had challenged them to a contest in song.
The Muses accepted the challenge, and nymphs—the spirits of nature
—were asked to be the judges.

The one who had proposed the contest began, singing the tale of the
rebellion of Typhoeus and the other giant sons of Earth against the
gods. When she had finished, the Muses chose as their representative
Calliope, who sang the story of Ceres and Proserpina. The nymphs

174. **illi:** dat. of possession.
178. **vincant:** 'surpass'.
180. **sequantur:** 'yield to'; subj. is
retia in 177.
181. **circumdata:** the *retia* from
177; 'he placed the net on the bed
and skillfully spread it around'.
184. **in mediis amplexibus:** 'in
the midst of their embrace'.

185. **Lemnius:** i.e., Vulcan; he is
said to have taken the part of Juno
on one occasion in an argument
against Jupiter. For his audacity
Jupiter cast him down from the
heights of Mt. Olympus. After fall-
ing for a whole day, he landed on
the island of Lemnos, and was lame
ever after.

chose the Muse's song the winner, and the daughters of Pierus were
changed into magpies, retaining, however, the power of human speech.
At Minerva's request, the winning song is now repeated.]

"Prima Ceres unco glaebam dimovit aratro,
prima dedit fruges alimentaque mitia terris,
prima dedit leges: Cereris sunt omnia munus.
Illa canenda mihi est; utinam modo dicere possim
345   carmine digna dea! Certe dea carmine digna est.
      Vasta Giganteis ingesta est insula membris
Trinacris et magnis subiectum molibus urget
aetherias ausum sperare Typhoëa sedes.
Nititur ille quidem pugnatque resurgere saepe,
350   dextra sed Ausonio manus est subiecta Peloro,
laeva, Pachyne, tibi Lilybaeo crura premuntur;
degravat Aetna caput, sub qua resupinus harenas
eiectat flammamque ferox vomit ore Typhoeus.
Saepe remoliri luctatur pondera terrae
355   oppidaque et magnos devolvere corpore montes:
inde tremit tellus, et rex pavet ipse silentum,
ne pateat latoque solum retegatur hiatu
immissusque dies trepidantes terreat umbras.
      Hanc metuens cladem tenebrosa sede tyrannus
360   exierat curruque atrorum vectus equorum
ambibat Siculae cautus fundamina terrae.
Postquam exploratum satis est loca nulla labare,

341. **Ceres:** a Roman deity identified with the Greek Demeter, goddess of the harvest.

343. **prima dedit leges:** Ceres was known as *legifera*, 'the law-bringer'.

346. **Giganteis membris:** i.e., of Typhoeus, who had dared to lead his brothers against Zeus, for which he was buried under Mt. Aetna.

347. **Trinacris:** 'the three promontories', is the ancient name for Sicily, so-called because of its triangular shape.

348. **ausum:** 'because he dared'.

350. **Ausonio Peloro:** Ausonia was the poetical name for southern Italy; Pelorus is a promontory on the northern shore of Sicily, here called Ausonian because it is nearest Italy.

351. **Pachyne, Lilybaeo:** the southern and western tips of Sicily.

352. **Aetna:** see note on Book II, 220.

353. **ferox:** some MSS. have *fero*.

356. **rex silentum:** i.e., Pluto.

361. **ambibat:** 'surveyed'.

depositoque metu, videt hunc Erycina vagantem
monte suo residens natumque amplexa volucrem
365 'Arma manusque meae, mea, nate, potentia' dixit
'illa, quibus superas omnes, cape tela, Cupido,
inque dei pectus celeres molire sagittas,
cui triplicis cessit fortuna novissima regni.
Tu superos ipsumque Iovem, tu numina ponti
370 victa domas ipsumque, regit qui numina ponti.
Tartara quid cessant? Cur non matrisque tuumque
imperium profers? Agitur pars tertia mundi!
Et tamen in caelo, quae iam patientia nostra est,
spernimur, ac mecum vires minuuntur Amoris.
375 Pallada nonne vides iaculatricemque Dianam
abscessisse mihi? Cereris quoque filia virgo,
si patiemur, erit: nam spes adfectat easdem.
At tu pro socio, si qua est ea gratia, regno
iunge deam patruo!' Dixit Venus. Ille pharetram
380 solvit et arbitrio matris de mille sagittis
unam seposuit, sed qua nec acutior ulla
nec minus incerta est nec quae magis audiat arcum.
Oppositoque genu curvavit flexile cornum
inque cor hamata percussit harundine Ditem.
385   Haud procul Hennaeis lacus est a moenibus altae,
nomine Pergus, aquae; non illo plura Caÿstros
carmina cygnorum labentibus edit in undis.

363. **Erycina:** an epithet of Venus, who had a temple on Mt. Eryx in Sicily.

364. **natum volucrem:** i.e., Cupid, who is usually portrayed as a winged youngster carrying bow and arrows.

368. **cui . . . regni:** after the overthrow of Saturn, Jupiter won by lot the rule of the heavens, Neptune the waters of the ocean, and Pluto, last of all, the underworld.

371. **Tartara quid cessant:** 'why should the realms of the underworld hold out against us'?

372. **profers:** 'extend'. **agitur:** 'is at stake'.

373. **quae:** 'such'.

375-376. **Pallada,** etc.: Pallas (Minerva) and Diana, avowed virgins, encouraged chastity. **Cereris filia:** i.e., Proserpina (Gk. Persephone), the daughter of Ceres and Jupiter, as yet unwed.

382. **audiat:** 'obeys'. Some MSS. have *arcus*.

384. **Ditem:** *Dīs*, originally used to refer to any of the deities, was later applied exclusively to Pluto.

385. **Hennaeis:** adj.; Henna was a city in Sicily.

386. **Caystros:** the Cayster, a river in Lydia, famous for its swans.

Silva coronat aquas cingens latus omne suisque
frondibus ut velo Phoebeos submovet ictus.
390 Frigora dant rami, varios humus umida flores:
perpetuum ver est. Quo dum Proserpina luco
ludit et aut violas aut candida lilia carpit,
dumque puellari studio calathosque sinumque
implet et aequales certat superare legendo,
395 paene simul visa est dilectaque raptaque Diti:
usque adeo est properatus amor. Dea territa maesto
et matrem et comites, sed matrem saepius, ore
clamat, et ut summa vestem laniarat ab ora,
collecti flores tunicis cecidere remissis;
400 tantaque simplicitas puerilibus adfuit annis,
haec quoque virgineum movit iactura dolorem.
Raptor agit currus et nomine quemque vocando
exhortatur equos, quorum per colla iubasque
excutit obscura tinctas ferrugine habenas.
405 Perque lacus altos et olentia sulphure fertur
stagna Palicorum rupta ferventia terra
et qua Bacchiadae, bimari gens orta Corintho,
inter inaequales posuerunt moenia portus.
    Est medium Cyanes et Pisaeae Arethusae,
410 quod coit angustis inclusum cornibus aequor:
hic fuit, a cuius stagnum quoque nomine dictum est,

389. **ut velo:** 'as by an awning'.
Phoebeos ictus: i.e., the sun's rays.
    390. **humus umida:** the verb is to
be understood from *dant*.
    396. **usque adeo:** 'to such a de-
gree'.
    404. **obscura:** 'dark', as befitting
the lord of the infernal regions.
    406. **Palicorum:** the Palici were
two sons of Jupiter and the nymph
Aetna, who were worshipped at a
temple in Sicily that was near two
lakes sacred to them.
    407. **et qua,** etc.: The Bacchiadae
were an ancient and leading family
of Corinth, the city that had founded

Syracuse. Corinth is called *bimaris*
because it has harbors on arms of
two seas, the Aegean and the Ionian.
    408. **inter inaequales portus:** Syra-
cuse was situated between two har-
bors, a greater and a lesser. **moenia:**
i.e., Syracuse.
    409-410. 'There is between Cyane
and Pisaean Arethusa a bay (*aequor,*
the greater of the *inaequales portus*
in 408) whose waters narrow (*coit*),
confined by jutting points of land'.
Cyane and Arethusa were springs
near Syracuse. For an explanation
of Corinth, the city that had founded

inter Sicelidas Cyane celeberrima nymphas.
Gurgite quae medio summa tenus exstitit alvo
agnovitque deam. 'Nec longius ibitis' inquit
415 'non potes invitae Cereris gener esse; roganda,
non rapienda fuit! Quod si componere magnis
parva mihi fas est, et me dilexit Anapis,
exorata tamen, nec, ut haec, exterrita nupsi.'
Dixit et in partes diversas bracchia tendens
420 obstitit. Haud ultra tenuit Saturnius iram
terribilesque hortatus equos in gurgitis ima
contortum valido sceptrum regale lacerto
condidit. Icta viam tellus in Tartara fecit
et pronos currus medio cratere recepit.
425 At Cyane raptamque deam contemptaque fontis
iura sui maerens inconsolabile vulnus
mente gerit tacita lacrimisque absumitur omnis
et, quarum fuerat magnum modo numen, in illas
extenuatur aquas. Molliri membra videres,
430 ossa pati flexus, ungues posuisse rigorem,
primaque de tota tenuissima quaeque liquescunt,
caerulei crines digitique et crura pedesque:
nam brevis in gelidas membris exilibus undas
transitus est. Post haec umeri tergusque latusque
435 pectoraque in tenues abeunt evanida rivos.
Denique pro vivo vitiatas sanguine venas
lympha subit; restatque nihil, quod prendere posses.
Interea pavidae nequiquam filia matri
omnibus est terris, omni quaesita profundo.

413. **summā tenus alvo:** 'as far as her waist'.

414. **nec longius,** etc.: addressed to Pluto.

415-416. **roganda fuit:** 'she should have been asked'.

416. **quod si:** 'and if'.

417. **Anapis:** a river that empties into the greater bay of Syracuse, after being joined by the stream of Cyane. This union of the two waters symbolizes the wedding of the nymph to the river-god.

418. **haec:** i.e., Proserpina.

420. **Saturnius:** 'son of Saturn', i.e., Pluto.

428. **quarum:** antecedent is *illas aquas*.

430. **ossa pati flexūs:** 'her bones becoming softened'.

438. **pavidae matri:** dat. of agent.

440 Illam non udis veniens Aurora capillis
cessantem vidit, non Hesperus; illa duabus
flammiferas pinus manibus succendit ab Aetna
perque pruinosas tulit inrequieta tenebras.
Rursus ubi alma dies hebetarat sidera, natam
445 solis ab occasu solis quaerebat ad ortus.
    Fessa labore sitim conceperat, oraque nulli
colluerant fontes, cum tectam stramine vidit
forte casam parvasque fores pulsavit; at inde
prodit anus divamque videt lymphamque roganti
450 dulce dedit, tosta quod texerat ante polenta.
Dum bibit illa datum, duri puer oris et audax
constitit ante deam risitque avidamque vocavit.
Offensa est, neque adhuc epotā parte, loquentem
cum liquido mixta perfudit diva polentā.
455 Combibit os maculas et, quae modo bracchia gessit,
crura gerit; cauda est mutatis addita membris,
inque brevem formam, ne sit vis magna nocendi,
contrahitur, parvaque minor mensura lacertā est.
Mirantem flentemque et tangere monstra parantem
460 fugit anum latebramque petit; aptumque pudori
nomen habet, variis stellatus corpora guttis.
    Quas dea per terras et quas erraverit undas,
dicere longa mora est: quaerenti defuit orbis.
Sicaniam repetit, dumque omnia lustrat eundo,
465 venit et ad Cyanen. Ea ni mutata fuisset,
omnia narrasset; sed et os et lingua volenti
dicere non aderant, nec quo loqueretur, habebat;
signa tamen manifesta dedit, notamque parenti

---

440. **udis capillis:** Dawn rises from the ocean.
  450. **dulce:** 'a sweet drink'.
  451. **duri oris:** 'impudent'.
  455. **combibit os maculas:** 'his face became spotted'. **quae:** for *ea quae*, i.e., *bracchia*, and *crura* in 456.
  460. **petīt:** perf., for *petiit*.
  461. **nomen habet:** the Latin name for this creature is *stellio*. **corpora:** Gk. acc. of respect.
  464. **eundo:** 'in her search'.
  465. **Cyanen:** Gk. fem. acc. sing.
  467. **nec quo loqueretur:** 'nor anything else with which she could speak'.
  468. **notam:** with *delapsam zonam* in 469-470, direct obj. of *ostendit* in 470.

illo forte loco delapsam in gurgite sacro
470   Persephones zonam summis ostendit in undis.
Quam simul agnovit, tamquam tunc denique raptam
scisset, inornatos laniavit diva capillos
et repetita suis percussit pectora palmis.
Nescit adhuc, ubi sit; terras tamen increpat omnes
475   ingratasque vocat nec frugum munere dignas,
Trinacriam ante alias, in qua vestigia damni
repperit. Ergo illic saeva vertentia glaebas
fregit aratra manu parilique irata colonos
ruricolasque boves leto dedit arvaque iussit
480   fallere depositum vitiataque semina fecit.
Fertilitas terrae latum vulgata per orbem
falsa iacet: primis segetes moriuntur in herbis,
et modo sol nimius, nimius modo corripit imber;
sideraque ventique nocent, avidaeque volucres
485   semina iacta legunt; lolium tribulique fatigant
triticeas messes et inexpugnabile gramen.
    Tum caput Eléis Alphēias extulit undis
rorantesque comas a fronte removit ad aures
atque ait 'O toto quaesitae virginis orbe
490   et frugum genetrix, immensos siste labores,
neve tibi fidae violenta irascere terrae.
Terra nihil meruit patuitque invita rapinae;
nec sum pro patria supplex: huc hospita veni.
Pisa mihi patria est et ab Elide ducimus ortus;
495   Sicaniam peregrina colo, sed gratior omni
haec mihi terra solo est; hos nunc Arethusa Penates;
hanc habeo sedem, quam tu, mitissima, serva!
Mota loco cur sim tantique per aequoris undas

471. **raptam:** sc. *filiam esse.*
480. **depositum:** 'trust'.
483. **corripit:** sc. *illas* (*segetes*).
484. **sideraque:** one of the few times in Ovid's works when *-que* is a long syllable; cf. Books VII, 265; X, 262; XI, 36.
485. **iacta:** i.e., just sown.

487. **Alpheias:** nom., i.e., Arethusa, the nymph loved by the river-god Alpheus; she was changed into a spring whose waters flow from Elis to Ortygia.
496. **Penates:** these were old Latin guardian divinities of the household; here, 'home'.

advehar Ortygiam, veniet narratibus hora
500   tempestiva meis, cum tu curaque levata
et vultus melioris eris. Mihi pervia tellus
praebet iter subterque imas ablata cavernas
hic caput attollo desuetaque sidera cerno.
Ergo dum Stygio sub terris gurgite labor,
505   visa tua est oculis illic Proserpina nostris:
illa quidem tristis neque adhuc interrita vultu,
sed regina tamen, sed opaci maxima mundi,
sed tamen inferni pollens matrona tyranni.'
    Mater ad auditas stupuit ceu saxea voces
510   attonitaeque diu similis fuit, utque dolore
pulsa gravi gravis est amentia, curribus oras
exit in aetherias. Ibi toto nubila vultu
ante Iovem passis stetit invidiosa capillis
'Pro' que 'meo veni supplex tibi, Iuppiter,' inquit
515   'sanguine proque tuo. Si nulla est gratia matris,
nata patrem moveat, neu sit tibi cura precamur
vilior illius, quod nostro est edita partu.
En quaesita diu tandem mihi nata reperta est,
si reperire vocas amittere certius, aut si
520   scire ubi sit reperire vocas. Quod rapta, feremus,
dummodo reddat eam! Neque enim praedone marito
filia digna tua est—si iam mea filia non est.'
    Iuppiter excepit: 'Commune est pignus onusque
nata mihi tecum; sed si modo nomina rebus
525   addere vera placet, non hoc iniuria factum,
verum amor est; neque erit nobis gener ille pudori
tu modo, diva, velis. Ut desint cetera, quantum est
esse Iovis fratrem! Quid quod non cetera desunt

509. **ceu saxea:** 'as if turned to stone'.

516-517. **cura illius:** 'concern for her'. **quod . . . partu:** 'the fact that I am her mother'.

519. **amittere certius:** predicate nom. English uses the gerund for the Latin inf. in this construction.

520. **rapta:** sc. *est*.

521. **reddat:** i.e., Pluto.

525. **factum:** noun; sc. *est*.

526. **verum:** adv. **pudori:** dat. of service or purpose.

527. **tu . . . velis:** i.e., if Ceres will accept him as a son-in-law.

nec cedit nisi sorte mihi? Sed tanta cupido
530 si tibi discidii est, repetet Proserpina caelum,
lege tamen certa: si nullos contigit illic
ore cibos; nam sic Parcarum foedere cautum est.'
　　Dixerat; at Cereri certum est educere natam;
non ita fata sinunt, quoniam ieiunia virgo
535 solverat et, cultis dum simplex errat in hortis,
puniceum curva decerpserat arbore pomum,
sumptaque pallenti septem de cortice grana
presserat ore suo. Solusque ex omnibus illud
Ascalaphus vidit, quem quondam dicitur Orphne,
540 inter Avernales haud ignotissima nymphas,
ex Acheronte suo silvis peperisse sub atris.
Vidit et indicio reditum crudelis ademit.
Ingemuit regina Erebi testemque profanam
fecit avem sparsumque caput Phlegethontide lympha
545 in rostrum et plumas et grandia lumina vertit.
Ille sibi ablatus fulvis amicitur ab alis
inque caput crescit longosque reflectitur ungues,
vixque movet natas per inertia bracchia pennas
foedaque fit volucris, venturi nuntia luctus,
550 ignavus bubo, dirum mortalibus omen.

THE SIRENS

　　Hic tamen indicio poenam linguaque videri

529. **sorte:** see note on 368.
531. **lege:** 'condition'.
532. **Parcarum foedere cautum est:** what has been decreed by the Parcae, or Fates, may be known by Jupiter, but cannot be altered.
536. **puniceum pomum:** i.e., the pomegranate.
541. **Acheronte:** Acheron was one of the rivers of Hades, along with the Styx, Cocytos, Phlegethon, and Lethe.

544. **sparsum caput:** obj. of *vertit* in 545.
546. **sibi ablatus:** i.e., losing his former shape.
547. **reflectitur:** this verb is meant to describe the activity of creatures that have long talons.
551. **hic:** i.e., Ascalaphus, who tattled on Proserpina. **indicio linguāque:** hendiadys; see note on Book IV, 59.

commeruisse potest. Vobis, Acheloïdes, unde
pluma pedesque avium, cum virginis ora geratis?
An quia, cum legeret vernos Proserpina flores,
555 in comitum numero, doctae Sirenes, eratis?
Quam postquam toto frustra quaesistis in orbe,
protinus, ut vestram sentirent aequora curam,
posse super fluctus alarum insistere remis
optastis facilesque deos habuistis et artus
560 vidistis vestros subitis flavescere pennis.
Ne tamen ille canor mulcendas natus ad aures
tantaque dos oris linguae deperderet usum,
virginei vultus et vox humana remansit.
    At medius fratrisque sui maestaeque sororis
565 Iuppiter ex aequo volventem dividit annum.
Nunc dea, regnorum numen commune duorum,
cum matre est totidem, totidem cum coniuge menses.
Vertitur extemplo facies et mentis et oris;
nam, modo quae poterat Diti quoque maesta videri,
570 laeta deae frons est, ut sol, qui tectus aquosis
nubibus ante fuit, victis e nubibus exit.
    Exigit alma Ceres, nata secura recepta,
quae tibi causa fugae, cur sis, Arethusa, sacer fons.
Conticuere undae, quarum dea sustulit alto
575 fonte caput, viridesque manu siccata capillos
fluminis Elei veteres narravit amores.

---

552. **Acheloides:** (fem. patrony-
mic) the Sirens, daughters of
Achelous, one of the mightiest rivers
of Greece. They are usually said to
have been three in number, and are
described as being half women, half
birds, and endowed with the gift of
enchanting song. Here Ovid thinks
of them as being the companions of
Proserpina while they were still in
human form.

557. **ut . . . curam:** 'so that the
oceans might also feel your anxiety'.

558. **alarum remis:** lit., 'with oars
of wings'; i.e., 'with wings to propel
you'.

559. **faciles deos habuistis:** 'you
found the gods willing'.

564. **medius:** 'mediator'; this use
of *medius* with the gen. is not un-
common.

566. **dea:** i.e., Proserpina.

575. **siccata:** middle voice.

576. **fluminis Elei:** i.e., Alphaeus;
see note on 487.

ARETHUSA

'Pars ego nympharum, quae sunt in Achaïde,' dixit,
'una fui. Nec me studiosius altera saltus
legit nec posuit studiosius altera casses.
580 Sed quamvis formae numquam mihi fama petita est,
quamvis fortis eram, formosae nomen habebam.
Nec mea me facies nimium laudata iuvabat,
quaque aliae gaudere solent, ego rustica dote
corporis erubui crimenque placere putavi.
585 Lassa revertebar, memini, Stymphalide silva;
aestus erat, magnumque labor geminaverat aestum.
Invenio sine vertice aquas, sine murmure euntes,
perspicuas ad humum, per quas numerabilis alte
calculus omnis erat, quas tu vix ire putares.
590 Cana salicta dabant nutritaque pōpulus unda
sponte sua natas ripis declivibus umbras.
Accessi primumque pedis vestigia tinxi,
poplite deinde tenus; neque eo contenta recingor
molliaque impono salici velamina curvae
595 nudaque mergor aquis. Quas dum ferioque trahoque
mille modis labens excussaque bracchia iacto,
nescio quod medio sensi sub gurgite murmur,
territaque insisto propiori margine fontis.
Quo properas, Arethusa? suis Alpheus ab undis,
600 *Quo properas?* iterum rauco mihi dixerat ore.
Sicut eram, fugio sine vestibus (altera vestes
ripa meas habuit). Tanto magis instat et ardet,
et quia nuda fui, sum visa paratior illi.
Sic ego currebam, sic me ferus ille premebat,

577. **Achaïde:** Achaea was an an-
cient name for Greece.
578-579. **saltus legit:** 'roamed the
woods', i.e., in hunting.
581. **quamvis fortis eram:** 'how-
ever brave I was'.
583. **qua:** antecedent is *dote;* 'and
the endowments of beauty in which

other girls delight made me blush
like a rustic maid', etc.
585. **Stymphalide:** Stymphalus
was a district in Arcadia.
587. **vertice:** 'ripple'.
595. **quas:** antecedent is to be un-
derstood from *aquis.*

605 ut fugere accipitrem penna trepidante columbae,
ut solet accipiter trepidas urgere columbas.
Usque sub Orchomenon Psophidaque Cyllenenque
Maenaliosque sinus gelidumque Erymanthon et Elim
currere sustinui, nec me velocior ille.
610 Sed tolerare diu cursus ego viribus impar
non poteram, longi patiens erat ille laboris.
Per tamen et campos, per opertos arbore montes,
saxa quoque et rupes et, qua via nulla, cucurri.
Sol erat a tergo: vidi praecedere longam
615 ante pedes umbram, nisi si timor illa videbat;
sed certe sonitusque pedum terrebat, et ingens
crinales vittas adflabat anhelitus oris.
Fessa labore fugae, *Fer opem, deprendimur, inquam,*
armigerae, Dictynna, tuae, cui saepe dedisti
620 *ferre tuos arcus inclusaque tela pharetra.*
Mota dea est spissisque ferens e nubibus unam
me super iniecit. Lustrat caligine tectam
Amnis, et ignarus circum cava nubila quaerit;
bisque locum, quo me dea texerat, inscius ambit
625 et bis, *Io Arethusa, io Arethusa!* vocavit.
Quid mihi tunc animi miserae fuit? Anne quod agnae est,
si qua lupos audit circum stabula alta frementes,
aut lepori, qui vepre latens hostilia cernit
ora canum nullosque audet dare corpore motus?
630 Non tamen abscedit neque enim vestigia cernit
longius ulla pedum: servat nubemque locumque.
Occupat obsessos sudor mihi frigidus artus,
caeruleaeque cadunt toto de corpore guttae.
Quaque pedem movi, manat lacus; eque capillis
635 ros cadit, et citius quam nunc tibi facta renarro,

---

605. **fugere:** sc. *solent.*
607-608. Orchomenus and Psophis are cities; Cyllene, Maenalus, and Erymanthus are mountains, and Elis a district of Arcadia.
615. **umbram:** i.e., of Alpheus.

619. **Dictynna:** Diana, so-called from the place in Crete where there was a temple to the goddess.
620. **ferre:** obj. of *dedisti.*
622. **tectam:** sc. *me.*

in latices mutor. Sed enim cognoscit amatas
Amnis aquas, positoque viri quod sumpserat ore,
vertitur in proprias, ut se mihi misceat, undas.
Delia rupit humum, caecisque ego mersa cavernis
640 advehor Ortygiam, quae me cognomine divae
grata meae superas eduxit prima sub auras.'
Hac Arethusa tenus."

[The Muses have finished telling their stories to Minerva in relating
how the daughters of Pierus were changed into magpies for daring to
challenge them to a contest in song.
  Minerva silently recalls an indignity that she had suffered at the
hands of Arachne. This girl, the most skilful weaver of Lydia and
daughter of a woolworker, had challenged the goddess to a contest in
spinning and weaving. Minerva accepted the challenge, and began to
weave.]

ARACHNE

70   Cecropia Pallas scopulum Mavortis in arce
pingit et antiquam de terrae nomine litem.
Bis sex caelestes medio Iove sedibus altis
augusta gravitate sedent. Sua quemque deorum
inscribit facies; Iovis est regalis imago.
75   Stare deum pelagi longoque ferire tridente
aspera saxa facit medioque e vulnere saxi

639. Delia: Diana, so-called from
the island of Delos, the birth-place
of the goddess and Apollo, her
brother.
  640-641. quae . . . meae: 'which
pleased me because of the name of
my goddess (which it bore)'. Ortygia
was another name for the island of
Delos. The place which Arethusa
now speaks of, however, is in Sicily,
near Syracuse.
  642. 'And so ended Arethusa's
story'.

70. Cecropia arce: Cecrops was
the most ancient king of Attica,
founder of the citadel (*arx*) of
Athens. **scopulum Mavortis:** 'Hill of
Mars', the Areopagus, which lies
close by the Acropolis.
  71. pingit: i.e., Minerva weaves
this scene in colored threads into a
tapestry. **antiquam . . . litem:**
Athena and Poseidon had disputed
the right to give a name to Athens.
Athena was awarded the victory for
creating the olive tree.

exsiluisse fretum, quo pignore vindicet urbem.
At sibi dat clipeum, dat acutae cuspidis hastam,
dat galeam capiti; defenditur aegide pectus,
80 percussamque sua simulat de cuspide terram
edere cum bacis fetum canentis olivae;
mirarique deos: operis Victoria finis.
Ut tamen exemplis intellegat aemula laudis
quod pretium speret pro tam furialibus ausis,
85 quattuor in partes certamina quattuor addit
clara colore suo, brevibus distincta sigillis.
Threïciam Rhodopen habet angulus unus et Haemum,
nunc gelidos montes, mortalia corpora quondam,
nomina summorum sibi qui tribuere deorum.
90 Altera Pygmaeae fatum miserabile matris
pars habet: hanc Iuno victam certamine iussit
esse gruem populisque suis indicere bella.
Pinxit et Antigonen ausam contendere quondam
cum magni consorte Iovis, quam regia Iuno
95 in volucrem vertit, nec profuit Ilion illi
Laomedonve pater, sumptis quin candida pennis
ipsa sibi plaudat crepitante ciconia rostro.
Qui superest solus, Cinyran habet angulus orbum:
isque gradus templi, natarum membra suarum,
100 amplectens saxoque iacens lacrimare videtur.
Circuit extremas oleis pacalibus oras—
is modus est—operisque sua facit arbore finem.

---

83. **laudis:** with *aemula.*

87. Rhodope and Haemus had presumed to assume the names of Juno and Jupiter, and were turned into mountains in Thrace.

90. **Pygmaeae matris:** i.e., Gerana (Gk. for 'crane'), queen of the Pygmies. Much esteemed for her beauty among her people, she was disdainful of the gods, especially of Juno, who, in revenge, changed her into a crane. In this state she was killed by the Pygmies—the origin of the legendary war between the Cranes and the Pygmies.

93. **Antigonen:** Antigone, a daughter of Laomedon, king of Troy, boasted of excelling Juno in the beauty of her hair. For her vanity she was changed into a stork.

98. **Cinyran:** Cinyras was a fabled king of Assyria, later of Cyprus, whose daughters were turned into the steps of Juno's temple.

Maeonis elusam designat imagine tauri
Europam: verum taurum, freta vera putares;
105 ipsa videbatur terras spectare relictas
et comites clamare suas tactumque vereri
adsilientis aquae timidasque reducere plantas.
Fecit et Asterien aquila luctante teneri;
fecit olorinis Ledam recubare sub alis.
110 Addidit, ut satyri celatus imagine pulchram
Iuppiter implerit gemino Nyctēida fetu,
Amphitryon fuerit, cum te, Tirynthia, cepit,
aureus ut Danaēn, Asopida luserit ignis,
Mnemosynen pastor, varius Deōida serpens.
115 Te quoque mutatum torvo, Neptune, iuvenco
virgine in Aeolia posuit; tu visus Enipeus
gignis Aloïdas, aries Bisaltida fallis.
Et te flava comas frugum mitissima mater
sensit equum, sensit volucrem crinita colubris

103-114. Arachne depicts the guises assumed by Jupiter in his encounters with various women, both mortal and immortal. **Maeonis:** i.e., Arachne; Maeonia was a district of Lydia.
108. **Asterien:** Asteria was beloved by Jupiter. To escape his embrace she was metamorphosed into a quail and fell into the ocean and became the island Asteria, later called Ortygia, and then Delos.
109. **Ledam:** Leda was visited by Jupiter in the form of a swan. She was the mother of Castor and Pollux, Helen (the Helen of Troy) by Jupiter, and of Clytemnestra.
111. **Nycteida:** i.e., Antiope, the daughter of the Theban Nicteus, who bore twin sons to Jupiter.
112. **Tirynthia:** i.e., Alcmene, wife of Amphitryon, king of Tiryns. Visited by Jupiter in the guise of her husband, she became the mother of Hercules.

113. **aureus ut Danaen:** Danae became the mother of Perseus by Jupiter, who enveloped her in the form of a golden shower. **Asopida:** i.e., Aegina, daughter of the river-god Asopus; she was overcome by Jupiter in the form of fire and carried away. By some accounts, Sisyphus told her father where she was and for this was condemned to eternal punishment in Hades.
114. **Mnemosynen:** Mnemosyne, the goddess of memory, was the mother of the Muses. **varius:** 'spotted'. **Deoida:** i.e., Proserpina, daughter of Deo (another name for Ceres).
115-126. Various forms assumed by Neptune, Apollo, Bacchus, and Saturn in their amorous adventures.
119-120. **crinita . . . volucris:** 'the snake-haired mother of the winged horse', i.e., Medusa, mother of Pegasus by Neptune, who visited her as a bird.

120   mater equi volucris, sensit delphina Melantho.
      Omnibus his faciemque suam faciemque locorum
      reddidit. Est illic agrestis imagine Phoebus,
      utque modo accipitris pennas, modo terga leonis
      gesserit, ut pastor Macarēida luserit Issen.
125   Liber ut Erigonen falsa deceperit uva,
      ut Saturnus equo geminum Chirona crearit.
      Ultima pars telae, tenui circumdata limbo,
      nexilibus flores hederis habet intertextos.
        Non illud Pallas, non illud carpere Livor
130   possit opus. Doluit successu flava virago
      et rupit pictas, caelestia crimina, vestes;
      utque Cytoriaco radium de monte tenebat,
      ter, quater Idmoniae frontem percussit Arachnes.
      Non tulit infelix laqueoque animosa ligavit
135   guttura. Pendentem Pallas miserata levavit
      atque ita "Vive quidem, pende tamen, improba" dixit;
      "lexque eadem poenae, ne sis secura futuri,
      dicta tuo generi serisque nepotibus esto!"
        Post ea discedens sucis Hecatēidos herbae
140   sparsit, et extemplo tristi medicamine tactae
      defluxere comae, cum quis et naris et aures,
      fitque caput minimum, toto quoque corpore parva est.
      In latere exiles digiti pro cruribus haerent,
      cetera venter habet, de quo tamen illa remittit
145   stamen, et antiquas exercet aranea telas.

---

120. **Melantho:** a sea-nymph.

121. **locorum:** 'surroundings'.

124. **Macareida Issen:** Isse, daughter of Macareus, king of Lesbos.

125. **Liber:** Bacchus, the god of wine. He appeared to Erigone disguised as a bunch of grapes.

126. **geminum:** 'similar to'; Chiron was a famed centaur of antiquity, tutor to Achilles, Jason, and other Greek heroes.

129. **Livor:** the goddess of Envy.

131. **vestes:** i.e., the tapestry.

132. **Cytoriaco:** Mount Cytorus was a mountain in Paphlagonia abounding in box trees, from which the shuttle (*radius*) was made.

133. **Idmoniae:** Arachne's father was Idmon.

134. **animosa:** acc.

139. **Hecateidos:** gen.; Hecate was the goddess of witchcraft and enchantments.

141. **quis:** for *quibus*.

NIOBE

Lydia tota fremit, Phrygiaeque per oppida facti
rumor it et magnum sermonibus occupat orbem.
Ante suos Niobe thalamos cognoverat illam,
tum cum Maeoniam virgo Sipylumque colebat.
150 Nec tamen admonita est poena popularis Arachnes
cedere caelitibus verbisque minoribus uti.
Multa dabant animos, sed enim nec coniugis artes
nec genus amborum magnique potentia regni
sic placuere illi, quamvis ea cuncta placerent,
155 ut sua progenies; et felicissima matrum
dicta foret Niobe, si non sibi visa fuisset.
Nam sata Tiresia venturi praescia Manto
per medias fuerat divino concita motu
vaticinata vias: "Ismenides, ite frequentes
160 et date Latonae Latonigenisque duobus
cum prece tura pia lauroque innectite crinem;
ore meo Latona iubet." Paretur, et omnes
Thebaïdes iussis sua tempora frondibus ornant,
turaque dant sanctis et verba precantia flammis.
165 Ecce venit comitum Niobe creberrima turba,
vestibus intexto Phrygiis spectabilis auro
et, quantum ira sinit, formosa movensque decoro
cum capite immissos umerum per utrumque capillos.
Constitit, utque oculos circumtulit alta superbos,
170 "Quis furor auditos" inquit "praeponere visis
caelestes? Aut cur colitur Latona per aras

148. **illam:** Arachne.
149. **Sipylum:** Sipylus was a mountain in Maeonia, a region of Lydia.
152. **animos:** 'pride'. **coniugis artes:** see note on 178.
157. **Manto:** fem. name, nom.

158. **fuerat:** with *vaticinata* in 159.
159. **Ismenides:** 'daughters of Ismene', i.e., Theban women. Ismene and Antigone were the daughters of Oedipus.
160. **Latonae:** Latona was the mother of Apollo and Diana.

numen adhuc sine ture meum est? Mihi Tantalus auctor,
cui licuit soli superorum tangere mensas;
Pleïadum soror est genetrix mea; maximus Atlas
175 est avus, aetherium qui fert cervicibus axem;
Iuppiter alter avus; socero quoque glorior illo.
Me gentes metuunt Phrygiae, me regia Cadmi
sub domina est, fidibusque mei commissa mariti
moenia cum populis a meque viroque reguntur.
180 In quamcumque domus adverti lumina partem
immensae spectantur opes. Accedit eodem
digna dea facies; huc natas adice septem
et totidem iuvenes et mox generosque nurusque!
Quaerite nunc, habeat quam nostra superbia causam;
185 nescio quoque audete satam Titanida Coeo
Latonam praeferre mihi, cui maxima quondam
exiguam sedem pariturae terra negavit!
Nec caelo nec humo nec aquis dea vestra recepta est:
exsul erat mundi, donec miserata vagantem,
190 'Hospita tu terris erras, ego' dixit 'in undis,'
instabilemque locum Delos dedit. Illa duorum
facta parens: uteri pars haec est septima nostri!

172. **Tantalus:** a king of Lydia and father of Niobe. His punishment in Hades is well-known, although there is no agreement on the reason for it. The most popular account has it that he served up his son Pelops as food to the gods and goddesses at a banquet; for this he was condemned to eternal hunger and thirst, with food and drink just out of his grasp.
174. **Pleiadum:** Dione, mother of Niobe, was one of the seven Pleiades, daughters of Atlas.
176. Jupiter was the father of Tantalus as well as of Amphion, Niobe's husband.
178. **fidibus:** it is said that the stones of the Theban walls moved of their own accord and fitted themselves together when Amphion played his lyre.
185. **nescio quōque:** with *Coeo*, abl. after *satam;* Coeus was a Titan, father of Latona.
187ff. Latona (Gk. Leto) conceived twin children by Jupiter. When she was about to give birth to Apollo and Diana, owing to Juno's jealousy, no land would receive her, until the floating island of Delos gave her a place of refuge. Later, Apollo himself anchored the island, and it remained sacred to him and his sister.
189. **miserata:** with *Delos* in 191.
190. **hospita:** 'vagrant'.

Sum felix: quis enim neget hoc? Felixque manebo—
hoc quoque quis dubitet?—tutam me copia fecit.
195 Maior sum, quam cui possit Fortuna nocere;
multaque ut eripiat, multo mihi plura relinquet.
Excessere metum mea iam bona. Fingite demi
huic aliquid populo natorum posse meorum,
non tamen ad numerum redigar spoliata duorum,
200 Latonae turbam: qua quantum distat ab orba?
Ite, satisque superque sacri; laurumque capillis
ponite!" Deponunt et sacra infecta relinquunt,
quodque licet, tacito venerantur murmure numen.
Indignata dea est, summoque in vertice Cynthi
205 talibus est dictis gemina cum prole locuta:
"En ego, vestra parens, vobis animosa creatis,
et nisi Iunoni nulli cessura dearum,
an dea sim, dubitor; perque omnia saecula cultis
arceor, o nati, nisi vos succurritis, aris!
210 Nec dolor hic solus: diro convicia facto
Tantalis adiecit vosque est postponere natis
ausa suis et me, quod in ipsam recidat, orbam
dixit et exhibuit linguam scelerata paternam."
Adiectura preces erat his Latona relatis:
215 "Desine!" Phoebus ait "poenae mora longa querella est."
Dixit idem Phoebe celerique per aëra lapsu
contigerant tecti Cadmēida nubibus arcem.

---

198. **huic populo:** Niobe supposes her children to be so numerous as to form a nation; trans., 'some of my many children'.

200. **turbam:** in apposition with *numerum duorum* in 199. **quā:** sc. *turbā.*

202. **ponite:** for *deponite.*

204. **dea:** i.e., Latona. **Cynthi:** Cynthus was a mountain on Delos.

206. **animosa:** 'proud'.

208. **cultis:** with *aris* in 209.

210. **convicia:** acc., 'insults'.

212. **quod:** the antecedent is *me*

orbam dixit. **in ipsam:** 'on her head'. **recidat:** optative subjunctive, a wish for the future; the *utinam,* usual in prose, is generally omitted in poetry. Note that the *re-* of *recidat* must be scanned long.

213. **linguam paternam:** one of the reasons given for Tantalus' punishment is that he revealed certain secrets entrusted to him by the gods.

215. **longa:** with *querella.*

217. **tecti:** with *nubibus.* **Cadmeida arcem:** i.e., Thebes.

Planus erat lateque patens prope moenia campus
adsiduis pulsatus equis, ubi turba rotarum
220 duraque mollierat subiectas ungula glaebas.
Pars ibi de septem genitis Amphione fortes
conscendunt in equos Tyrioque rubentia suco
terga premunt auroque graves moderantur habenas.
E quibus Ismenus, qui matri sarcina quondam
225 prima suae fuerat, dum certum flectit in orbem
quadripedis cursus spumantiaque ora coercet,
"Ei mihi!" conclamat medioque in pectore fixa
tela gerit, frenisque manu moriente remissis
in latus a dextro paulatim defluit armo.
230 Proximus audito sonitu per inane pharetrae
frena dabat Sipylus, veluti cum praescius imbris
nube fugit visa pendentiaque undique rector
carbasa deducit, ne qua levis effluat aura;
frena tamen dantem non evitabile telum
235 consequitur, summaque tremens cervice sagitta
haesit, et exstabat nudum de gutture ferrum.
Ille, ut erat pronus, per colla admissa iubasque
volvitur et calido tellurem sanguine foedat.
Phaedimus infelix et aviti nominis heres
240 Tantalus, ut solito finem imposuere labori,
transierant ad opus nitidae iuvenale palaestrae;
et iam contulerant arto luctantia nexu
pectora pectoribus, cum tento concita nervo,
sicut erant iuncti, traiecit utrumque sagitta.

---

221. **Amphione:** abl. of source.

222. **Tyrio suco:** the purple dye from Tyre was esteemed throughout the ancient world. **rubentia:** with *terga* in 223, i.e., the horses have purple saddle-cloths.

224. **sarcina:** with *prima* in 225, i.e., 'first born'.

229. **in latus a dextro armo:** i.e., of the horse.

231. **frena dabat:** 'gave his horse free rein'. **imbris:** objective gen.

232-233. **pendentia carbasa deducit:** when the sail was not in use it would be furled (*pendentia*) at the top of the mast. To unfurl the sail, the *rector* lets it down (*deducit*). **effluat:** 'escape'.

234. **dantem:** i.e., Sipylus.

237. **per colla admissa iubasque:** lit., 'over the swift neck and mane'.

241. **nitidae:** wrestlers first rubbed their bodies with oil.

243. **concita:** with *sagitta* in 244.

245 Ingemuere simul, simul incurvata dolore
    membra solo posuere, simul suprema iacentes
    lumina versarunt, animam simul exhalarunt.
    Adspicit Alphenor laniataque pectora plangens
    evolat, ut gelidos complexibus adlevet artus;
250 inque pio cadit officio, nam Delius illi
    intima fatifero rupit praecordia ferro.
    Quod simul eductum est, pars et pulmonis in hamis
    eruta cumque anima cruor est effusus in auras.
    At non intonsum simplex Damasichthona vulnus
255 adficit: ictus erat, qua crus esse incipit et qua
    mollia nervosus facit internodia poples.
    Dumque manu temptat trahere exitiabile telum,
    altera per iugulum pennis tenus acta sagitta est;
    expulit hanc sanguis seque eiaculatus in altum
260 emicat et longe terebrata prosilit aura.
    Ultimus Ilioneus non profectura precando
    bracchia sustulerat "Di" que "o communiter omnes,"
    dixerat, ignarus non omnes esse rogandos,
    "parcite!" Motus erat, cum iam revocabile telum
265 non fuit, Arcitenens; minimo tamen occidit ille
    vulnere non alte percusso corde sagitta.
        Fama mali populique dolor lacrimaeque suorum
    tam subitae matrem certam fecere ruinae
    mirantem potuisse, irascentemque quod ausi
270 hoc essent superi, quod tantum iuris haberent;
    nam pater Amphion ferro per pectus adacto
    finierat moriens pariter cum luce dolorem.

245. **incurvata:** 'intertwined'.
252. **quod:** i.e., the iron arrow-head.
254. **simplex:** not 'simple', but 'single'. **Damasichthona:** acc.; his name is Damasichthon.
259. **se eiaculatus:** i.e., the *sanguis*.
260. **terebrata aura:** prolepsis; lit., 'the pierced air'.

261. **non profectura:** obj. of *precando*.
263. **non omnes:** i.e., he need not pray to all the gods, but only to Latona and Apollo.
265. **Arcitenens:** i.e., the archer-god, Apollo.
269. **potuisse:** sc. *superos hoc facere:* the whole phrase is the obj. of (*matrem*) *mirantem*.
272. **luce:** 'life'.

Heu quantum haec Niobe Niobe distabat ab illa,
quae modo Latoïs populum submoverat aris
275   et mediam tulerat gressus resupina per urbem
invidiosa suis, at nunc miseranda vel hosti!
Corporibus gelidis incumbit et ordine nullo
oscula dispensat natos suprema per omnes.
A quibus ad caelum liventia bracchia tollens
280   "Pascere, crudelis, nostro, Latona, dolore;
pascere," ait, "satiaque meo tua pectora luctu
corque ferum satia!" dixit. "Per funera septem
efferor. Exsulta victrixque inimica triumpha!
Cur autem victrix? Miserae mihi plura supersunt
285   quam tibi felici; post tot quoque funera vinco."
     Dixerat, et sonuit contento nervus ab arcu;
qui praeter Nioben unam conterruit omnes:
illa malo est audax. Stabant cum vestibus atris
ante toros fratrum demisso crine sorores.
290   E quibus una trahens haerentia viscere tela
imposito fratri moribunda relanguit ore.
Altera solari miserum conata parentem
conticuit subito duplicataque vulnere caeco est,
oraque compressit nisi postquam spiritus ibat.
295   Haec frustra fugiens collabitur; illa sorori
immoritur; latet haec; illam trepidare videres.
Sexque datis leto diversaque vulnera passis,
ultima restabat; quam toto corpore mater,
tota veste tegens "Unam minimamque relinque!
300   De multis minimam posco" clamavit "et unam."

273. **haec Niobe**: nom. **Niobe illa**: abl.

275. **resupina**: i.e., with her head thrown back in disdain.

276. **invidiosa suis**: 'an object of envy to her friends'.

281, 282. The text appears to be corrupt here; many editors reject line 281, others reject 282, while still others retain both lines, but adopt alternate readings for certain words.

283. **exsulta, triumpha**: imper.

288. **malo**: 'from her misery'.

291. **imposito fratri ore**: 'with her face pressed to her brother's'.

293. **duplicata**: 'doubled over', i.e., with pain.

294. 'She closed her lips until she had breathed her last'; many editors reject this line.

297. **diversa vulnera**: obj. of the abl. absol., *sex passis*.

Dumque rogat, pro qua rogat, occidit. Orba resedit
exanimes inter natos natasque virumque
deriguitque malis; nullos movet aura capillos,
in vultu color est sine sanguine, lumina maestis
305 stant immota genis; nihil est in imagine vivum.
Ipsa quoque interius cum duro lingua palato
congelat, et venae desistunt posse moveri;
nec flecti cervix nec bracchia reddere motus
nec pes ire potest; intra quoque viscera saxum est.
310 Flet tamen et validi circumdata turbine venti
in patriam rapta est; ibi fixa cacumine montis
liquitur, et lacrimas etiam nunc marmora manant.

LATONA

Tunc vero cuncti manifestam numinis iram
femina virque timent, cultuque impensius omnes
315 magna gemelliparae venerantur numina divae;
utque fit, a facto propiore priora renarrant.
E quibus unus ait: "Lyciae quoque fertilis agris
non impune deam veteres sprevere coloni.
Res obscura quidem est ignobilitate virorum,
320 mira tamen; vidi praesens stagnumque locumque
prodigio notum. Nam me iam grandior aevo
impatiensque viae genitor deducere lectos
iusserat inde boves, gentisque illius eunti
ipse ducem dederat, cum quo dum pascua lustro,
325 ecce lacu medio sacrorum nigra favillā
ara vetus stabat tremulis circumdata cannis.
Restitit et pavido 'Faveas mihi' murmure dixit

303. **deriguitque malis:** 'and in her grief turned to stone'.
311-312. There was in ancient times on Mt. Sipylus in Lydia a rock formation resembling a weeping woman. As early as Homer this was thought of as being Niobe.
314. **femina virque:** English requires the pl. **cultu impensius:** 'more earnestly in their reverence'.
316. **a facto propiore:** i.e., recalled to mind by the recent events.
319. **virorum:** i.e., the persons involved in the tale.
323. **eunti:** sc. *mihi.*
327. **murmure:** 'whisper'.

dux meus; et simili 'Faveas' ego murmure dixi.
Naïadum Faunine foret tamen ara rogabam
330   indigenaene dei, cum talia rettulit hospes:
'Non hac, o iuvenis, montanum numen in ara est.
Illa suam vocat hanc, cui quondam regia coniunx
orbem interdixit, quam vix erratica Delos
orantem accepit, tum cum levis insula nabat.
335   Illic incumbens cum Palladis arbore palmae
edidit invita geminos Latona novercā.
Hinc quoque Iunonem fugisse puerpera fertur
inque suo portasse sinu, duo numina, natos.
Iamque Chimaeriferae, cum sol gravis ureret arva,
340   finibus in Lyciae longo dea fessa labore
sidereo siccata sitim collegit ab aestu,
uberaque ebiberant avidi lactantia nati.
    Forte lacum mediocris aquae prospexit in imis
vallibus; agrestes illic fruticosa legebant
345   vimina cum iuncis gratamque paludibus ulvam.
Accessit positoque genu Titania terram
pressit, ut hauriret gelidos potura liquores.
Rustica turba vetat. Dea sic adfata vetantes:
"Quid prohibetis aquis? Usus communis aquarum est;
350   nec solem proprium natura nec aëra fecit
nec tenues undas: ad publica munera veni,
quae tamen ut detis, supplex peto. Non ego nostros
abluere hic artus lassataque membra parabam,
sed relevare sitim. Caret os umore loquentis,
355   et fauces arent, vixque est via vocis in illis.
Haustus aquae mihi nectar erit, vitamque fatebor
accepisse simul: vitam dederitis in unda.

---

329. **Naiadum Fauni-ne:** the Naides were water nymphs; Faunus was a woodland deity, protector of crops and herds.

333. **erratica Delos,** etc.: see note on 187.

336. **noverca:** i.e., Juno.

339. **Chimaeriferae:** the Chimera was a fabulous fire-breathing monster of Lycia, with the head of a lion, the body of a goat, and the tail of a dragon.

350. **proprium:** 'for any one person'.

351. **tenues:** 'clear'.

354. **loquentis:** i.e., Latona.

Hi quoque vos moveant, qui nostro bracchia tendunt
parva sinu." Et casu tendebant bracchia nati.
360 Quem non blanda deae potuissent verba movere?
Hi tamen orantem perstant prohibere minasque,
ni procul abscedat, conviciaque insuper addunt.
Nec satis est, ipsos etiam pedibusque manuque
turbavere lacus imoque e gurgite mollem
365 huc illuc limum saltu movere maligno.
Distulit ira sitim; neque enim iam filia Coei
supplicat indignis nec dicere sustinet ultra
verba minora dea tollensque ad sidera palmas
"Aeternum stagno" dixit "vivatis in isto!"
370 Eveniunt optata deae. Iuvat esse sub undis
et modo tota cava submergere membra palude,
nunc proferre caput, summo modo gurgite nare,
saepe super ripam stagni consistere, saepe
in gelidos resilire lacus. Sed nunc quoque turpes
375 litibus exercent linguas pulsoque pudore,
quamvis sint sub aqua, sub aqua maledicere temptant.
Vox quoque iam rauca est, inflataque colla tumescunt,
ipsaque dilatant patulos convicia rictus.
Turpe caput tendunt, colla intercepta videntur,
380 spina viret, venter, pars maxima corporis, albet;
limosoque novae saliunt in gurgite ranae.' "

JASON AND MEDEA

[The crown of Iolcos in Thessaly had been usurped by Pelias, the half-
brother of Aeson, the rightful king, whose son, Jason, had then been
entrusted to the centaur Chiron for upbringing. Upon reaching matu-
rity, Jason appeared in Iolcos and demanded his inheritance. Pelias, to
get rid of him, promised him the throne if he would journey to Colchis,
a land on the far shores of the Black Sea, and bring back the Golden
Fleece. Argo, with the help of Minerva, built the ship which bore his

361. minas: obj. of *addunt* in
362.
   362. ni procul abscedat: the

apodosis of this condition is left
unsaid by Ovid.
   368. deā: abl. of comparison.

name, and Jason and his companions set sail. After many adventures,
they arrived at Colchis, where Jason was met by Aeëtes, king of that
land and father of Medea, who agreed to hand over the prize if Jason
were to perform certain seemingly impossible tasks.]

     Iamque fretum Minyae Pagasaea puppe secabant,
     perpetuaque trahens inopem sub nocte senectam
     Phineus visus erat, iuvenesque Aquilone creati
     virgineas volucres miseri senis ore fugarant,
5   multaque perpessi claro sub Iasone tandem
     contigerant rapidas limosi Phasidos undas.
     Dumque adeunt regem Phrixeaque vellera poscunt
     visque datur Minyis magnorum horrenda laborum,
     concipit interea validos Aeetias ignes
10   et luctata diu, postquam ratione furorem
     vincere non poterat, "Frustra, Medea, repugnas:
     nescio quis deus obstat," ait, "mirumque, nisi hoc est,
     aut aliquid certe simile huic, quod amare vocatur.
     Nam cur iussa patris nimium mihi dura videntur?

1-6. Brief references to two of the
adventures of the Argonauts before
reaching their destination. **Minyae:**
the Minyans, named from their an-
cestral hero Minyas, were a powerful
race in early Greece; as many of
the Argonauts were descended from
these people, they are often called
by this name. **Pagasaea:** The *Argo*
was built in the Thessalian city of
Pagasae.

3. **Phineus:** a blind sooth-sayer,
who had received his prophetic
powers from Apollo. He was per-
petually exposed to the Harpies
(*virgineas volucres*), who would at-
tack him as he was about to take
a meal and render his food unfit to
be eaten. The Harpies were put to
flight by Zetes and Calais, the sons
of the North Wind (*iuvenes Aquilone
creati*).

6. **Phasidos:** the Phasis was a
river in Colchis.

7. **Phrixea:** Phrixus and his sister
Helle, as a consequence of the in-
trigues of their stepmother, were
about to be sacrificed to Jupiter,
when they were rescued by Nephele,
their mother, and sent to Colchis on
the back of a marvelous ram with
golden fleece who carried them
through the air. Helle fell into the
sea which was afterwards called the
Hellespont, but Phrixus arrived safely
at Colchis. Phrixus sacrificed the
ram, and gave its fleece to Aeetes,
who hung it on an oak tree where
it was guarded by an ever-watchful
dragon.

8. **vis:** here, 'amount', an uncom-
mon meaning of this word.

9. **Aeetias:** 'daughter of Aeetes',
i.e., Medea.

15   Sunt quoque dura nimis! Cur, quem modo denique vidi,
      ne pereat, timeo? Quae tanti causa timoris?
      Excute virgineo conceptas pectore flammas,
      si potes, infelix! . . . Si possem, sanior essem.
      Sed trahit invitam nova vis, aliudque cupido,
20   mens aliud suadet: video meliora proboque,
      deteriora sequor! Quid in hospite, regia virgo,
      ureris et thalamos alieni concipis orbis?
      Haec quoque terra potest, quod ames, dare. Vivat an ille
      occidat, in dis est. Vivat tamen! Idque precari
25   vel sine amore licet; quid enim commisit Iason?
      Quem nisi crudelem non tangat Iasonis aetas
      et genus et virtus? Quem non, ut cetera desint,
      ore movere potest? Certe mea pectora movit.
      At nisi opem tulero, taurorum adflabitur igne
30   concurretque suae segetis tellure creatis
      hostibus, aut avido dabitur fera praeda draconi!
      Hoc ego si patiar, tum me de tigride natam,
      tum ferrum et scopulos gestare in corde fatebor!
      Cur non et specto pereuntem oculosque videndo
35   conscelero? Cur non tauros exhortor in illum
      terrigenasque feros insopitumque draconem?
      Di meliora velint! Quamquam non ista precanda,
      sed facienda mihi! Prodamne ego regna parentis,
      atque ope nescio quis servabitur advena nostrā,
40   ut per me sospes sine me det lintea ventis
      virque sit alterius, poenae Medea relinquar?
      Si facere hoc aliamve potest praeponere nobis,
      occidat ingratus! Sed non is vultus in illo,
      non ea nobilitas animo est, ea gratia formae,
45   ut timeam fraudem meritique oblivia nostri.
      Et dabit ante fidem, cogamque in foedera testes

15. **modo denique:** 'just now for the first time'.

22. **alieni orbis:** i.e., Greece.

26. **aetas:** 'youth'.

28. **ore:** 'by his beauty'.

30. **suae segetis:** 'from the seeds which he himself has sown'.

39. **advena:** first declension, masc.

43, 44. **is, ea:** trans. 'such'.

esse deos. Quid tuta times? Accingere et omnem
pelle moram! Tibi se semper debebit Iason,
te face sollemni iunget sibi, perque Pelasgas
50   servatrix urbes matrum celebrabere turbā.
Ergo ego germanam fratremque patremque deosque
et natale solum ventis ablata relinquam?
Nempe pater saevus, nempe est mea barbara tellus,
frater adhuc infans; stant mecum vota sororis,
55   maximus intra me deus est. Non magna relinquam,
magna sequar: titulum servatae pubis Achivae
notitiamque loci melioris et oppida, quorum
hic quoque fama viget, cultusque artesque virorum,
quemque ego cum rebus, quas totus possidet orbis,
60   Aesoniden mutasse velim, quo coniuge felix
et dis cara ferar et vertice sidera tangam!
Quid quod nescio qui mediis incurrere in undis
dicuntur montes ratibusque inimica Charybdis
nunc sorbere fretum, nunc reddere cinctaque saevis
65   Scylla rapax canibus Siculo latrare profundo?
Nempe tenens, quod amo, gremioque in Iasonis haerens
per freta longa ferar; nil illum amplexa verebor
aut, si quid metuam, metuam de coniuge solo.
Coniugiumne vocas speciosaque nomina culpae
70   imponis, Medea, tuae?—Quin adspice, quantum
aggrediare nefas, et, dum licet, effuge crimen!"
     Dixit, et ante oculos rectum pietasque pudorque

---

49. **Pelasgas**: 'Greek'; the *Pelasgi* were thought of as being the oldest inhabitants of Greece.

60. **Aesoniden:** 'son of Aeson', i.e., Jason.

62-63. **nescio qui montes:** these were two huge rocks known as the Symplegades that stood at the entrance to the Black Sea. These were believed to come together and crush ships that were unable to get through in time. Phineus had told Jason to let loose a bird to fly between them,

and to follow as the rocks opened again. The bird lost its tail, and the *Argo* its steering oar.

63. **Charybdis:** a whirlpool, near the Sicilian shore, in the Strait of Messina. The Strait is two miles wide.

65. **Scylla:** a monster dwelling on the Italian side of the Strait, described as barking like a dog, and having six mouths, each of which contained three rows of teeth.

constiterant, et victa dabat iam terga Cupido.
Ibat ad antiquas Hecates Persēidos aras,
75   quas nemus umbrosum secretaque silva tegebat,
et iam fortis erat, pulsusque recesserat ardor,
cum videt Aesoniden exstinctaque flamma reluxit.
Erubuere genae, totoque recanduit ore,
utque solet ventis alimenta adsumere, quaeque
80   parva sub inducta latuit scintilla favillā
crescere et in veteres agitata resurgere vires,
sic iam lenis amor, iam quem languere putares,
ut vidit iuvenem, specie praesentis inarsit.
Et casu solito formosior Aesone natus
85   illa luce fuit: posses ignoscere amanti.
Spectat et in vultu veluti tum denique viso
lumina fixa tenet nec se mortalia demens
ora videre putat nec se declinat ab illo.
Ut vero coepitque loqui dextramque prehendit
90   hospes et auxilium submissa voce rogavit
promisitque torum, lacrimis ait illa profusis:
"Quid faciam, video, nec me ignorantia veri
decipiet, sed amor! Servabere munere nostro:
servatus promissa dato!" Per sacra triformis
95   ille deae, lucoque foret quod numen in illo,
perque patrem soceri cernentem cuncta futuri
eventusque suos et tanta pericula iurat.
Creditus accepit cantatas protinus herbas
edidicitque usum laetusque in tecta recessit.
100   Postera depulerat stellas Aurora micantes:
conveniunt populi sacrum Mavortis in arvum
consistuntque iugis; medio rex ipse resedit

74. **Perseidos:** Hecate was the daughter of Perses.

79. **solet:** subj. is *parva scintilla* in 80.

84. **solito:** with *formosior*.

94. **triformis:** Hecate was represented as being in the shape of three women joined back to back, who were thought of as being the spirits of heaven (Luna), earth (Diana), and the underworld (Hecate).

96. **patrem soceri futuri:** Jason's future father-in-law was the son of Helios, the god of the sun.

101. **Mavortis:** *Mavors* was an ancient form of *Mars*.

agmine purpureus sceptroque insignis eburno.
Ecce adamanteis Vulcanum naribus efflant
105 aeripedes tauri, tactaeque vaporibus herbae
ardent; utque solent pleni resonare camini,
aut ubi terrena silices fornace soluti
concipiunt ignem liquidarum adspergine aquarum,
pectora sic intus clausas volventia flammas
110 gutturaque usta sonant. Tamen illis Aesone natus
obvius it. Vertere truces venientis ad ora
terribiles vultus praefixaque cornua ferro
pulvereumque solum pede pulsavere bisulco
fumificisque locum mugitibus impleverunt.
115 Deriguere metu Minyae; subit ille—nec ignes
sensit anhelatos: tantum medicamina possunt—
pendulaque audaci mulcet palearia dextra
suppositosque iugo pondus grave cogit aratri
ducere et insuetum ferro proscindere campum.
120 Mirantur Colchi, Minyae clamoribus augent
adiciuntque animos. Galea tum sumit aëna
vipereos dentes et aratos spargit in agros.
Semina mollit humus valido praetincta veneno,
et crescunt fiuntque sati nova corpora dentes.
125 Utque hominis speciem materna sumit in alvo
perque suos intus numeros componitur infans
nec nisi maturus communes exit in auras,
sic, ubi visceribus gravidae telluris imago
effecta est hominis, feto consurgit in arvo,
130 quodque magis mirum est, simul edita concutit arma.
Quos ubi viderunt praeacutae cuspidis hastas
in caput Haemonii iuvenis torquere parantes,

107-108. Limestone, when softened in a furnace in making quicklime, produces a great amount of steam and heat when water is poured upon it.

116. **medicamina:** the *cantatas herbas* of line 98.

122. **vipereos dentes:** some of the teeth that Cadmus did not sow in the ground after his encounter with the dragon (cf. Book III, 55*ff*.); according to the legend, Minerva took them and gave them to Aeetes.

125-128. Subject is *infans*.

132. **Haemonii:** Haemonia was a poetical name for Thessaly.

demisere metu vultumque animumque Pelasgi.
Ipsa quoque extimuit, quae tutum fecerat illum,
135 utque peti vidit iuvenem tot ab hostibus unum,
palluit et subito sine sanguine frigida sedit;
neve parum valeant a se data gramina, carmen
auxiliare canit secretasque advocat artes.
Ille gravem medios silicem iaculatus in hostes
140 a se depulsum Martem convertit in ipsos:
terrigenae pereunt per mutua vulnera fratres
civilique cadunt acie. Gratantur Achivi
victoremque tenent avidisque amplexibus haerent.
Tu quoque victorem complecti, barbara, velles,
145 [obstitit incepto pudor; at complexa fuisses]
sed te, ne faceres, tenuit reverentia famae.
Quod licet, adfectu tacito laetaris agisque
carminibus grates et dis auctoribus horum.
    Pervigilem superest herbis sopire draconem,
150 qui crista linguisque tribus praesignis et uncis
dentibus horrendus custos erat arboris aureāe.
Hunc postquam sparsit Lethaei gramine suci
verbaque ter dixit placidos facientia somnos,
quae mare turbatum, quae concita flumina sistunt,
155 somnus in ignotos oculos ubi venit, et auro
heros Aesonius potitur spolioque superbus
muneris auctorem secum, spolia altera, portans
victor Iolciacos tetigit cum coniuge portus.
    Haemoniae matres pro natis dona receptis
160 grandaevique ferunt patres congestaque flammā
tura liquefaciunt, inductaque cornibus aurum
victima vota facit; sed abest gratantibus Aeson
iam propior leto fessusque senilibus annis.
Cum sic Aesonides: "O cui debere salutem
165 confiteor, coniunx, quamquam mihi cuncta dedisti

145. Many editors reject this line.
152 **Lethaei**: 'Lethean'; Lethe was the river of forgetfulness in the underworld.
161. **cornibus**: dat. after *inducta*. **aurum**: it was the custom to gild the horns of sacrificial animals.
164. **debere**: sc. *me*.

excessitque fidem meritorum summa tuorum,
si tamen hoc possunt—quid enim non carmina possunt?—
deme meis annis et demptos adde parenti";
nec tenuit lacrimas. Mota est pietate rogantis,
170 dissimilemque animum subiit Aeeta relictus;
nec tamen adfectus tales confessa "Quod" inquit
"excidit ore tuo, coniunx, scelus? Ergo ego cuiquam
posse tuae videor spatium transcribere vitae?
Nec sinat hoc Hecate, nec tu petis aequa, sed isto,
175 quod petis, experiar maius dare munus, Iason.
Arte mea soceri longum temptabimus aevum,
non annis renovare tuis, modo diva triformis
adiuvet et praesens ingentibus adnuat ausis."
        Tres aberant noctes, ut cornua tota coirent
180 efficerentque orbem. Postquam plenissima fulsit
et solida terras spectavit imagine luna,
egreditur tectis vestes induta recinctas,
nuda pedem, nudos umeris infusa capillos,
fertque vagos mediae per muta silentia noctis
185 incomitata gradus. Homines volucresque ferasque
solverat alta quies, nullo cum murmure saepes,
immotaeque silent frondes, silet umidus aër.
Sidera sola micant, ad quae sua bracchia tendens,
ter se convertit, ter sumptis flumine crinem
190 inroravit aquis ternisque ululatibus ora
solvit et in dura submisso poplite terra
"Nox" ait "arcanis fidissima, quaeque diurnis
aurea cum luna succeditis ignibus astra,
tuque triceps Hecate, quae coeptis conscia nostris
195 adiutrixque venis, cantusque artesque magorum,
quaeque magos, Tellus, pollentibus instruis herbis,
auraeque et venti montesque amnesque lacusque

---

174. **isto:** abl. of comparison after *maius* in 175.

177. **diva triformis:** cf. note on 94.

195. **cantūsque artesque:** voc., as are *astra, Hecate, Tellus,* etc. **magorum:** the magi were a caste of learned men among the Persians and were often thought of as performing deeds of magic.

dique omnes nemorum dique omnes noctis adeste!
Quorum ope, cum volui, ripis mirantibus amnes
200 in fontes rediere suos, concussaque sisto,
stantia concutio cantu freta, nubila pello
nubilaque induco, ventos abigoque vocoque;
vipereas rumpo verbis et carmine fauces,
vivaque saxa sua convulsaque robora terra
205 et silvas moveo iubeoque tremescere montes
et mugire solum manesque exire sepulcris.
Te quoque, Luna, traho, quamvis Temesaea labores
aera tuos minuant; currus quoque carmine nostro
pallet avi, pallet nostris Aurora venenis.
210 Vos mihi taurorum flammas hebetastis et unco
impatiens oneris collum pressistis aratro,
vos serpentigenis in se fera bella dedistis
custodemque rudem somno sopistis et aurum
vindice decepto Graias misistis in urbes.
215 Nunc opus est sucis, per quos renovata senectus
in florem redeat primosque recolligat annos.
Et dabitis! Neque enim micuerunt sidera frustra,
nec frustra volucrum tractus cervice draconum
currus adest." Aderat demissus ab aethere currus.
220 Quo simul adscendit frenataque colla draconum
permulsit manibusque leves agitavit habenas,
sublimis rapitur subiectaque Thessala Tempe
dispicit et certis regionibus applicat angues
et, quas Ossa tulit, quas altus Pelion herbas
225 Othrysque et Pindus, quas Pindo maior Olympus,
perspicit et placitas partim radice revellit,
partim succidit curvamine falcis aënae.

---

207. **te . . . traho:** it was thought that eclipses were caused by magic. **Temesaea:** Temesa was a town in southern Italy famous for its copper mines; it was customary to beat on bronze vessels during an eclipse of the moon in order to restore its light.

210. **vos:** i.e., those addressed in 192-197.

213. **somno:** some MSS. have *somni*.

222. **Tempē:** neut. pl.; a vale in Thessaly famed in poetry.

223. **certis regionibus:** 'places familiar to her'.

Multa quoque Eridani placuerunt gramina ripis,
multa quoque Amphrysi, neque eras immunis, Enipeu;
230 nec non Penëus, nec non Spercheïdes undae
contribuere aliquid iuncosaque litora Boebes.
Carpsit et Euboica vivax Anthedone gramen,
nondum mutato vulgatum corpore Glauci.
Et iam nona dies curru pennisque draconum
235 nonaque nox omnes lustrantem viderat agros,
cum rediit. Neque erant tacti nisi odore dracones,
et tamen annosae pellem posuere senectae.
    Constitit adveniens citra limenque foresque
et tantum caelo tegitur refugitque viriles
240 contactus statuitque aras de caespite binas,
dexteriore Hecates, ast laeva parte Iuventae.
Has ubi verbenis silvaque incinxit agresti,
haud procul egestā scrobibus tellure duabus
sacra facit cultrosque in guttura velleris atri
245 conicit et patulas perfundit sanguine fossas.
Tum super invergens liquidi carchesia vini
alteraque invergens tepidi carchesia lactis
verba simul fudit terrenaque numina civit
umbrarumque rogat rapta cum coniuge regem,
250 ne properent artus anima fraudare senili.
    Quos ubi placavit precibusque et murmure longo,
Aesonis effetum proferri corpus ad auras
iussit et in plenos resolutum carmine somnos
exanimi similem stratis porrexit in herbis.
255 Hinc procul Aesoniden, procul hinc iubet ire ministros,
et monet arcanis oculos removere profanos.
Diffugiunt iussi, passis Medea capillis
Bacchantum ritu flagrantes circuit aras

229. **immunis:** 'left untouched'.
233. **Glauci:** Glaucus, a fisherman of Anthedon in Boeotia, was the helmsman of the *Argo*. At some later time, he was changed into a sea-god, after eating of this herb.
243-245. In sacrificing to the infernal deities, it was customary to pour the libation into a ditch dug for that purpose.
258. **Bacchantum ritu:** the *Bacchantes* were women who celebrated the rites of Bacchus in a religious frenzy.

multifidasque faces in fossa sanguinis atra
260 tingit et infectas geminis accendit in aris
terque senem flamma, ter aqua, ter sulphure lustrat.
    Interea validum posito medicamen aëno
fervet et exsultat spumisque tumentibus albet.
Illic Haemonia radices valle resectas
265 seminaquē floresque et sucos incoquit atros.
Adicit extremo lapides Oriente petitos
et, quas Oceani refluum mare lavit, harenas;
addit et exceptas luna pernocte pruinas
et strigis infames ipsis cum carnibus alas
270 inque virum soliti vultus mutare ferinos
ambigui prosecta lupi; nec defuit illis
squamea Cinyphii tenuis membrana chelydri
vivacisque iecur cervi, quibus insuper addit
ora caputque novem cornicis saecula passae.
275 His et mille aliis postquam sine nomine rebus
propositum instruxit mortali barbara maius,
arenti ramo iampridem mitis olivae
omnia confudit summisque immiscuit ima.
Ecce vetus calido versatus stipes aëno
280 fit viridis primo nec longo tempore frondes
induit et subito gravidis oneratur olivis.
At quacumque cavo spumas eiecit aëno
ignis et in terram guttae cecidere calentes,
vernat humus, floresque et mollia pabula surgunt.
285 Quae simul ac vidit, stricto Medea recludit
ense senis iugulum veteremque exire cruorem
passa replet sucis; quos postquam combibit Aeson
aut ore acceptos aut vulnere, barba comaeque
canitie posita nigrum rapuere colorem,

---

265. **seminaque:** see note on Book
V, 484.
    267. **refluum mare:** 'the ever-flow-
ing tide'.
    271. **ambigui lupi:** a werewolf,
although reversing the usual form
of lycanthropy; here it is the wolf
that turns into a human.
    272. **Cinyphii:** the Cinyps was a
river of Libya.
    273, 274. **vivacis cervi, cornicis:**
both the stag and the crow were
believed to live to a great age.

290   pulsa fugit macies, abeunt pallorque situsque,
      adiectoque cavae supplentur corpore rugae,
      membraque luxuriant: Aeson miratur et olim
      ante quater denos hunc se reminiscitur annos.

BAUCIS AND PHILEMON

[The Athenian hero Theseus, returning home from the hunt for the Calydonian boar, is invited to spend the night with the river-god Achelous. One of the guests tells the following story as an example of the power of the gods.]

620   "Tiliae contermina quercus
      collibus est Phrygiis, medio circumdata muro;
      ipse locum vidi, nam me Pelopēia Pittheus
      misit in arva suo quondam regnata parenti.
      Haud procul hinc stagnum est, tellus habitabilis olim,
625   nunc celebres mergis fulicisque palustribus undae.
      Iuppiter huc specie mortali cumque parente
      venit Atlantiades positis caducifer alis.
      Mille domos adiere locum requiemque petentes,
      mille domos clausere serae; tamen una recepit,
630   parva quidem stipulis et canna tecta palustri,
      sed pia. Baucis anus parilique aetate Philemon
      illa sunt annis iuncti iuvenalibus, illā
      consenuere casa paupertatemque fatendo
      effecere levem nec iniqua mente ferendo.
635   Nec refert, dominos illic famulosne requiras:
      tota domus duo sunt, idem parentque iubentque.
         Ergo ubi caelicolae parvos tetigere Penates
      submissoque humiles intrarunt vertice postes,
      membra senex posito iussit relevare sedili,
640   quo superiniecit textum rude sedula Baucis;
      inque foco tepidum cinerem dimovit et ignes

622. **Pelopeia:** 'son of Pelops'.
627. **Atlantiades caducifer:** i.e., Mercury, whose mother, Maia, was the daughter of Atlas; the staff that he carried with him was the *caduceus*.

suscitat hesternos foliisque et cortice sicco
nutrit et ad flammas anima producit anili,
multifidasque faces ramaliaque arida tecto
645 detulit et minuit parvoque admovit aëno.
Quodque suus coniunx riguo collegerat horto,
truncat holus foliis; furca levat ille bicorni
sordida terga suis nigro pendentia tigno
servatoque diu resecat de tergore partem
650 exiguam sectamque domat ferventibus undis.
    Interea medias fallunt sermonibus horas
[sentirique moram prohibent. Erat alveus illic
fagineus, dura clavo suspensus ab ansa;
is tepidis impletur aquis artusque fovendos]
655 concutiuntque torum de molli fluminis ulva
impositum lecto sponda pedibusque salignis.
Vestibus hunc velant, quas non nisi tempore festo
sternere consuerant, sed et haec vilisque vetusque
vestis erat lecto non indignanda saligno;
660 accubuere dei. Mensam succincta tremensque
ponit anus, mensae sed erat pes tertius impar:
testa parem fecit; quae postquam subdita clivum
sustulit, aequatam mentae tersere virentes.
Ponitur hic bicolor sincerae baca Minervae
665 conditaque in liquida corna autumnalia faece
intibaque et radix et lactis massa coacti
ovaque non acri leviter versata favilla,
omnia fictilibus. Post haec caelatus eodem
sistitur argento crater fabricataque fago
670 pocula, qua cava sunt, flaventibus inlita ceris.
Parva mora est, epulasque foci misere calentes,

652-654. Most editors reject these lines.

655. **torum:** 'mattress'.

656. **lecto:** 'bedstead'. **salignis:** with both *sponda*, 'frame', and *pedibus*, 'legs'.

660. **accubuere:** it was the custom in Ovid's time to recline on couches while dining. **succincta:** 'with her dress tucked up'.

664. **bicolor baca:** the olive is *bicolor* because it is eaten when both green and black. **Minervae:** The olive tree was created by Athena (Minerva); cf. note on Book VI, 71.

nec longae rursus referuntur vina senectae
dantque locum mensis paulum seducta secundis.
Hic nux, hic mixta est rugosis carica palmis
675 prunaque et in patulis redolentia mala canistris
et de purpureis collectae vitibus uvae;
candidus in medio favus est, super omnia vultus
accessere boni nec iners pauperque voluntas.
    Interea totiens haustum cratera repleri
680 sponte sua per seque vident succrescere vina.
Attoniti novitate pavent manibusque supinis
concipiunt Baucisque preces timidusque Philemon
et veniam dapibus nullisque paratibus orant.
Unicus anser erat, minimae custodia villae,
685 quem dis hospitibus domini mactare parabant;
ille celer penna tardos aetate fatigat
eluditque diu, tandemque est visus ad ipsos
confugisse deos; superi vetuere necari.
'Di' que 'sumus, meritasque luet vicinia poenas
690 impia' dixerunt, 'vobis immunibus huius
esse mali dabitur. Modo vestra relinquite tecta
ac nostros comitate gradus et in ardua montis
ite simul.' Parent ambo baculisque levati
nituntur longo vestigia ponere clivo.
695 Tantum aberant summo, quantum semel ire sagitta
missa potest; flexere oculos et mersa palude
cetera prospiciunt, tantum sua tecta manere.
Dumque ea mirantur, dum deflent fata suorum,
illa vetus, dominis etiam casa parva duobus
700 vertitur in templum. Furcas subiere columnae,
stramina flavescunt, adopertaque marmore tellus
caelataeque fores aurataque tecta videntur.
Talia tum placido Saturnius edidit ore:

---

672. **nec . . . senectae**: 'the wine, which is of no great age, is carried away'.
673. **mensis secundis**: 'dessert'.

seducta: with *vina* in 672, subj. of *dant*.
697. **tantum**: 'only'.
699. **etiam**: with *dominis duobus*, dat.

'Dicite, iuste senex et femina coniuge iusto
705 digna, quid optetis.' Cum Baucide pauca locutus
iudicium superis aperit commune Philemon:
'Esse sacerdotes delubraque vestra tueri
poscimus, et quoniam concordes egimus annos,
auferat hora duos eadem, nec coniugis umquam
710 busta meae videam neu sim tumulandus ab illa.'
Vota fides sequitur: templi tutela fuere,
donec vita data est; annis aevoque soluti
ante gradus sacros cum starent forte locique
narrarent casus, frondere Philemona Baucis,
715 Baucida conspexit senior frondere Philemon.
Iamque super geminos crescente cacumine vultus
mutua, dum licuit, reddebant dicta 'Vale' que
'o coniunx' dixere simul, simul abdita texit
ora frutex. Ostendit adhuc Thynēius illic
720 incola de gemino vicinos corpore truncos.
     Haec mihi non vani—neque erat, cur fallere vellent—
narravere senes. Equidem pendentia vidi
serta super ramos ponensque recentia dixi
Cura deum di sint, et qui coluere, colantur."
725 Desierat, cunctosque et res et moverat auctor,
Thesea praecipue. Quem facta audire volentem
mira deum innixus cubito Calydonius Amnis
talibus adloquitur: "Sunt, o fortissime, quorum
forma semel mota est et in hoc renovamine mansit;
730 sunt, quibus in plures ius est transire figuras,
ut tibi, complexi terram maris incola, Proteu.
Nam modo te iuvenem, modo te videre leonem;
nunc violentus aper, nunc quem tetigisse timerent,
anguis eras; modo te faciebant cornua taurum;
735 saepe lapis poteras, arbor quoque saepe videri;

---

714. casūs: 'things that had hap-
pened'.
717. dum licuit: i.e., while they
could still speak.

719. Thyneius: 'Bithynian'.
731. terram: obj. of *complexi*.
Proteu: voc.; cf. note on Book II, 9.

interdum faciem liquidarum imitatus aquarum
flumen eras, interdum undis contrarius ignis."

ERYSICHTHON

    "Nec minus Autolyci coniunx, Erysichthone nata,
iuris habet. Pater huius erat, qui numina divum
740 sperneret et nullos aris adoleret odores.
Ille etiam Cereale nemus violasse securi
dicitur et lucos ferro temerasse vetustos.
Stabat in his ingens annoso robore quercus,
una nemus; vittae mediam memoresque tabellae
745 sertaque cingebant, voti argumenta potentis.
   Saepe sub hac Dryades festas duxere choreas,
saepe etiam manibus nexis ex ordine trunci
circuiere modum, mensuraque roboris ulnas
quinque ter implebat, nec non et cetera tantum
750 silva sub hac omnis, quantum fuit herba sub omni.
Non tamen idcirco ferrum Triopēius illā
abstinuit famulosque iubet succidere sacrum
robur; et ut iussos cunctari vidit, ab uno
edidit haec raptā sceleratus verba securi:
755 'Non dilecta deae solum, sed et ipsa licebit
sit dea, iam tanget frondente cacumine terram.'

738. **Autolyci:** Autolycus was a son of Mercury; he was famed in ancient legend as being an eminently successful robber, and had the power of metamorphosing both the stolen goods and himself. He was the maternal grandfather of Odysseus, and is said to have given that hero his name.

739. **pater:** i.e., Erysichthon.

745. **voti argumenta potentis:** 'witness of prayers that had been granted', i.e., the *vittae, tablellae,* and *serta.*

747-748. **trunci circuiere modum:** 'they would encircle the great trunk'. **mensura:** subj. of *implebat* in 749. **ulnas:** an *ulna* was a measure of length equal to about 45 inches.

749-750. **nec . . . omni:** 'and it towered as high above the other trees as they did above the grass beneath'.

751. **non tamen,** etc.: i.e., the size of the tree did not deter him from felling it. **Triŏpeius:** Triopas, king of Thessaly, was Erysichthon's father.

755. **dilecta deae:** 'the tree beloved by the goddess'.

Dixit et, obliquos dum telum librat in ictus,
contremuit gemitumque dedit Deoïa quercus,
et pariter frondes, pariter pallescere glandes
760 coepere ac longi pallorem ducere rami.
Cuius ut in trunco fecit manus impia vulnus,
haud aliter fluxit discussus sanguine cortex,
quam solet, ante aras ingens ubi victima taurus
concidit, abrupta cruor e cervice profundi.
765 Obstipuere omnes, aliquisque ex omnibus audet
deterrere nefas saevamque inhibere bipennem.
Adspicit hunc, 'Mentis' que 'piae cape praemia!' dixit
Thessalus, inque virum convertit ab arbore ferrum
detruncatque caput repetitaque robora caedit;
770 redditus et medio sonus est de robore talis:
Nympha sub hoc ego sum Cereri gratissima ligno,
quae tibi factorum poenas instare tuorum
vaticinor moriens, nostri solacia leti.
Persequitur scelus ille suum, labefactaque tandem
775 ictibus innumeris adductaque funibus arbor
corruit et multam prostravit pondere silvam.
Attonitae Dryades damno nemorumque suoque,
omnes germanae, Cererem cum vestibus atris
maerentes adeunt poenamque Erysichthonis orant.
780 Adnuit his capitisque sui pulcherrima motu
concussit gravidis oneratos messibus agros,
moliturque genus poenae miserabile, si non
ille suis esset nulli miserabilis actis,
pestifera lacerare Fame. Quae quatenus ipsi
785 non adeunda deae est—neque enim Cereremque Famemque
fata coire sinunt—montani numinis unam
talibus agrestem compellat Oreada dictis:
'Est locus extremis Scythiae glacialis in oris,

---

758. **Dēöia:** Deo was another name for Ceres.

769. **repetita robora caedit:** 'he turned back to the oak and continued chopping'.

782-783. **si non,** etc.: 'if he had not made himself pitiable to no man because of his evil deeds'.

784. **Famē:** abl., 'Famine'.

triste solum, sterilis, sine fruge, sine arbore tellus;
790 Frigus iners illic habitant Pallorque Tremorque
et ieiuna Fames: ea se in praecordia condat
sacrilegi scelerata, iube! Nec copia rerum
vincat eam superetque meas certamine vires;
neve viae spatium te terreat, accipe currus,
795 accipe, quos frenis alte moderere, dracones,'
et dedit. Illa dato subvecta per aëra curru
devenit in Scythiam rigidique cacumine montis—
Caucason appellant—serpentum colla levavit
quaesitamque Famem lapidoso vidit in agro
800 unguibus et raras vellentem dentibus herbas.
Hirtus erat crinis, cava lumina, pallor in ore,
labra incana situ, scabrae rubigine fauces,
dura cutis per quam spectari viscera possent;
ossa sub incurvis exstabant arida lumbis,
805 ventris erat pro ventre locus; pendere putares
pectus et a spinae tantummodo crate teneri.
Auxerat articulos macies, genuumque tumebat
orbis, et immodico prodibant tubere tali.
Hanc procul ut vidit—neque enim est accedere iuxta
810 ausa—refert mandata deae paulumque morata,
quamquam aberat longe, quamquam modo venerat illuc,
visa tamen sensisse famem, retroque dracones
egit in Haemoniam versis sublimis habenis.
    Dicta Fames Cereris, quamvis contraria semper
815 illius est operi, peragit perque aëra vento
ad iussam delata domum est et protinus intrat
sacrilegi thalamos altoque sopore solutum—
noctis enim tempus—geminis amplectitur ulnis
seque viro inspirat faucesque et pectus et ora
820 adflat et in vacuis peragit ieiunia venis;
functaque mandato fecundum deserit orbem
inque domos inopes adsueta revertitur arva.
    Lenis adhuc Somnus placidis Erysichthona pennis

793. meas vires: i.e., the nourish-   819. seque viro inspirat: 'filled
ment that Ceres provides.   him with herself'.

mulcebat: petit ille dapes sub imagine somni
825 oraque vana movet dentemque in dente fatigat
exercetque cibo desuetum guttur inani
proque epulis tenues nequiquam devorat auras.
Ut vero est expulsa quies, furit ardor edendi
perque avidas fauces incensaque viscera regnat.
830 Nec mora, quod pontus, quod terra, quod educat aër,
poscit et appositis queritur ieiunia mensis
inque epulis epulas quaerit, quodque urbibus esse
quodque satis poterat populo, non sufficit uni,
plusque cupit, quo plura suam demittit in alvum.
835 Utque fretum recipit de tota flumina terra
nec satiatur aquis peregrinosque ebibit amnes,
utque rapax ignis non umquam alimenta recusat
innumerasque faces cremat et, quo copia maior
est data, plura petit turbaque voracior ipsā est,
840 sic epulas omnes Erysichthonis ora profani
accipiunt poscuntque simul. Cibus omnis in illo
causa cibi est semperque locus fit inanis edendo.
    Iamque fame patrias altaque voragine ventris
attenuarat opes; sed inattenuata manebat
845 tum quoque dira fames implacataeque vigebat
flamma gulae. Tandem demisso in viscera censu
filia restabat non illo digna parente.
Hanc quoque vendit inops. Dominum generosa recusat
et vicina suas tendens super aequora palmas
850 'Eripe me domino, qui raptae praemia nobis
virginitatis habes' ait; haec Neptunus habebat.
Qui prece non spreta, quamvis modo visa sequenti
esset ero, formamque novat vultumque virilem
induit et cultus piscem capientibus aptos.
855 Hanc dominus spectans 'O qui pendentia parvo
aera cibo celas, moderator harundinis,' inquit

839. turbā: 'by the very abun-
dance'.
846. censu: 'all his earthly goods'.
850. domino: 'slavery'.

853. ero: i.e., the one to whom
Erysichthon had sold her.
854. cultūs: 'clothes'.

'sic mare compositum, sic sit tibi piscis in unda
credulus et nullus nisi fixus sentiat hamos:
quae modo cum vili turbatis veste capillis
860 litore in hoc steterat—nam stantem in litore vidi—
dic ubi sit! Neque enim vestigia longius exstant.'
   Illa dei munus bene cedere sensit et a se
se quaeri gaudens his est resecuta rogantem:
'Quisquis es, ignoscas; in nullam lumina partem
865 gurgite ab hoc flexi studioque operatus inhaesi,
quoque minus dubites, sic has deus aequoris artes
adiuvet, ut nemo iamdudum litore in isto,
me tamen excepto, nec femina constitit ulla.'
Credidit et verso dominus pede pressit harenam
870 elususque abiit; illi sua reddita forma est.
Ast ubi habere suam transformia corpora sensit,
saepe pater dominis Triopēida tradit; at illa
nunc equa, nunc ales, modo bos, modo cervus abibat
praebebatque avido non iusta alimenta parenti.
875 Vis tamen illa mali postquam consumpserat omnem
materiam dederatque gravi nova pabula morbo,
ipse suos artus lacero divellere morsu
coepit et infelix minuendo corpus alebat."

IPHIS AND IANTHE

   Proxima Gnosiaco nam quondam Phaestia regno
670 progenuit tellus ignotum nomine Ligdum,
ingenua de plebe virum; nec census in illo
nobilitate sua maior, sed vita fidesque
inculpata fuit. Gravidae qui coniugis aures
vocibus his monuit, cum iam prope partus adesset:

---

863. his: sc. *verbis.*
871. 'But when Erysichthon dis-
covered that her body could be
transformed, . . .'
873. abibat: 'escaped'.

669. Gnosiaco: Cnossus was the
mightiest of the cities of Crete.
Phaestia tellus: Phaestus, a Cretan
village.

675 "Quae voveam, duo sunt: minimo ut relevere dolore,
utque marem parias. Onerosior altera sors est,
et vires fortuna negat. Quod abominor, ergo,
edita forte tuo fuerit si femina partu—
invitus mando: Pietas, ignosce!—necetur!"

680 Dixerat, et lacrimis vultum lavere profusis
tam qui mandabat, quam cui mandata dabantur.
Sed tamen usque suum vanis Telethusa maritum
sollicitat precibus, ne spem sibi ponat in arto.
Certa sua est Ligdo sententia. Iamque ferendo

685 vix erat illa gravem maturo pondere ventrem,
cum medio noctis spatio sub imagine somni
Inachis ante torum pompa comitata sacrorum
aut stetit aut visa est. Inerant lunaria fronti
cornua cum spicis nitido flaventibus auro

690 et regale decus; cum qua latrator Anubis
sanctaque Bubastis variusque coloribus Apis,
quique premit vocem digitoque silentia suadet;
sistraque erant, numquamque satis quaesitus Osiris,
plenaque somniferis serpens peregrina venenis.

695 Tum velut excussam somno et manifesta videntem
sic adfata dea est: "Pars o Telethusa mearum,
pone graves curas mandataque falle mariti.
Nec dubites, cum te partu Lucina levarit,

675. relevere: not an infinitive.
676. altera sors: i.e., a daughter.
679. pietas: voc.
680. lavēre: perf.; Latin can take a sing. obj. here, where English requires the pl.
682. usque: 'constantly'.
683. ne . . . arto: lit., 'not to narrow her hope', i.e., to relent.
684-685. iamque . . . illā: 'when she could scarcely carry', etc.
687. Inachis: Io, the daughter of Inachus, worshipped in Egypt as the goddess Isis. Cf. Book I, 747: *nunc dea linigerā colitur celeberrima turbā.*

690. latrator Anubis: an Egyptian divinity which was represented with the head of a dog.
691. Bubastis: another Egyptian deity. Apis: the sacred cow of the Egyptians, here represented as being dappled.
692. 'the god who with his finger to his lips enjoins silence', i.e., Harpocrates.
693. sistra: these were the rattles used in religious observances. Osiris: husband of Isis.
694. serpens peregrina: the asp.
698. Lucina: the goddess of childbirth.

tollere, quidquid erit. Dea sum auxiliaris opemque
700 exorata fero, nec te coluisse quereris
ingratum numen." Monuit thalamoque recessit.
    Laeta toro surgit purasque ad sidera supplex
Cressa manus tollens, rata sint sua visa, precatur.
Ut dolor increvit seque ipsum pondus in auras
705 expulit et nata est ignaro femina patre,
iussit ali mater puerum mentita. Fidemque
res habuit, neque erat ficti nisi conscia nutrix.
Vota pater solvit nomenque imponit avitum:
Iphis avus fuerat, gavisa est nomine mater,
710 quod commune foret nec quemquam falleret illo.
Inde incepta pia mendacia fraude latebant.
Cultus erat pueri, facies, quam sive puellae
sive dares puero, fuerat formosus uterque.
    Tertius interea decimo successerat annus,
715 cum pater, Iphi, tibi flavam despondit Ianthen,
inter Phaestiades quae laudatissima formae
dote fuit virgo, Dictaeo nata Teleste.
Par aetas, par forma fuit, primasque magistris
accepere artes, elementa aetatis, ab isdem.
720 Hinc amor ambarum tetigit rude pectus et aequum
vulnus utrique dedit, sed erat fiducia dispar:
coniugium pactaeque exspectat tempora taedae,
quemque virum putat esse, virum fore credit Ianthe;
Iphis amat, qua posse frui desperat, et auget
725 hoc ipsum flammas ardetque in virgine virgo.
Vixque tenens lacrimas "Quis me manet exitus," inquit
"cognita quam nulli, quam prodigiosa novaeque

706-707. **fidem res habuit**: 'circumstances favored the deception'.
  709. **gavisa**: from *gaudeo*.
  710. **commune**: i.e., it was a name that could be given to either a boy or a girl.
  711. **pia fraude**: 'with pious fraud'; i.e., with well-intended deceit.

716-717. **formae dote**: 'richly endowed with beauty'.
  719. **elementa aetatis**: 'their childhood education'.
  722. **pactae tempora taedae**: 'wedding'.
  725. **hoc ipsum**: subj. of *auget*.
  727-728. **prodigiosa novae cura Veneris**: 'a new and strange kind of love'.

cura tenet Veneris? Si di mihi parcere vellent,
parcere debuerant; si non, et perdere vellent
730 naturale malum saltem et de more dedissent!
Nec vaccam vaccae, neque equas amor urit equarum;
urit oves aries, sequitur sua femina cervum;
sic et aves coeunt, interque animalia cuncta
femina femineo correpta cupidine nulla est.
735 Vellem nulla forem! Ne non tamen omnia Crete
monstra ferat, taurum dilexit filia Solis,
femina nempe marem: meus est furiosior illo,
si verum profitemur, amor. Tamen illa secuta est
spem Veneris; tamen illa dolis et imagine vaccae
740 passa bovem est, et erat, qui deciperetur, adulter!
Huc licet e toto sollertia confluat orbe,
ipse licet revolet ceratis Daedalus alis,
quid faciet? Num me puerum de virgine doctis
artibus efficiet? Num te mutabit, Ianthe?
745 Quin animum firmas teque ipsa recolligis, Iphi,
consiliique inopes et stultos excutis ignes.
Quid sis nata, vide, nisi te quoque decipis ipsa,
et pete, quod fas est, et ama quod femina debes!
Spes est, quae capiat, spes est, quae pascit amorem;
750 hanc tibi res adimit. Non te custodia caro
arcet ab amplexu nec cauti cura mariti,
non patris asperitas, non se negat ipsa roganti;
nec tamen est potienda tibi, nec, ut omnia fiant,
esse potes felix, ut dique hominesque laborent.
755 Nunc quoque votorum nulla est pars vana meorum,
dique mihi faciles, quidquid valuere, dederunt,

---

730. de more: 'within human experience'.

736. ferat: subjunctive of purpose; subj. is *Crete*. filia Solis: Pasiphaë, wife of Minos, who bore the minotaur.

740. adulter: i.e., it was the male who was deceived.

741. sollertia: 'ingenuity'.

742. ceratis Daedalus alis: Daedalus, the craftsman who had effected the union of Pasiphaë and the bull, escaped from Crete on wings fastened together with wax.

750. res: i.e., the state of affairs.

753. nec . . . tibi: 'and still she cannot be yours'. ut: 'although'.

756. faciles: 'gracious'.

quodque ego, vult genitor, vult ipsa socerque futurus.
At non vult natura, potentior omnibus istis,
quae mihi sola nocet! Venit ecce optabile tempus
760 luxque iugalis adest, et iam mea fiet Ianthe—
nec mihi continget: mediis sitiemus in undis.
Pronuba quid Iuno, quid ad haec, Hymenaee, venitis
sacra, quibus qui ducat abest, ubi nubimus ambae?"
     Pressit ab his vocem, nec lenius altera virgo
765 aestuat, utque celer venias, Hymenaee, precatur.
Quod petit haec, Telethusa timens modo tempora differt,
nunc ficto languore moram trahit, omina saepe
visaque causatur. Sed iam consumpserat omnem
materiam ficti, dilataque tempora taedae
770 institerant, unusque dies restabat, at illa
crinalem capiti vittam nataeque sibique
detrahit et passis aram complexa capillis
"Isi, Paraetonium Mareoticaque arva Pharonque
quae colis et septem digestum in cornua Nilum,
775 fer, precor," inquit "opem nostroque medere timori!
Te, dea, te quondam tuaque haec insignia vidi
cunctaque cognovi—comitesque facesque sonumque
sistrorum—memorique animo tua iussa notavi.
Quod videt haec lucem, quod non ego punior, ecce
780 consilium munusque tuum est. Miserere duarum
auxilioque iuva!" Lacrimae sunt verba secutae.
     Visa dea est movisse suas—et moverat—aras,
et templi tremuere fores imitataque lunam
cornua fulserunt crepuitque sonabile sistrum.
785 Non secura quidem, fausto tamen omine laeta
mater abit templo, sequitur comes Iphis euntem,
quam solita est, maiore gradu; nec candor in ore

---

762. **Hymenaee:** voc. of Hymenaeus, the god of weddings.
763. **qui ducat:** 'the one who takes the bride', i.e., the husband. **ambae:** 'two brides'.
766. **quod petit haec:** 'what Ianthe desired'.

773. Paraetonium, Maraeota, and Pharos were towns in northern Egypt.
775. **timori:** 'distress'.
779. **haec:** i.e., Iphis.
783-784. **imitataque lunam cornua:** 'her crescent horns'.

permanet, et vires augentur, et acrior ipse est
vultus, et incomptis brevior mensura capillis,
790 plusque vigoris adest, habuit quam femina. Nam quae
femina nuper eras, puer es! Date munera templis,
nec timida gaudete fide! Dant munera templis,
addunt et titulum; titulus breve carmen habebat:
DONA PUER SOLVIT QUAE FEMINA VOVERAT IPHIS
795 Postera lux radiis latum patefecerat orbem,
cum Venus et Iuno sociosque Hymenaeus ad ignes
conveniunt, potiturque sua puer Iphis Ianthe.

ORPHEUS AND EURYDICE

Inde per immensum croceo velatus amictu
aethera digreditur Ciconumque Hymenaeus ad oras
tendit et Orphea nequiquam voce vocatur.
Adfuit ille quidem, sed nec sollemnia verba
5   nec laetos vultus nec felix attulit omen.
Fax quoque, quam tenuit, lacrimoso stridula fumo
usque fuit nullosque invenit motibus ignes.
Exitus auspicio gravior: nam nupta per herbas
dum nova Naïadum turba comitata vagatur,
10   occidit in talum serpentis dente recepto.
Quam satis ad superas postquam Rhodopeius auras
deflevit vates, ne non temptaret et umbras,
ad Styga Taenariā est ausus descendere portā

793. **titulum:** 'inscription'.

1. **inde:** i.e., from the wedding of Iphis and Ianthe.

2. **Ciconum ad oras:** the Cicones were a people of Thrace, where Orpheus lived.

3. **Orphea:** note the vowel quantity in the adj. *Orphēus*. **nequiquam:** because the bride was to die soon.

6-7. **lacrimoso . . . fuit:** 'kept right on sputtering with acrid smoke'.

11. **ad superas auras:** i.e., in the upper world. **Rhodopeius:** i.e., Orpheus; Rhodopē was a mountain range in Thrace.

12. **ne non:** 'so that he might', etc.

13. **Taenaria:** Taenarus was a town in Laconia near which was a cavern supposed to be the entrance to the underworld.

perque leves populos simulacraque functa sepulcro
15 Persephonen adiit inamoenaque regna tenentem
umbrarum dominum pulsisque ad carmina nervis
sic ait: "O positi sub terra numina mundi,
in quem recidimus, quidquid mortale creamur,
si licet, et falsi positis ambagibus oris
20 vera loqui sinitis, non huc, ut opaca viderem
Tartara, descendi, nec uti villosa colubris
terna Medusaei vincirem guttura monstri;
causa viae est coniunx, in quam calcata venenum
vipera diffudit crescentesque abstulit annos.
25 Posse pati volui nec me temptasse negabo:
vicit Amor! Supera deus hic bene notus in ora est;
an sit et hic, dubito. Sed et hic tamen auguror esse,
famaque si veteris non est mentita rapinae,
vos quoque iunxit Amor. Per ego haec loca plena timoris,
30 per Chaos hoc ingens vastique silentia regni,
Eurydices, oro, properata retexite fata!
Omnia debemur vobis paulumque morati
serius aut citius sedem properamus ad unam.
Tendimus huc omnes, haec est domus ultima, vosque
35 humani generis longissima regna tenetis.
Haec quoque, cum iustos matura peregerit annos,
iuris erit vestri: pro munere poscimus usum.
Quod si fata negant veniam pro coniuge, certum est
nolle redire mihi: leto gaudete duorum!"
40 Talia dicentem nervosque ad verba moventem
exsangues flebant animae; nec Tantalus undam
captavit refugam, stupuitque Ixionis orbis,
nec carpsere iecur volucres, urnisque vacarunt

18. **recidimus:** note that the first syllable must be scanned long.

22. **monstri:** Cerberus, the three-headed dog that guarded the gates to Hades; his mother was Echidna, a daughter of Medusa.

36. **haec:** i.e., Eurydice.

41. **Tantalus:** cf. note on Book VI, 172.

42. **Ixionis orbis:** Ixion, for his many crimes, was bound on an ever-turning wheel.

43. **iecur:** Tityus, for attempting violence to Leto, was bound in Hades, where two vultures constantly tore at his liver.

Belides, inque tuo sedisti, Sisyphe, saxo.
45 Tunc primum lacrimis victarum carmine fama est
Eumenidum maduisse genas, nec regia coniunx
sustinet oranti nec, qui regit ima, negare;
Eurydicenque vocant. Umbras erat illa recentes
inter et incessit passu de vulnere tardo.
50 Hanc simul et legem Rhodopēius accipit Orpheus,
ne flectat retro sua lumina, donec Avernas
exierit valles; aut inrita dona futura.
    Carpitur acclivis per muta silentia trames,
arduus, obscurus, caligine densus opaca.
55 Nec procul afuērunt telluris margine summae:
hic, ne deficeret, metuens avidusque videndi
flexit amans oculos, et protinus illa relapsa est.
Bracchiaque intendens prendique et prendere certans
nil nisi cedentes infelix adripit auras.
60 Iamque iterum moriens non est de coniuge quicquam
questa suo—quid enim nisi se quereretur amatam?—
supremumque "Vale," quod iam vix auribus ille
acciperet, dixit revolutaque rursus eodem est.

PYGMALION

    Quas quia Pygmalion aevum per crimen agentis
viderat, offensus vitiis, quae plurima menti
245 femineae natura dedit, sine coniuge caelebs
vivebat thalamique diu consorte carebat.

---

44. **Belides:** the fifty grand-daughters of Belus, daughters of Danaus, who, for killing their husbands, were condemned to draw water in urns with holes in the bottom. **Sisyphe:** Sisyphus, for his crimes, was compelled to roll a huge stone to the summit of a hill; when it reached the top, it rolled down again.

46. **Eumenidum:** Eumenides was a euphemistic name given to the Furies, or Erinyes, primitive deities of vengeance, represented as winged women with snakes coiled about them.

62-63. **quod ... acciperet:** 'which was too faint to hear'; relative clause of characteristic.

243. **quas:** certain women of Cyprus who so aroused the anger of Venus by their crimes that she turned them to stone.

 Interea niveum mira feliciter arte
sculpsit ebur formamque dedit, qua femina nasci
nulla potest, operisque sui concepit amorem.
250 Virginis est verae facies, quam vivere credas
et, si non obstet reverentia, velle moveri:
ars adeo latet arte sua. Miratur et haurit
pectore Pygmalion simulati corporis ignes.
Saepe manus operi temptantes admovet, an sit
255 corpus, an illud ebur, nec adhuc ebur esse fatetur.
Oscula dat reddique putat loquiturque tenetque
et credit tactis digitos insidere membris
et metuit, pressos veniat ne livor in artus.
Et modo blanditias adhibet, modo grata puellis
260 munera fert illi conchas teretesque lapillos
et parvas volucres et flores mille colorum
liliaquē pictasque pilas et ab arbore lapsas
Heliadum lacrimas; ornat quoque vestibus artus,
dat digitis gemmas, dat longa monilia collo;
265 aure leves bacae, redimicula pectore pendent.
Cuncta decent; nec nuda minus formosa videtur.
Collocat hanc stratis concha Sidonide tinctis
appellatque tori sociam acclinataque colla
mollibus in plumis tamquam sensura reponit.
270 Festa dies Veneris tota celeberrima Cypro
venerat, et pandis inductae cornibus aurum
conciderant ictae nivea cervice iuvencae,
turaque fumabant, cum munere functus ad aras
constitit et timide "Si, di, dare cuncta potestis,
275 sit coniunx, opto," non ausus "eburnea virgo"

---

262. **liliaque:** see note on Book V, 484.

263. **Heliadum lacrimas:** the Heliades were daughters of Helios, the sun-god, and sisters of Phaëthon; grieving for their brother's death, they were changed into poplar trees and their tears into amber. Helios is not to be confused with the later Apollo, who also has the attributes of a sun-god.

267. **concha Sidonide:** the shell-fish from which the famed Tyrian purple dye was made. Tyre and Sidon were the two great cities of Phoenicia.

dicere Pygmalion "similis mea" dixit "eburnae."
Sensit, ut ipsa suis aderat Venus aurea festis,
vota quid illa velint, et, amici numinis omen,
flamma ter accensa est apicemque per aëra duxit.
280   Ut rediit, simulacra suae petit ille puellae
incumbensque toto dedit oscula: visa tepere est;
admovet os iterum, manibus quoque pectora temptat:
temptatum mollescit ebur positoque rigore
subsidit digitis ceditque, ut Hymettia sole
285   cera remollescit tractataque pollice multas
flectitur in facies ipsoque fit utilis usu.
Dum stupet et dubie gaudet fallique veretur,
rursus amans rursusque manu sua vota retractat.
Corpus erat! Saliunt temptatae pollice venae.
290   Tum vero Paphius plenissima concipit heros
verba, quibus Veneri grates agit, oraque tandem
ore suo non falsa premit dataque oscula virgo
sensit et erubuit timidumque ad lumina lumen
attollens pariter cum caelo vidit amantem.
295   Coniugio, quod fecit, adest dea, iamque coactis
cornibus in plenum noviens lunaribus orbem
illa Paphon genuit, de qua tenet insula nomen.

THE DEATH OF ORPHEUS

Carmine dum tali silvas animosque ferarum
Threïcius vates et saxa sequentia ducit,
ecce nurūs Ciconum tectae lymphata ferinis
pectora velleribus tumuli de vertice cernunt

276. **mea:** with *coniunx* in 275.
277. **sensit:** subj. is *Venus;* obj. is *quid* in 278.
284-285. **Hymettia   cera:** the choicest honey in ancient Greece came from Mt. Hymettus.
290. **Paphius:** Paphos was a city on Cyprus sacred to Venus. Ovid anticipates the birth of Paphos, Pygmalion's son, in line 297.
1. **carmine tali:** i.e., the songs that Orpheus has been singing.
3. **nurus Ciconum:** 'the women of Thrace'; the Cicones were a people of Thrace, where the god Bacchus first began to collect his following, the Bacchantes.

5   Orphea percussis sociantem carmina nervis.
     E quibus una leves iactato crine per auras
     "En," ait "en, hic est nostri contemptor," et hastam
     vatis Apollinei vocalia misit in ora,
     quae foliis praesuta notam sine vulnere fecit;
10   alterius telum lapis est, qui missus in ipso
     aëre concentu victus vocisque lyraeque est,
     ac veluti supplex pro tam furialibus ausis
     ante pedes iacuit. Sed enim temeraria crescunt
     bella, modusque abiit, insanaque regnat Erinys.
15   Cunctaque tela forent cantu mollita, sed ingens
     clamor et infracto Berecyntia tibia cornu
     tympanaque et plausus et Bacchei ululatus
     obstrepuere sono citharae. Tum denique saxa
     non exauditi rubuerunt sanguine vatis.
20   Ac primum attonitas etiamnum voce canentis
     innumeras volucres anguesque agmenque ferarum
     Maenades Orphei titulum rapuere theatri.
     Inde cruentatis vertuntur in Orphea dextris
     et coeunt, ut aves si quando luce vagantem
25   noctis avem cernunt structoque utrimque theatro

5. 'Orpheus singing to the accompaniment of his lyre'.

7. **nostri contemptor:** Orpheus scorned the company of women after the death of Eurydice.

8. **Apollinei:** Orpheus was the son of Apollo and Calliope, the Muse of epic poetry.

9. **foliis:** the *hasta* of line 7 was called the *thyrsus*, a staff wreathed with ivy that was carried by Bacchus and his followers.

12. **veluti supplex:** i.e., the stone fell at the feet of Orpheus, asking forgiveness for having been thrown at him!

14. **modus abiit:** 'all restraint vanished'. **Erinys:** 'madness'; see note on Book X, 46.

16. **infracto cornu:** 'with their curved horn'. **Berecyntia tibia:** the Phrygian flute, named after Berecyntus, a mountain in Phrygia sacred to the goddess Cybele.

17. Note the hiatus after *Bacchei*.

18. **obstrepuere:** 'drowned out'.

22. **Maenadĕs:** Gk. pl., 'possessed ones'; these are the frenzied female followers of Bacchus, often called Bacchantes: subj. of *rapuere*. **Orphei titulum theatri:** lit., 'the renown of the Orphean theater', i.e., the audience that had brought Orpheus renown, the *innumeras volucres*, etc., objects of *rapuere*. Some MSS. have *triumphi* for *theatri*.

25. **noctis avem:** i.e., the owl. **structo utrim theatro:** lit., 'the theater built on both sides', i.e., the amphitheater, where animals fought each other for the amusement of the spectators.

cum matutina cervus periturus harena
praeda canum est; vatemque petunt et fronde virentes
coniciunt thyrsos non haec in munera factos.
Hae glaebas, illae direptos arbore ramos,
30   pars torquent silices, neu desint tela furori,
forte boves presso subigebant vomere terram,
nec procul hinc multo fructum sudore parantes
dura lacertosi fodiebant arva coloni,
agmine qui viso fugiunt operisque relinquunt
35   arma sui, vacuosque iacent dispersa per agros
sarculaquē rastrique graves longique ligones.
Quae postquam rapuere ferae cornuque minaces
divulsere boves, ad vatis fata recurrunt;
tendentemque manus et in illo tempore primum
40   inrita dicentem nec quicquam voce moventem
sacrilegae perimunt, perque os, pro Iuppiter! illud
auditum saxis intellectumque ferarum
sensibus in ventos anima exhalata recessit.

    Te maestae volucres, Orpheu, te turba ferarum,
45   te rigidi silices, tua carmina saepe secutae
fleverunt silvae; positis te frondibus arbor
tonsa comas luxit; lacrimis quoque flumina dicunt
increvisse suis, obstrusaque carbasa pullo
Naïdes et Dryades passosque habuere capillos.
50   Membra iacent diversa locis, caput, Hebre, lyramque
excipis, et—mirum!—medio dum labitur amne,
flebile nescio quid queritur lyra, flebile lingua
murmurat exanimis, respondent flebile ripae.
Iamque mare invectae flumen populare relinquunt

27-28. **virentes thyrsos:** see note
on 9.   **haec in munera:** 'for such a
purpose'.

35. **arma:** 'tools'.

36. **sarculaque:** see note on Book
V, 484.

37. **quae:** the *sarcula*, etc., obj.
of *rapuere*.

42. **auditum, intellectum:** with *os*
in 41.

48. **obstrusa carbasa pullo:** 'gar-
ments bordered with black'.

54. **mare invectae:** 'carried to the
sea', i.e., the *caput* and *lyra* from
50. **flumen populare:** 'the river of
their native land'.

55 et Methymnaeae potiuntur litore Lesbi.
Hic ferus expositum peregrinis anguis harenis
os petit et sparsos stillanti rore capillos.
Tandem Phoebus adest morsūsque inferre parantem
arcet et in lapidem rictūs serpentis apertos
60 congelat et patulos, ut erant, indurat hiatūs.
Umbra subit terras et, quae loca viderat ante,
cuncta recognoscit quaerensque per arva piorum
invenit Eurydicen cupidisque amplectitur ulnis.
Hic modo coniunctis spatiantur passibus ambo,
65 nunc praecedentem sequitur, nunc praevius antêit
Eurydicenque suam iam tutus respicit Orpheus.
    Non impune tamen scelus hoc sinit esse Lyaeus
amissoque dolens sacrorum vate suorum
protinus in silvis matres Edonidas omnes,
70 quae videre nefas, torta radice ligavit.
Quippe pedum digitos, in quantum est quaeque secuta,
traxit et in solidam detrusit acumina terram.
Utque suum laqueis, quos callidus abdidit auceps,
crus ubi commisit volucris sensitque teneri,
75 plangitur ac trepidans adstringit vincula motu,
sic, ut quaeque solo defixa cohaeserat harum,
exsternata fugam frustra temptabat; at illam
lenta tenet radix exsultantemque coercet,
dumque ubi sint digiti, dum pes ubi quaerit et unguis,
80 adspicit in teretes lignum succedere suras
et conata femur maerenti plangere dextra

---

55. Methymnaeae: adj.; Methymna was a city of the island of Lesbos.

67. Lyaeus: 'the one who releases from care', an epithet of Bacchus.

68. sacrorum vate suorum: Orpheus was the supposed founder of Orphism, a religion which had great popularity in Greece from earliest times, whose central figure was Dionysus (Bacchus).

69. Edonidas: the Edoni were a people of Thrace.

71. quaeque: antecedent is *radix*, from *radice* in 70.

72. acumina: i.e., the tips of their toes.

73. suum: with *crus* in 74, obj. of *commisit*.

74. volucris: subj.

76. solo: note the vowel quantities of *solum* 'earth', and *sōlus* 'alone'.

77. illam: i.e., each one of the women.

robore percussit; pectus quoque robora fiunt,
robora sunt umeri, porrectaque bracchia veros
esse putes ramos et non fallēre putando.

MIDAS

85   Nec satis hoc Baccho est. Ipsos quoque deserit agros
cumque choro meliore sui vineta Timoli
Pactolonque petit, quamvis non aureus illo
tempore nec caris erat invidiosus harenis.
Hunc adsueta cohors satyri Bacchaeque frequentant,
90   at Silenus abest. Titubantem annisque meroque
ruricolae cepere Phryges vinctumque coronis
ad regem duxere Midan, cui Thracius Orpheus
orgia tradiderat cum Cecropio Eumolpo.
Quem simul agnovit socium comitemque sacrorum,
95   hospitis adventu festum genialiter egit
per bis quinque dies et iunctas ordine noctes.
Et iam stellarum sublime coegerat agmen
Lucifer undecimus, Lydos cum laetus in agros
rex venit et iuveni Silenum reddit alumno.
100   Huic deus optandi gratum, sed inutile fecit
muneris arbitrium gaudens altore recepto.
Ille male usurus donis ait "Effice, quidquid
corpore contigero, fulvum vertatur in aurum."
Adnuit optatis nocituraque munera solvit
105   Liber et indoluit, quod non meliora petisset.
Laetus abit gaudetque malo Berecyntius heros
pollicitique fidem tangendo singula temptat.
Vixque sibi credens, non alta fronde virentem

86-87. Timolus was a mountain of
Lydia, and Pactolus a river of that
country that was said to carry grains
of gold with its sands.
90. Silenus: the tutor of Bacchus.
93. orgia: i.e., the Bacchic rites.
Cecropio Eumolpo: Eumolpus was a
famous Thracian singer who is said

to have brought the worship of Bac-
chus to the Athenians; Cecrops was
the legendary founder of Athens.
101. arbitrium: 'choice'.
105. Liber: Bacchus.
106. Berecyntius heros: i.e., Mi-
das, whose mother was Cybele; cf.
note on 16.

ilice detraxit virgam: virga aurea facta est;
110 tollit humo saxum: saxum quoque palluit auro;
contigit et glaebam: contactu glaeba potenti
massa fit; arentes Cereris decerpsit aristas:
aurea messis erat; demptum tenet arbore pomum:
Hesperidas donasse putes; si postibus altis
115 admovit digitos, postes radiare videntur.
Ille etiam liquidis palmas ubi laverat undis,
unda fluens palmis Danaēn eludere posset.
Vix spes ipse suas animo capit aurea fingens
omnia. Gaudenti mensas posuere ministri
120 exstructas dapibus nec tostae frugis egentes.
Tum vero, sive ille sua Cerealia dextra
munera contigerat, Cerealia dona rigebant;
sive dapes avido convellere dente parabat,
lamina fulva dapes admoto dente premebat;
125 miscuerat puris auctorem muneris undis:
fusile per rictus aurum fluitare videres.
    Attonitus novitate mali divesque miserque
effugere optat opes et quae modo voverat, odit.
Copia nulla famem relevat; sitis arida guttur
130 urit, et inviso meritus torquetur ab auro
ad caelumque manus et splendida bracchia tollens
"Da veniam, Lenaee pater! peccavimus"; inquit
"sed miserere, precor, speciosoque eripe damno!"
Mite deum numen: Bacchus peccasse fatentem
135 restituit factique fide data munera solvit
"Neve male optato maneas circumlitus auro,
vade" ait "ad magnis vicinum Sardibus amnem

114. **Hesperidas:** the Hesperides were daughters of Hesperus, the evening star, and were guardians of a tree that bore golden apples.

117. **Danaen:** Danae was visited by Jupiter in the form of a golden shower.

124. **premebat:** 'covered'.

125. **auctorem muneris:** i.e., wine.

132. **Lēnaee:** Lenaeus was a surname of Bacchus, supposedly derived from the Greek word *lēnos*, 'wine-press'.

134. **mite deum numen:** 'the gods are kind'.

135. **facti:** some MSS. have *pacti*.

137. **Sardibus:** Sardis (or Sardes, pl.) was the capital of Lydia.

perque iugum Lydum labentibus obvius undis
carpe viam, donec venias ad fluminis ortus.
140 Spumigeroque tuum fonti, qua plurimus exit,
subde caput corpusque simul, simul elue crimen!"
Rex iussae succedit aquae: vis aurea tinxit
flumen et humano de corpore cessit in amnem.
Nunc quoque iam veteris percepto semine venae
145 arva rigent auro madidis pallentia glaebis.
   Ille perosus opes silvas et rura colebat
Panaque montanis habitantem semper in antris,
pingue sed ingenium mansit, nocituraque, ut ante,
rursus erant domino stultae praecordia mentis.
150 Nam freta prospiciens late riget arduus alto
Tmolus in ascensu clivoque extensus utroque
Sardibus hinc, illinc parvis finitur Hypaepis.
Pan ibi dum teneris iactat sua carmina nymphis
et leve cerata modulatur harundine carmen
155 ausus Apollineos prae se contemnere cantus,
iudice sub Tmolo certamen venit ad impar.
   Monte suo senior iudex consedit et aures
liberat arboribus. Quercu coma caerula tantum
cingitur, et pendent circum cava tempora glandes.
160 Isque deum pecoris spectans "In iudice" dixit
"nulla mora est." Calamis agrestibus insonat ille
barbaricoque Midan—aderat nam forte canenti—
carmine delenit. Post hunc sacer ora retorsit
Tmolus ad os Phoebi: vultum sua silva secuta est.
165 Ille caput flavum lauro Parnaside vinctus
verrit humum Tyrio saturata murice palla
instrictamque fidem gemmis et dentibus Indis
sustinet a laeva, tenuit manus altera plectrum;

---

140. **plurimus:** sc. *fons*, 'the gush-
ing waters'.
149. **stultae praecordia mentis:**
'his stupid mind'.
151. **Tmolus:** syncope for Timolus.

152. **Hypaepis:** Hypaepa was a
town of Lydia.
156. **Tmolo:** i.e., the god of the
mountain.
160. **deum pecoris:** Pan was the
tutelary divinity of herds and flocks.

artificis status ipso fuit. Tum stamina docto
170   pollice sollicitat, quorum dulcedine captus
Pana iubet Tmolus citharae submittere cannas.
    Iudicium sanctique placet sententia montis
omnibus; arguitur tamen atque iniusta vocatur
unius sermone Midae. Nec Delius aures
175   humanam stolidas patitur retinere figuram,
sed trahit in spatium villisque albentibus implet
instabilesque imas facit et dat posse moveri.
Cetera sunt hominis: partem damnatur in unam
induiturque aures lente gradientis aselli.
180   Ille quidem celare cupit turpique pudore
tempora purpureis temptat velare tiaris;
sed solitus longos ferro resecare capillos
viderat hoc famulus; qui cum nec prodere visum
dedecus auderet cupiens efferre sub auras
185   nec posset reticere tamen, secedit humumque
effodit et, domini quales adspexerit aures,
voce refert parva terraeque immurmurat haustae
indiciumque suae vocis tellure regesta
obruit et scrobibus tacitus discedit opertis.
190   Creber harundinibus tremulis ibi surgere lucus
coepit et, ut primum pleno maturuit anno
prodidit agricolam: leni nam motus ab austro
obruta verba refert dominique coarguit aures.

PELEUS AND THETIS

    Namque senex Thetidi Proteus, "Dea" dixerat "undae,
concipe: mater eris iuvenis, qui fortibus annis

169. **status:** 'appearance' or 'stance'.
171. **submittere:** i.e., in defeat.
177. **posse:** 'power'.
180. **turpi pudore:** abl. of cause.

192. **agricolam:** i.e., the *famulus* of 183.
221. **Thetidi:** Thetis was one of the daughters of Nereus and Doris, divinities of the sea. **Proteus:** cf. note on Book II, 9.

acta patris vincet maiorque vocabitur illo."
Ergo, ne quicquam mundus Iove maius haberet,
225 quamvis haud tepidos sub pectore senserat ignes,
Iuppiter aequoreae Thetidis conubia fugit
in suaque Aeaciden succedere vota nepotem
iussit et amplexus in virginis ire marinae.
    Est sinus Haemoniae curvos falcatus in arcus;
230 bracchia procurrunt, ubi, si foret altior unda,
portus erat; summis inductum est aequor harenis.
Litus habet solidum quod nec vestigia servet
nec remoretur iter nec opertum pendeat alga.
Myrtea silva subest bicoloribus obsita bacis
235 et specus in medio, natura factus an arte,
ambiguum, magis arte tamen: quo saepe venire
frenato delphine sedens, Theti nuda, solebas.
Illic te Peleus, ut somno vincta iacebas,
occupat et, quoniam precibus temptata repugnas,
240 vim parat innectens ambobus colla lacertis;
quod nisi venisses variatis saepe figuris
ad solitas artes, auso foret ille potitus;
sed modo tu volucris—volucrem tamen ille tenebat—
nunc gravis arbor eras: haerebat in arbore Peleus;
245 tertia forma fuit maculosae tigridis: illa
territus Aeacides a corpore bracchia solvit.
Isque deos pelagi vino super aequora fuso
et pecoris fibris et fumo turis adorat,
donec Carpathius medio de gurgite vates
250 "Aeacide," dixit "thalamis potiere petitis,
tu modo. Cum rigido sopita quiescit in antro,
ignaram laqueis vincloque innecte tenaci.
Nec te decipiat centum mentita figuras,

---

227. **Aeaciden nepotem:** 'his grandson, the son of Aeacus', i.e., Peleus.

231. **summis . . . harenis:** i.e., the sea barely covers the sands beneath.

233. **remoretur iter:** 'slow one down'. **nec . . . algā;** 'and it does not jut forth covered with seaweed'.

234. **bicoloribus . . . bacis:** cf. note on Book VIII, 664.

249. **Carpathius vates:** i.e., Proteus; Carpathus was an island in the Aegean sea.

sed preme, quidquid erit, dum, quod fuit ante, reformet!"
255 Dixerat haec Proteus et condidit aequore vultum
     admisitque suos in verba novissima fluctus.
     Pronus erat Titan inclinatoque tenebat
     Hesperium temone fretum, cum pulchra relecto
     Nereis ingreditur consueta cubilia saxo.
260 Vix bene virgineos Peleus invaserat artus,
     illa novat formas, donec sua membra teneri
     sentit et in partes diversas bracchia tendi;
     tum demum ingemuit, "Neque" ait "sine numine vincis";
     exhibita estque Thetis! Confessam amplectitur heros
265 et potitur votis ingentique implet Achille.

AESACUS AND HESPERIA

[The poet recounts the story of Ceyx, king of Trachis, and his wife,
Alcyone, who were metamorphosed into birds. Someone, watching
them skim over the waves together, relates the tale of Aesacus and
Hesperia.]

     Hos aliquis senior iunctim freta lata volantes
750 spectat et ad finem servatos laudat amores.
     Proximus, aut idem, si fors tulit, "Hic quoque," dixit
     "quem mare carpentem substrictaque crura gerentem
     adspicis,"—ostendens spatiosum in guttura mergum—
     "regia progenies; et si descendere ad ipsum
755 ordine perpetuo quaeris, sunt huius origo:
     Ilus et Assaracus raptusque Iovi Ganymedes

257. **Titan:** i.e., the sun-god.
749. **hos volantes:** i.e., Ceyx and
Alcyone, who have been changed
into kingfishers.
751. **proximus,** etc.; 'one standing
nearby, or perhaps the same person'.
752. **mare carpentem:** 'flying over
the waves'.
753. **mergum:** the *mergus* was a

kind of water fowl, a sea bird with
an elongated neck.
756-757. Ilus, brother of As-
saracus and Ganymede, was the
father of Laomedon and grandfather
of Priam. He was believed to be
the founder of Troy (Ilium). Gany-
mede, the handsomest of all mor-
tals, was carried away by Jupiter to
be his cupbearer.

Laomedonque senex Priamusque novissima Troiae
tempora sortitus; frater fuit Hectoris iste,
qui nisi sensisset primā nova fata iuventā,
760   forsitan inferius non Hectore nomen haberet.
Quamvis est illum proles enixa Dymantis,
Aesacon umbrosa furtim peperisse sub Ida
fertur Alexiroë, Granico nata bicorni.
Oderat hic urbes nitidaque remotus ab aula
765   secretos montes et inambitiosa colebat
rura nec Iliacos coetus nisi rarus adibat.
Non agreste tamen nec inexpugnabile amori
pectus habens silvas captatam saepe per omnes
adspicit Hesperien patriā Cebrenida ripā
770   iniectos umeris siccantem sole capillos.
Visa fugit nymphe, veluti perterrita fulvum
cerva lupum longeque lacu deprensa relicto
accipitrem fluvialis anas; quam Troius heros
insequitur celeremque metu celer urget amore.
775   Ecce latens herba coluber fugientis adunco
dente pedem strinxit virusque in corpore liquit;
cum vita suppressa fuga est: amplectitur amens
exanimem clamatque 'Piget, piget esse secutum!
Sed non hoc timui, neque erat mihi vincere tanti.
780   Perdidimus miseram nos te duo: vulnus ab angue,
a me causa data est. Ego sum sceleratior illo,
qui tibi morte mea mortis solacia mittam.'
Dixit et e scopulo, quem rauca subederat unda,
decidit in pontum; Tethys miserata cadentem
785   molliter excepit nantemque per aequora pennis

758. iste: i.e., Aesacus.
761. illum: i.e., Hector. proles
Dymantis: 'the daughter of Dymas',
i.e., Hecuba.
763. Granico nata bicorni: the
Granicus was a small river near
Troy; 'bicorni' because it is the
river-god that is meant here.

766. Iliacos coetūs: 'the men of
Ilium'.
769. Hesperiēn Cebrenisa: Hes-
peria was the daughter of the river-
god Cebren.
773. anas: 'wild duck'. Troius
heros: i.e., Aesacus.
784. Tethys: a sea-goddess, wife
of Oceanus.

texit, et optatae non est data copia mortis.
Indignatur amans invitum vivere cogi
obstarique animae misera de sede volenti
exire; utque novas umeris adsumpserat alas,
790   subvolat atque iterum corpus super aequora mittit.
Pluma levat casus. Furit Aesacos, inque profundum
pronus abit letique viam sine fine retemptat.
Fecit amor maciem: longa internodia crurum,
longa manet cervix, caput est a corpore longe;
795   aequora amat, nomenque manet, quia mergitur, illi."

EPILOGUE

Iamque opus exegi, quod nec Iovis ira nec ignis
nec poterit ferrum nec edax abolere vetustas.
Cum volet, illa dies, quae nil nisi corporis huius
ius habet, incerti spatium mihi finiat aevi.
875   Parte tamen meliore mei super alta perennis
astra ferar, nomenque erit indelebile nostrum.
Quaque patet domitis Romana potentia terris,
ore legar populi, perque omnia saecula fama,
si quid habent veri vatum praesagia, vivam.

Now I have done my work. It will endure,
I trust, beyond Jove's anger, fire and sword,
Beyond Time's hunger. The day will come, I know,
So let it come, that day which has no power
Save over my body, to end my span of life
Whatever it may be. Still, part of me,
The better part, immortal, will be borne
Above the stars; my name will be remembered
Wherever Roman power rules conquered lands,
I shall be read, and through all centuries,
If prophecies of bards are ever truthful,
I shall be living, always.

TRANSLATION BY ROLFE HUMPHRIES.

795. **nomen manet:** Mergus, 'the diver'.

FASTI

ARION

Quem modo caelatum stellis Delphina videbas,
80   is fugiet visūs nocte sequente tuos.
Seu fuit occultis felix in amoribus index,
    Lesbida cum domino seu tulit ille lyram.
Quod mare non novit, quae nescit Ariona tellus?
    Carmine currentes ille tenebat aquas.
85   Saepe sequens agnam lupus est a voce retentus,
    saepe avidum fugiens restitit agna lupum;
saepe canes leporesque umbra iacuere sub una,
    et stetit in saxo proxima cerva leae,
et sine lite loquax cum Palladis alite cornix
90   sedit, et accipitri iuncta columba fuit.
Cynthia saepe tuis fertur, vocalis Arion,
    tamquam fraternis obstipuisse modis.
Nomen Arionium Siculas impleverat urbes,
    captaque erat lyricis Ausonis ora sonis;
95   inde domum repetens puppem conscendit Arion,
    atque ita quaesitas arte ferebat opes.
Forsitan, infelix, ventos undasque timebas,
    at tibi nave tua tutius aequor erat.
Namque gubernator destricto constitit ense
100   ceteraque armata conscia turba manu.
Quid tibi cum gladio? Dubiam rege, navita, puppem:

81*ff*. The dolphin was made a constellation for one of these reasons: either because he was the lucky envoy who persuaded the sea-goddess Amphitrite to heed the pleas of Neptune—she had fled from his advances—and return to him, or because he had carried Arion, the famed singer of Lesbos, to safety.

89. **Palladis alite:** the owl.

91. **Cynthia:** Diana was often called Cynthia after Cynthus, a hill on her native island of Delos.

94. **Ausonis:** adj., nom., 'Italian'.

101-102. Ovid speaks to the mariners.

non haec sunt digitis arma tenenda tuis.
Ille, metu pavidus, "Mortem non deprecor" inquit,
  "sed liceat sumpta pauca referre lyra."
105 Dant veniam ridentque moram. Capit ille coronam,
  quae possit crines, Phoebe, decere tuos;
induerat Tyrio bis tinctam murice pallam;
  reddidit icta suos pollice chorda sonos,
flebilibus numeris veluti canentia dura
110   traiectus penna tempora cantat olor.
Protinus in medias ornatus desilit undas;
  spargitur impulsa caerula puppis aqua.
Inde—fide maius—tergo delphina recurvo
  se memorant oneri supposuisse novo;
115 ille sedens citharamque tenet pretiumque vehendi
  cantat et aequoreas carmine mulcet aquas.
Di pia facta vident: astris delphina recepit
  Iuppiter et stellas iussit habere novem.

FAUNUS

Tertia post Idus nudos aurora Lupercos
  adspicit, et Fauni sacra bicornis eunt.
Dicite, Pierides, sacrorum quae sit origo,
270   attigerint Latias unde petita domos.
Pana deum pecoris veteres coluisse feruntur
  Arcades: Arcadiis plurimus ille iugis.
Testis erit Pholoë, testes Stymphalides undae,
  quique citis Ladon in mare currit aquis,
275 cinctaque pinetis nemoris iuga Nonacrini,

103. **ille:** i.e., Arion.
109. **cānentia:** with *tempora*, 'head', in 110; acc. of respect.
267. **tertia post Idus:** February 15th. **Lupercos:** this is in reference to the Lupercalia, an obscure and very ancient fertility festival in honor of the god Faunus, who was worshipped under the name Lupercus. The *Luperci* were priests in charge of these rites.
273, 274. Pholoe was a mountain, Stymphalus a lake, and Ladon a river of Arcadia.
275, 276. Nonacris was an ancient city, Cyllene a mountain, and Parrhasia a district of Arcadia.

altaque Cyllene Parrhasiaeque nives.
Pan erat armenti, Pan illic numen equarum;
    munus ab incolumes ille ferebat oves.
Transtulit Evander silvestria numina secum;
280   hic, ubi nunc urbs est, tum locus urbis erat.
Inde deum colimus, devectaque sacra Pelasgis
    flamen adhuc prisco more Dialis obit.
Cur igitur currant, et cur—sic currere mos est—
    nuda ferant posita corpora veste, rogas?
285 Ipse deus velox discurrere gaudet in altis
    montibus et subitas concipit ipse fugas;
ipse deus nudus nudos iubet ire ministros,
    nec satis ad cursus commoda vestis erat.
Ante Iovem genitum terras habuisse feruntur
290   Arcades, et lunā gens prior illa fuit.
Vita feris similis, nullos agitata per usus:
    artis adhuc expers et rude vulgus erat.
Pro domibus frondes norant, pro frugibus herbas,
    nectar erat palmis hausta duabus aqua.
295 Nullus anhelabat sub adunco vomere taurus,
    nulla sub imperio terra colentis erat;
nullus adhuc erat usus equi, se quisque ferebat;
    ibat ovis lana corpus amicta sua.
Sub Iove durabant et corpora nuda gerebant
300   docta graves imbres et tolerare notos.
Nunc quoque detecti referunt monumenta vetusti
    moris et antiquas testificantur opes.
Sed cur praecipue fugiat velamina Faunus,
    traditur antiqui fabula plena ioci.
305 Forte comes dominae iuvenis Tirynthius ibat;
    vidit ab excelso Faunus utrumque iugo.

279. **Evander:** an Arcadian who had emigrated to Italy before the Trojan war.
281. **Pelasgis:** i.e., Evander and the Arcadians.
282. **flamen Dialis:** a priest of Jupiter.

305. **dominae:** i.e., Omphale, queen of Lydia. **iuvenis Tirynthius:** Hercules, called the Tirynthian because king Eurystheus of Tiryns was his taskmaster.

Vidit et incaluit, "Montana" que "numina," dixit
   "nil mihi vobiscum est: hic meus ardor erit."
Ibat odoratis umeros perfusa capillis
310   Maeonis aurato conspicienda sinu;
aurea pellebant tepidos umbracula soles,
   quae tamen Herculeae sustinuere manus.
Iam Bacchi nemus et Tmoli vineta tenebat,
   Hesperus et fusco roscidus ibat equo.
315 Antra subit tofis laqueata et pumice vivo;
   garrulus in primo limine rivus erat.
Dumque parant epulas potandaque vina ministri,
   cultibus Alciden instruit illa suis.
Dat tenuis tunicas Gaetulo murice tinctas,
320   dat teretem zonam, qua modo cincta fuit.
Ventre minor zona est; tunicarum vincla relaxat,
   ut posset magnas exseruisse manus.
Fregerat armillas non illa ad bracchia factas,
   scindebant magni vincula parva pedes.
325 Ipsa capit clavamque gravem spoliumque leonis
   conditaque in pharetra tela minora sua.
Sic epulis functi sic dant sua corpora somno,
   et positis iuxta secubuere toris;
causa, repertori vitĭs quia sacra parabant,
330   quae facerent pure, cum foret orta dies.
Noctis erat medium. Quid non amor improbus audet?
   Roscida per tenebras Faunus ad antra venit,
utque videt comites somno vinoque solutos,
   spem capit in dominis esse soporis idem.
335 Intrat, et huc illuc temerarius errat adulter
   et praefert cautas subsequiturque manus.
Venerat ad strati captata cubilia lecti
   et felix prima sorte futurus erat.
Ut tetigit fulvi saetis hirsuta leonis

---

318. **Alciden:** 'descendant of Al-
ceus', i.e., Hercules.

321, 324. **vincla, vincula:** alter-
nate forms of the same word, de-
pending upon the demands of the
meter.

330. **quae facerent purē:** i.e., why
they lay down in separate beds.

340   vellera, pertimuit sustinuitque manum
      attonitusque metu rediit, ut saepe viator
        turbatus viso rettulit angue pedem.
      Inde tori, qui iunctus erat, velamina tangit
        mollia, mendaci decipiturque nota.
345   Adscendit spondaque sibi propiore recumbit;
        et tumidum cornu durius inguen erat.
      Interea tunicas ora subducit ab ima:
        horrebant densis aspera crura pilis.
      Cetera temptantem subito Tirynthius heros
350   reppulit; e summo decidit ille toro.
      Fit sonus, inclamat comites et lumina poscit
        Maeonis; inlatis ignibus acta patent.
      Ille gemit lecto graviter deiectus ab alto,
        membraque de dura vix sua tollit humo.
355   Ridet et Alcides et qui videre iacentem,
        ridet amatorem Lyda puella suum.
      Veste deus lusus fallentes lumina vestes
        non amat et nudos ad sua sacra vocat.

TARQUIN AND LUCRETIA

685   Nunc mihi dicenda est regis fuga; traxit ab illa
        sextus ab extremo nomina mense dies.
      Ultima Tarquinius Romanae gentis habebat
        regna, vir iniustus, fortis ad arma tamen.
      Ceperat hic alias, alias everterat urbes
690   et Gabios turpi fecerat arte suos.
      Namque trium minimus, proles manifesta Superbi,
        in medios hostes nocte silente venit.
      Nudarant gladios: "Occidite" dixit "inermem!
        Hoc cupiant fratres Tarquiniusque pater,
695   qui mea crudeli lacerabit verbere terga."
      Dicere ut hoc posset, verbera passus erat.

686. A ceremony called the Flight
of the King (*Regifugium*) was held
on the 24th of February.

691. **Superbi:** Tarquin, the last
king of Rome, was known as Tarquin
'the Proud'.

Luna fuit; spectant iuvenem gladiosque recondunt
  tergaque deducta veste notata vident.
Flent quoque et, ut secum tueatur bella, precantur;
700 callidus ignaris adnuit ille viris.
Iamque potens misso genitorem appellat amico,
  perdendi Gabios quod sibi monstret iter.
Hortus odoratis suberat cultissimus herbis
  sectus humum rivo lene sonantis aquae;
705 illic Tarquinius mandata latentia nati
  accipit et virga lilia summa metit.
Nuntius ut rediit decussaque lilia dixit,
  filius "Agnosco iussa parentis" ait.
Nec mora, principibus caesis ex urbe Gabina
710 traduntur ducibus moenia nuda suis.
Ecce, nefas visu, mediis altaribus anguis
  exit et exstinctis ignibus exta rapit.
Consulitur Phoebus; sors est ita reddita: "Matri
  qui dederit princeps oscula, victor erit."
715 Oscula quisque suae matri properata tulerunt,
  non intellecto credula turba deo.
Brutus erat stulti sapiens imitator, ut esset
  tutus ab insidiis, dire Superbe, tuis;
ille iacens pronus matri dedit oscula Terrae,
720 creditus offenso procubuisse pede.
Cingitur interea Romanis Ardea signis
  et patitur longas obsidione moras.
Dum vacat et metuunt hostes committere pugnam,
  luditur in castris, otia miles agit.

706. **virga . . . metit:** this story is told more than once in ancient authors, how someone, to get an idea across, has lopped off the heads of tall-growing flowers with a staff (cf. Herodotus V, 92).

717. **Brutus:** this is Lucius Junius Brutus, a nephew of Tarquin the Proud; his father and elder brother were murdered by Tarquin for the sake of their riches. Brutus feigned imbecility in order to escape the same fate; he played his part well, and did not discard his mask until Sextus Tarquinius had shamed Lucretia.

721. **Ardea:** this was the capital of the Rutulians, and one of the richest cities of Italy; it was situated about thirty miles to the south of Rome.

725   Tarquinius iuvenis socios dapibusque meroque
      accipit; ex illis rege creatus ait:
  "Dum nos sollicitos pigro tenet Ardea bello
      nec sinit ad patrios arma referre deos,
  ecquid in officio torus est socialis? Et ecquid
730   coniugibus nostris mutua cura sumus?"
  Quisque suam laudat; studiis certamina crescunt,
      et fervet multo linguaque corque mero.
  Surgit, cui dederat clarum Collatia nomen:
      "Non opus est verbis, credite rebus!" ait.
735   "Nox superest; tollamur equis urbemque petamus!"
      Dicta placent, frenis impediuntur equi,
  pertulerant dominos. Regalia protinus illi
      tecta petunt; custos in fore nullus erat.
  Ecce nurus regis fusis per colla coronis
740   inveniunt posito pervigilare mero.
  Inde cito passu petitur Lucretia; nebat,
      ante torum calathi lanaque mollis erat.
  Lumen ad exiguum famulae data pensa trahebant,
      inter quas tenui sic ait illa sono:
745   "Mittenda est domino—nunc, nunc properate, puellae!—
      quam primum nostra facta lacerna manu.
  Quid tamen auditis? Nam plura audire potestis;
      quantum de bello dicitur esse super?
  Postmodo victa cades; melioribus, Ardea, restas,
750   improba, quae nostros cogis abesse viros.
  Sint tantum reduces! Sed enim temerarius ille
      est meus et stricto qualibet ense ruit.
  Mens abit, et morior, quotiens pugnantis imago
      me subit, et gelidum pectora frigus habet."
755   Desinit in lacrimas intentaque fila remittit,
      in gremio vultum deposuitque suum.

---

725. **Tarquinius iuvenis**: Sextus Tarquinius, son of Tarquin the Proud, the villain of this story.

729. **torus socialis**: 'marriage bed'.

733. **cui . . . nomen**; this was Tarquinius Collatinus, named from Collatia, a town near Rome; his father was a nephew of Tarquin the Proud, and he was the husband of Lucretia.

Hoc ipsum decuit; lacrimae decuere pudicae,
    et facies animo dignaque parque fuit.
"Pone metum, veni!" coniunx ait. Illa revixit
760   deque viri collo dulce pependit onus.
Interea iuvenis furiales regius ignis
    concipit et caeco raptus amore furit.
Forma placet niveusque color flavique capilli,
    quique aderat nulla factus ab arte decor;
765 verba placent et vox, et quod corrumpere non est,
    quoque minor spes est, hoc magis ille cupit.
Iam dederat cantus lucis praenuntius ales,
    cum referunt iuvenes in sua castra pedem.
Carpitur attonitos absentis imagine sensus
770   ille. Recordanti plura magisque placent:
sic sedit, sic culta fuit, sic stamina nevit,
    neglectae collo sic iacuere comae,
hos habuit vultus, haec illi verba fuerunt,
    hic color, haec facies, hic decor oris erat.
775 Ut solet a magno fluctus languescere flatu,
    sed tamen a vento, qui fuit, unda tumet,
sic, quamvis aberat placitae praesentia formae,
    quem dederat praesens forma, manebat amor.
Ardet et iniusti stimulis agitatus amoris
780   comparat indigno vimque dolumque toro.
"Exitus in dubio est; audebimus ultima!" dixit,
    "Viderit! Audentes forsque deusque iuvat.
Cepimus audendo Gabios quoque." Talia fatus
    ense latus cinxit tergaque pressit equi.
785 Accipit aerata iuvenem Collatia porta
    condere iam vultus sole parante suos.
Hostis ut hospes init penetralia Collatini;
    comiter excipitur; sanguine iunctus erat.
Quantum animis erroris inest! Parat inscia rerum

---

761. **iuvenis regius:** Sextus Tar-
quinius.
    765. **quod corrumpere non est:**
i.e., her virtue.

782. **viderit:** 'let her beware'.
    788. **sanguine iunctus erat:** Lu-
cretia's husband was a member of
the Tarquin family; cf. note on 733.

790　　　infelix epulas hostibus illa suis.
　　　　Functus erat dapibus; poscunt sua tempora somnum;
　　　　　nox erat et tota lumina nulla domo.
　　　　Surgit et aurata vagina liberat ensem
　　　　　et venit in thalamos, nupta pudica, tuos,
795　utque torum pressit, "Ferrum, Lucretia, mecum est.
　　　　　Natus" ait "regis Tarquiniusque loquor."
　　　　Illa nihil. Neque enim vocem viresque loquendi
　　　　　aut aliquid toto pectore mentis habet;
　　　　sed tremit, ut quondam stabulis deprensa relictis
800　　　parva sub infesto cum iacet agna lupo.
　　　　Quid faciat? Pugnet? Vincetur femina pugnans.
　　　　　Clamet? At in dextra, qui vetet, ensis erat.
　　　　Effugiat? Positis urgentur pectora palmis,
　　　　　tunc primum externa pectora tacta manu.
805　Instat amans hostis precibus pretioque minisque;
　　　　　nec prece nec pretio nec movet ille minis.
　　　　"Nil agis: eripiam" dixit "per crimina vitam.
　　　　　Falsus adulterii testis adulter ero;
　　　　interimam famulum, cum quo deprensa fereris."
810　　　Succubuit famae victa puella metu.
　　　　Quid, victor, gaudes? Haec te victoria perdet.
　　　　　Heu quanto regnis nox stetit una tuis!
　　　　Iamque erat orta dies. Passis sedet illa capillis,
　　　　　ut solet ad nati mater itura rogum,
815　grandaevumque patrem fido cum coniuge castris
　　　　　evocat, et posita venit uterque mora.
　　　　Utque vident habitum, quae luctus causa, requirunt,
　　　　　cui paret exsequias, quove sit icta malo?
　　　　Illa diu reticet pudibundaque celat amictu
820　　　ora; fluunt lacrimae more perennis aquae.
　　　　Hinc pater, hinc coniunx lacrimas solantur et orant,
　　　　　indicet, et caeco flentque paventque metu.
　　　　Ter conata loqui ter destitit, ausaque quarto
　　　　　non oculos ideo sustulit illa suos.
825　"Hoc quoque Tarquinio debebimus? Eloquar," inquit,
　　　　　"eloquar infelix dedecus ipsa meum?"

Quaeque potest, narrat. Restabant ultima. Flevit,
　　et matronales erubuere genae.
Dant veniam facto genitor coniunxque coacto:
830　　"Quam" dixit "veniam vos datis, ipsa nego."
Nec mora, celato fixit sua pectora ferro
　　et cadit in patrios sanguinulenta pedes.
Tunc quoque iam moriens ne non procumbat honeste,
　　respicit; haec etiam cura cadentis erat.
835　Ecce super corpus communia damna gementes
　　obliti decoris virque paterque iacent.
Brutus adest tandemque animo sua nomina fallit
　　fixaque semianimi corpore tela rapit
stillantemque tenens generoso sanguine cultrum
840　　edidit impavidos ore minante sonos:
"Per tibi ego hunc iuro fortem castumque cruorem
　　perque tuos manes, qui mihi numen erunt,
Tarquinium profuga poenas cum stirpe daturum.
　　Iam satis est virtus dissimulata diu."
845　Illa iacens ad verba oculos sine lumine movit
　　visaque concussa dicta probare coma.
Fertur in exsequias animi matrona virilis
　　et secum lacrimas invidiamque trahit.
Vulnus inane patet. Brutus clamore Quirites
850　　concitat et regis facta nefanda refert.
Tarquinius cum prole fugit, capit annua consul
　　iura. Dies regnis illa suprema fuit.

ANNA

Idibus est Annae festum geniale Perennae
　　non procul a ripis, advena Thybri, tuis.

844. Cf. note on 717.
523. **Idibus:** the date is the 15th of March, on which the feast of Anna Perenna was celebrated. As Anna, she personifies the year; as Perenna, she personifies the proces-sion of the years. The celebration was a New Year's festival, for March was the first month of the old Roman year, and the first full moon of the New Year fell on the Ides.

525 Plebs venit ac virides passim disiecta per herbas
         potat, et accumbit cum pare quisque sua.
     Sub Iove pars durat, pauci tentoria ponunt,
         sunt quibus e ramis frondea facta casa est,
     pars, ubi pro rigidis calamos statuere columnis,
530   desuper extentas imposuere togas.
     Sole tamen vinoque calent annosque precantur,
         quot sumant cyathos, ad numerumque bibunt.
     Invenies illic, qui Nestoris ebibat annos,
         quae sit per calices facta Sibylla suos.
535 Illic et cantant, quicquid didicere theatris,
         et iactant faciles ad sua verba manus
     et ducunt posito duras cratere choreas,
         cultaque diffusis saltat amica comis.
     Cum redeunt, titubant et sunt spectacula vulgi,
540   et fortunatos obvia turba vocat.
     Occurrit nuper—visa est mihi digna relatu—
         pompa: senem potum pota trahebat anus.
     Quae tamen haec dea sit, quoniam rumoribus errat,
         fabula proposito nulla tegenda meo.
545 Arserat Aeneae Dido miserabilis igne,
         arserat exstructis in sua fata rogis;
     compositusque cinis, tumulique in marmore carmen
         hoc breve, quod moriens ipsa reliquit, erat:
     PRAEBUIT AENEAS ET CAUSAM MORTIS ET ENSEM
550   IPSA SUA DIDO CONCIDIT USA MANU
     Protinus invadunt Numidae sine vindice regnum,
         et potitur capta Maurus Iarba domo,
     seque memor spretum, "Thalamis tamen" inquit "Elissae

533. **qui Nestoris ebibat annos:** lit., 'who drank the years of Nestor'; Nestor was the oldest of the Greek heroes of the *Iliad*.

534. **Sibylla:** the Cumaean Sibyl was ageless.

544. 'I shall not keep the story a secret'.

545-546. Dido, queen of Carthage, killed herself with Aeneas' sword when he left her, and was burned on a funeral pyre that she herself had gathered.

552. **Maurus Iarba:** Iarba, a native king of Africa, had been spurned by Dido for Aeneas. Now that she was dead, he captured the defenseless city of Carthage.

553. **Elissae:** Elissa was another name for Dido.

en ego, quem totiens reppulit illa, fruor."
555 Diffugiunt Tyrii, quo quemque agit error, ut olim
        amisso dubiae rege vagantur apes.
    Tertia nudandas acceperat area messes,
        inque cavos ierant tertia musta lacus;
    pellitur Anna domo lacrimansque sororia linquit
560   moenia; germanae iusta dat ante suae.
    Mixta bibunt molles lacrimis unguenta favillae,
        vertice libatas accipiuntque comas;
    terque "Vale!" dixit, cineres ter ad ora relatos
        pressit, et est illis visa subesse soror.
565 Nancta ratem comitesque fugae pede labitur aequo
        moenia respiciens, dulce sororis opus.
    Fertilis est Melite sterili vicina Cosyrae
        insula, quam Libyci verberat unda freti.
    Hanc petit hospitio regis confisa vetusto;
570   hospes opum dives rex ibi Battus erat.
    Qui postquam didicit casus utriusque sororis,
        "Haec" inquit "tellus quantulacumque tua est."
    Et tamen hospitii servasset ad ultima munus,
        sed timuit magnas Pygmalionis opes.
575 Signa recensuerat bis sol sua, tertius ibat
        annus, et exsilio terra paranda nova est.
    Frater adest belloque petit. Rex arma perosus
        "Nos sumus imbelles, tu fuge sospes!" ait.
    Iussa fugit ventoque ratem committit et undis.
580   Asperior quovis aequore frater erat.
    Est prope piscosos lapidosi Crathidis amnes
        parvus ager; Cameren incola turba vocat.
    Illuc cursus erat, nec longius afuit inde,

---

555. **Tyrii:** Dido and her companions had come to Carthage from the Phoenician city of Tyre.

559. **Anna:** Dido's sister.

567. **Melite:** the island of Malta. Cosyra was an island between Sicily and Africa.

574. **magnas Pygmalionis opes:** Pygmalion was the brother of Dido and Anna, and king of Tyre. He had murdered Sychaeus, Dido's husband, for his wealth, and thus caused Dido to flee Tyre and to found Carthage.

581. **Crathidis:** the Crathis was a river of southern Italy.

quam quantum novies mittere funda potest,
585　vela cadunt primo et dubia librantur ab aura.
　　　"Findite remigio" navita dixit "aquas!"
　　Dumque parant torto subducere carbasa lino,
　　　percutitur rapido puppis adunca noto
　　inque patens aequor frustra pugnante magistro
590　fertur, et ex oculis visa refugit humus.
　　Adsiliunt fluctus, imoque a gurgite pontus
　　　vertitur, et canas alveus haurit aquas.
　　Vincitur ars vento, nec iam moderator habenis
　　　utitur; a votis is quoque poscit opem.
595　Iactatur tumidas exsul Phoenissa per undas
　　　humidaque opposita lumina veste tegit.
　　Tunc primum Dido felix est dicta sorori
　　　et quaecumque aliquam corpore pressit humum.
　　Figitur ad Laurens ingenti flamine litus
600　puppis et expositis omnibus hausta perit.
　　Iam pius Aeneas regno nataque Latini
　　　auctus erat, populos miscueratque duos.
　　Litore dotali solo comitatus Achate
　　　secretum nudo dum pede carpit iter,
605　adspicit errantem nec credere sustinet Annam
　　　esse: "Quid in Latios illa veniret agros?"
　　dum secum Aeneas, "Anna est!" exclamat Achates.
　　　Ad nomen vultus sustulit illa suos.
　　Heu! Fugiat? Quid agat? Quos terrae quaerat hiatus?
610　Ante oculos miserae fata sororis erant.
　　Sensit et adloquitur trepidam Cythereius heros,
　　　flet tamen admonitu motus, Elissa, tui:
　　"Anna, per hanc iuro, quam quondam audire solebas
　　　tellurem fato prosperiore dari,

599. **Laurens:** adj., 'Laurentian', i.e., Italian.

602. **populos duos:** i.e., the Trojans and the people of Latium.

603. **litore dotali:** i.e., the land which Lavinia, his wife, brought him as her dowry. **Achate:** abl.;

Achates was the friend and companion of Aeneas.

611. **Cythereius:** Aeneas is called 'the Cytherean' because the island of Cythera, off the southern coast of Greece, was sacred to Venus, his mother.

615 perque deos comites, hac nuper sede locatos,
    saepe meas illos increpuisse moras.
  Nec timui de morte tamen, metus āfuit iste.
    Ei mihi! Credibili fortior illa fuit.
  Ne refer. Adspexi non illo corpore digna
620   vulnera Tartareas ausus adire domos.
  At tu, seu ratio te nostris appulit oris
    sive deus, regni commoda carpe mei.
  Multa tibi memores, nil non debemus Elissae.
    Nomine grata tuo, grata sororis, eris."
625 Talia dicenti—neque enim spes altera restat—
    credidit, errores exposuitque suos.
  Utque domum intravit Tyrios induta paratūs,
    incipit Aeneas, cetera turba silet:
  "Hanc tibi cur tradam, pia causa, Lavinia coniunx,
630   est mihi; consumpsi naufragus huius opes.
  Orta Tyro est, regnum Libyca possedit in ora;
    quam precor ut carae more sororis ames."
  Omnia promittit falsumque Lavinia vulnus
    mente premit tacita dissimulatque fremens;
635 donaque cum videat praeter sua lumina ferri
    multa palam, mitti clam quoque multa putat.
  Non habet exactum, quid agat; furialiter odit
    et parat insidias et cupit ulta mori.
  Nox erat. Ante torum visa est adstare sororis
640   squalenti Dido sanguinulenta coma
  et "Fuge, ne dubita, maestum fuge" dicere "tectum!"
    Sub verbum querulas impulit aura fores.
  Exsilit et velox humili super arva fenestra
    se iacit; audacem fecerat ipse timor.
645 Quaque metu rapitur, tunica velata recincta
    currit, ut auditis territa damma lupis.
  Corniger hanc tumidis rapuisse Numicius undis

620. Aeneas had journeyed to the underworld to visit the spirit of his father; while there he saw Dido's ghost.

647. **corniger Numicius:** the god of the Numicius river, thought of as having horns.

creditur et stagnis occuluisse suis.
Sidonis interea magno clamore per agros
650   quaeritur; apparent signa notaeque pedum;
ventum erat ad ripas, inerant vestigia ripis.
Sustinuit tacitas conscius amnis aquas.
Ipsa loqui visa est "Placidi sum nympha Numici;
amne perenne latens Anna Perenna vocor."
655 Protinus erratis laeti vescuntur in agris
et celebrant largo seque diemque mero.

THE FOUNDING OF ROME

Ipse locus causas vati facit. Urbis origo
venit. Ades factis, magne Quirine, tuis!
Iam luerat poenas frater Numitoris, et omne
810   pastorum gemino sub duce vulgus erat.
Contrahere agrestes et moenia ponere utrique
convenit; ambigitur, moenia ponat uter.
"Nil opus est" dixit "certamine" Romulus "ullo;
magna fides avium est; experiamur aves."
815 Res placet. Alter adit nemorosi saxa Palati,
alter Aventinum mane cacumen init.
Sex Remus, hic volucres bis sex videt ordine. Pacto
statur, et arbitrium Romulus urbis habet.

---

649. Sidonis: adj., 'the Sidonian', i.e., Anna; Tyre and Sidon were the two great cities of Phoenicia, the home of Anna and Dido.

807. Ovid has just described the festival of the Parilia, observed on April 21st in honor of Pales, a tutelary divinity of shepherds and flocks. **vati:** 'for the poet'.

809. frater Numitoris: Numitor was the grandfather of Romulus and Remus; Amulius, his brother, had usurped the throne of Alba, which rightfully belonged to Numitor. When the twins grew to manhood, they killed Amulius and restored Numitor to the kingship.

810. Now that Numitor is dead, Romulus and Remus rule jointly.

814. experiamur aves: divination by observation of the flight of birds or by the inspection of animal entrails was an ancient practice in Italy, having its origins, some believe, in Asia Minor, and passed down to the Romans by the Etruscans.

815, 816. The Palatine and Aventine were two of the seven hills upon which Rome was later to stand.

Apta dies legitur, qua moenia signet aratro.
820   Sacra Palis suberant; inde movetur opus.
Fossa fit ad solidum, fruges iaciuntur in ima
     et de vicino terra petita solo.
Fossa repletur humo, plenaeque imponitur ara,
     et novus accenso fungitur igne focus.
825 Inde premens stivam designat moenia sulco;
     alba iugum niveo cum bove vacca tulit.
Vox fuit haec regis: "Condenti, Iuppiter, urbem
     et genitor Mavors Vestaque mater, ades;
quosque pium est adhibere deos, advertite cuncti.
830   Auspicibus vobis hoc mihi surgat opus.
Longa sit huic aetas dominaeque potentia terrae,
     sitque sub hac oriens occiduusque dies."
Ille precabatur, tonitru dedit omina laevo
     Iuppiter, et laevo fulmina missa polo.
835 Augurio laeti iaciunt fundamina cives,
     et novus exiguo tempore murus erat.
Hoc Celer urget opus, quem Romulus ipse vocarat,
     "Sint," que "Celer, curae" dixerat "ista tuae,
neve quis aut muros aut factam vomere fossam
840   transeat; audentem talia dede neci."
Quod Remus ignorans humiles contemnere muros
     coepit et "His populus" dicere "tutus erit?"
Nec mora, transiluit. Rutro Celer occupat ausum;
     ille premit duram sanguinulentus humum.
845 Haec ubi rex didicit, lacrimas introrsus obortas
     devorat et clausum pectore vulnus habet.
Flere palam non vult exemplaque fortia servat,
     "Sic" que "meos muros transeat hostis" ait.
Dat tamen exsequias nec iam suspendere fletum
850   sustinet, et pietas dissimulata patet;
osculaque applicuit posito suprema feretro

820. **sacra Palis:** cf. note to 807.

828. **genitor Mavors Vestaque mater:** according to the popular legend, the parents of Romulus and Remus were the god Mars and Rhea Silvia, one of the Vestal Virgins, daughter of Numitor.

atque ait "Invito frater adempte, vale."
　Arsurosque artus unxit. Fecere, quod ille,
　　Faustulus et maestas Acca soluta comas.
855 Tum iuvenem nondum facti flevere Quirites;
　　ultima plorato subdita flamma rogo est.
　Urbs oritur—quis tunc hoc ulli credere posset?—
　　victorem terris impositura pedem.
　Cuncta regas et sis magno sub Caesare semper,
860 saepe etiam pluris nominis huius habe;
　et quotiens steteris domito sublimis in orbe,
　　omnia sint humeris inferiora tuis.

854. **Faustulus et Acca:** Faustulus was the shepherd who rescued Romulus and Remus from the she-wolf that had nursed them, and Acca was his wife.

855. **nondum facti Quirites:** the name Quirites for the Roman people is said not to have been used before the union of the Romans and the Sabines, an event yet to occur.

HEROIDES

PHYLLIS TO DEMOPHOON

[Demophoon was a son of Theseus and Phaedra, who accompanied
the Greeks to Troy (although Homer does not mention him). On his
way back home, he fell in love with Phyllis, the daughter of the
Thracian king Sithon, and they were to be married. Before the wedding,
however, he returned to Athens to settle his affairs, and was detained
longer than Phyllis expected. Thinking that he had deserted her, she
put an end to her life. According to legend, she was metamorphosed
into a tree. Demophoon did return, however, and when he heard what
had happened and embraced the tree, buds and leaves sprang forth
from it.]

Hospita, Demophoön, tua te Rhodopēia Phyllis
    ultra promissum tempus abesse queror.
Cornua cum lunae pleno semel orbe coissent,
    litoribus nostris ancora pacta tua est—
5   luna quater latuit, toto quater orbe recrevit;
    nec vehit Actaeas Sithonis unda rates.
Tempora si numeres—bene quae numeramus amantes—
    non venit ante suam nostra querela diem.
Spes quoque lenta fuit; tarde, quae credita laedunt,
10   credimus. Invito nunc et amore noces.
Saepe fui mendax pro te mihi, saepe putavi
    alba procellosos vela referre Notus.
Thesea devovi, quia te dimittere nollet;
    nec tenuit cursus forsitan ille tuos.
15   Interdum timui, ne, dum vada tendis ad Hebri,
    mersa foret cana naufraga puppis aqua.

1. **Rhodopeia:** 'Thracian'; Rhodope
was a mountain range in Thrace.
6. **Actaeas:** 'Athenian', from *Actē*,
an early name for Attica.
10. **invito . . . noces:** 'my love
forbids me to believe that you wrong
me'.
15. **Hebri:** the Hebrus was the
principal river of Thrace.

Saepe deos supplex, ut tu, scelerate, valeres,
    cum prece turicremis sum venerata sacris.
Saepe, videns ventos caelo pelagoque faventes,
20   ipsa mihi dixi: "Si valet ille, venit."
Denique fidus amor, quidquid properantibus obstat,
    finxit, et ad causas ingeniosa fui.
At tu lentus abes; nec te iurata reducunt
    numina, nec nostro motus amore redis.
25 Demophoön, ventis et verba et vela dedisti;
    vela queror reditu, verba carere fide.
Dic mihi, quid feci, nisi non sapienter amavi?
    Crimine te potui demeruisse meo.
Unum in me scelus est, quod te, scelerate, recepi;
30   sed scelus hoc meriti pondus et instar habet.
Iura, fides ubi nunc, commissaque dextera dextrae,
    quique erat in falso plurimus ore deus?
Promissus socios ubi nunc Hymenaeus in annos,
    qui mihi coniugii sponsor et obses erat?
35 Per mare, quod totum ventis agitatur et undis,
    per quod saepe ieras, per quod iturus eras,
perque tuum mihi iurasti—nisi fictus et ille est—
    concita qui ventis aequora mulcet, avum,
per Venerem nimiumque mihi facientia tela—
40   altera tela arcus, altera tela faces—
Iunonemque, toris quae praesidet alma maritis,
    et per taediferae mystica sacra deae.
Si de tot laesis sua numina quisque deorum
    vindicet, in poenas non satis unus eris.
45 At laceras etiam puppes furiosa refeci—
    ut, qua desererer, firma carina foret!—
remigiumque dedi, quod me fugiturus haberes.
    Heu! Patior telis vulnera facta meis!
Credidimus blandis, quorum tibi copia, verbis;
50   credidimus generi nominibusque tuis;
credidimus lacrimis—an et hae simulare docentur?

---

44. non satis unus eris: i.e., merely one life would not be enough to pay   for his wrongs.

Hae quoque habent artes, quaque iubentur, eunt?
Dis quoque credidimus. Quo iam tot pignora nobis?
  Parte satis potui qualibet inde capi.
55 Nec moveor, quod te iuvi portuque locoque—
  debuit haec meriti summa fuisse mei!
Turpiter hospitium lecto cumulasse iugali
  paenitet, et lateri conseruisse latus.
Quae fuit ante illam, mallem suprema fuisset
60   nox mihi, dum potui Phyllis honesta mori.
Speravi melius, quia me meruisse putavi;
  quaecumque ex merito spes venit, aequa venit.
Fallere credentem non est operosa puellam
  gloria. Simplicitas digna favore fuit.
65 Sum decepta tuis et amans et femina verbis.
  Di faciant, laudis summa sit ista tuae!
Inter et Aegidas, media statuaris in urbe,
  magnificus titulis stet pater ante suis.
Cum fuerit Sciron lectus torvusque Procrustes
70   et Sinis et tauri mixtaque forma viri
et domitae bello Thebae fusique bimembres

60. **honesta:** 'chaste'.

67. **Aegidas:** 'the sons of Aegeus'.

68. **magnificus pater:** Theseus, the son of Aegeus.

69. **Sciron:** a famous robber of Attica, killed by Theseus. Sciron, after robbing unwary wayfarers, compelled them to sit on the edge of a cliff overlooking the sea and wash his feet. After this, he kicked them into the sea, where they were devoured by a tortoise. **Procrustes:** another famed highwayman of Attica. He compelled travelers to lie down to rest on his bed; if anyone was too long for the bed, he cut him down to size. If too short, the unfortunate wayfarer was stretched to the length of the bed. He, too, fell victim to Theseus.

70. **Sinis:** another rogue killed by Theseus. He lived on the isthmus of Corinth, and bound unfortunate travelers to the tops of pine trees which he had bent to the ground. When the trees were released, their bodies were sent hurtling through the air. **tauri . . . viri:** the Minotaur, killed by Theseus.

71. **domitae bello Thebae:** Theseus is said to have aided in the recovery of the bodies of those slain before Thebes after the famous battle of the Seven Against Thebes. **fusique bimembres:** 'the rout of the centaurs'; he aided his friend Pirithous in a battle with the centaurs after one of these creatures had tried to attack Hippodamia, the bride of Pirithous.

et pulsata nigri regia caeca dei—
hoc tua post illos titulo signetur imago:
HIC EST CUIUS AMANS HOSPITA CAPTA DOLO EST

75   De tanta rerum turba factisque parentis
     sedit in ingenio Cressa relicta tuo.
     Quod solum excusat, solum miraris in illo;
     heredem patriae, perfide, fraudis agis.
     Illa—nec invideo—fruitur meliore marito
80   inque capistratis tigribus alta sedet;
     at mea despecti fugiunt conubia Thraces,
     quod ferar externum praeposuisse meis.
     Atque aliquis "Iam nunc doctas eat," inquit, "Athenas;
     armiferam Thracen qui regat, alter erit.
85   Exitus acta probat." Careat successibus, opto,
     quisquis ab eventu facta notanda putat!
     At si nostra tuo spumescant aequora remo,
     iam mihi, iam dicar consuluisse meis—
     sed neque consului, nec te mea regia tanget
90   fessaque Bistonia membra lavabis aqua!
     Illa meis oculis species abeuntis inhaeret,
     cum premeret portus classis itura meos.
     Ausus es amplecti colloque infusus amantis
     oscula per longas iungere pressa moras
95   cumque tuis lacrimis lacrimas confundere nostras,
     quodque foret velis aura secunda, queri
     et mihi discedens suprema dicere voce:
     "Phylli, fac exspectes Demophoönta tuum!"

---

72. Theseus had gone with Piri-
thous to the underworld in a vain
attempt to carry off Proserpina, the
wife of Pluto.
76. **Cressa relicta:** 'his Cretan
bride abandoned'; Theseus had car-
ried away Ariadne, the daughter of
King Minos, only to abandon her on
a deserted island. Cf. *Heroides* 10,
'Ariadne to Theseus'.
80. **capistratis tigribus:** after The-
seus deserted her, Ariadne was mar-

ried to Bacchus, and drove his chariot
drawn by tigers.
82. **externum:** 'a stranger'. **meis:**
'my countrymen'.
85. **exitus:** 'the outcome of events'.
87. i.e., if Demophoon should re-
turn to her as he had promised.
90. **Bistonia aqua:** the Bistones
were a people of Thrace.
91. **species abeuntis:** 'the vision
of you as you left'.

Exspectem, qui me numquam visurus abisti?
100 Exspectem pelago vela negata meo?
Et tamen exspecto—redeas modo serus amanti,
  ut tua sit solo tempore lapsa fides!
Quid precor infelix? Te iam tenet altera coniunx
  forsitan et, nobis qui male favit, amor;
105 utque tibi excidimus, nullam, puto, Phyllida nosti.
  Ei mihi! Si, quae sim Phyllis et unde, rogas—
quae tibi, Demophoön, longis erroribus acto
  Threicios portus hospitiumque dedi,
cuius opes auxere meae, cui dives egenti
110 munera multa dedi, multa datura fui;
quae tibi subieci latissima regna Lycurgi,
  nomine femineo vix satis apta regi,
qua patet umbrosum Rhodope glacialis ad Haemum,
  et sacer admissas exigit Hebrus aquas,
115 cui mea virginitas avibus libata sinistris
  castaque fallaci zona recincta manu!
Pronuba Tisiphone thalamis ululavit in illis,
  et cecinit maestum devia carmen avis;
adfuit Allecto brevibus torquata colubris,
120 suntque sepulcrali lumina mota face!
Maesta tamen scopulos fruticosaque litora calco
  quaeque patent oculis litora lata meis.
Sive die laxatur humus, seu frigida lucent
  sidera, prospicio, quis freta ventus agat;
125 et quaecumque procul venientia lintea vidi,
  protinus illa meos auguror esse deos.
In freta procurro, vix me retinentibus undis,
  mobile qua primas porrigit aequor aquas.
Quo magis accedunt, minus et minus utilis adsto;

111. **regna Lycurgi**: Lycurgus was a king of the Edones, a Thracian people.
117. **pronuba**: an attendant at a wedding; 'bridesmaid'. **Tisiphone**: one of the Furies.
118. **devia avis**: the owl, which dwells in lonely places.
119. **Allecto**: another of the Furies; she is usually represented as having snakes coiled in her hair.
129. **utilis**: 'strong'.

130   linquor et ancillis excipienda cado.
        Est sinus, adductos modice falcatus in arcus;
            ultima praerupta cornua mole rigent.
        Hinc mihi suppositas immittere corpus in undas
            mens fuit; et, quoniam fallere pergis, erit.
135   Ad tua me fluctus proiectam litora portent,
            occurramque oculis intumulata tuis!
        Duritia ferrum ut superes adamantaque teque,
            "Non tibi sic," dices, "Phylli, sequendus eram!"
        Saepe venenorum sitis est mihi; saepe cruenta
140   traiectam gladio morte perire iuvat.
        Colla quoque, infidis quia se nectenda lacertis
            praebuerunt, laqueis implicuisse iuvat.
        Stat nece matura tenerum pensare pudorem.
        In necis electu parva futura mora est.
145   Inscribēre meo causa invidiosa sepulcro.
        Aut hoc aut simili carmine notus eris:
        PHYLLIDA DEMOPHOON LETO DEDIT HOSPES AMANTEM
            ILLE NECIS CAUSAM PRAEBUIT IPSA MANUM

ARIADNE TO THESEUS

[Theseus had gone to Crete as part of the annual tribute of seven youths
and seven maidens that Athens was forced to send to satisfy the un-
natural appetite of the Minotaur. Aided by Ariadne, the daughter of
King Minos, Theseus killed the monster. When he sailed back to
Athens, he took Ariadne with him, only to abandon her along the way
on a deserted island said by the ancients to be Naxos.]

        Mitius inveni quam te genus omne ferarum;
            credita non ulli quam tibi peius eram.
        Quae legis, ex illo, Theseu, tibi litore mitto
            unde tuam sine me vela tulere ratem,
5   in quo me somnusque meus male prodidit et tu,
            per facinus somnis insidiate meis.
        Tempus erat, vitrea quo primum terra pruina
            spargitur et tectae fronde queruntur aves.
        Incertum vigilans a somno languida movi
10   Thesea prensuras semisupina manus—

nullus erat! Referoque manus iterumque retempto,
  perque torum moveo bracchia—nullus erat!
Excussere metus somnum; conterrita surgo,
  membraque sunt viduo praecipitata toro.
15 Protinus adductis sonuerunt pectora palmis,
  utque erat e somno turbida, rapta coma est.
Luna fuit; specto, si quid nisi litora cernam.
  Quod videant oculi, nil nisi litus habent.
Nunc huc, nunc illuc, et utroque sine ordine, curro;
20   alta puellares tardat harena pedes.
Interea toto clamanti litore "Theseu!"
  reddebant nomen concava saxa tuum,
et quotiens ego te, totiens locus ipse vocabat.
  Ipse locus miserae ferre volebat opem.
25 Mons fuit—apparent frutices in vertice rari;
  hinc scopulus raucis pendet adesus aquis.
Adscendo—vires animus dabat—atque ita late
  aequora prospectu metior alta meo.
Inde ego—nam ventis quoque sum crudelibus usa—
30   vidi praecipiti carbasa tenta Noto.
Aut vidi aut tamquam quae me vidisse putarem,
  frigidior glacie semianimisque fui.
Nec languere diu patitur dolor; excitor illo,
  excitor et summa Thesea voce voco.
35 "Quo fugis?" exclamo; "Scelerate revertere Theseu!
  Flecte ratem! Numerum non habet illa suum!"
Haec ego; quod voci deerat, plangore replebam;
  verbera cum verbis mixta fuere meis.
Si non audires, ut saltem cernere posses,
40   iactatae late signa dedere manus;
candidaque imposui longae velamina virgae—
  scilicet oblitos admonitura mei!
Iamque oculis ereptus eras. Tum denique flevi,
  torpuerant molles ante dolore genae.
45 Quid potius facerent, quam me mea lumina flerent,
  postquam desieram vela videre tua?
Aut ego diffusis erravi sola capillis,

qualis ab Ogygio concita Baccha deo,
aut mare prospiciens in saxo frigida sedi,
50   quamque lapis sedes, tam lapis ipsa fui.
Saepe torum repeto, qui nos acceperat ambos,
    sed non acceptos exhibiturus erat,
et tua, quae possum pro te, vestigia tango
    strataque quae membris intepuere tuis.
55   Incumbo, lacrimisque toro manante profusis,
    "Pressimus," exclamo, "te duo—redde duos!
Venimus huc ambo; cur non discedimus ambo?
    Perfide, pars nostri, lectule, maior ubi est?"
Quid faciam? Quo sola ferar? Vacat insula cultu.
60   Non hominum video, non ego facta boum.
Omne latus terrae cingit mare; navita nusquam,
    nulla per ambiguas puppis itura vias.
Finge dari comitesque mihi ventosque ratemque—
    quid sequar? Accessus terra paterna negat.
65   Ut rate felici pacata per aequora labar,
    temperet ut ventos Aeolus—exsul ero!
Non ego te, Crete centum digesta per urbes,
    adspiciam, puero cognita terra Iovi!
At pater et tellus iusto regnata parenti
70   prodita sunt facto, nomina cara, meo,
cum tibi, ne victor tecto morerere recurvo,
    quae regerent passus, pro duce fila dedi,

48. **Ogygio deo:** Bacchus, so-called from Ogyges, an early king of Thebes, the birthplace of the god. **Baccha:** a Bacchante or female follower of Bacchus, portrayed as running about in a religious frenzy with dishevelled hair and clothing.

64. **terra paterna negat:** i.e., because she had aided Theseus in killing the Minotaur.

68. **puero cognita Iovi:** Jupiter's father, Saturn, swallowed up each of his children as soon as his wife Rhea bore them. When Jupiter was born, she substituted a stone for Saturn to swallow and then took the infant to Crete, where he was hidden in a cave until maturity.

69. **tellus iusto regnata:** Minos was famed in antiquity for the justness of his rule. When he died, he was made one of the judges of the souls of the dead in Hades.

72. **pro duce fila:** Ariadne gave Theseus a spool of thread to unwind as he entered the labyrinth where the Minotaur was kept; by following this thread, he could find his way out.

cum mihi dicebas: "Per ego ipsa pericula iuro,
te fore, dum nostrum vivet uterque, meam."
75 Vivimus, et non sum, Theseu, tua—si modo vivit
femina periuri fraude sepulta viri.
Me quoque, qua fratrem, mactasses, improbe, clava;
esset, quam dederas, morte soluta fides.
Nunc ego non tantum, quae sum passura, recordor,
80 sed quaecumque potest ulla relicta pati.
Occurrunt animo pereundi mille figurae,
morsque minus poenae quam mora mortis habet.
Iam iam venturos aut hac aut suspicor illac,
qui lanient avido viscere dente, lupos.
85 Forsitan et fulvos tellus alat ista leones;
quis scit, an et saevas tigridas insula habet?
Et freta dicuntur magnas expellere phocas!
Quis vetat et gladios per latus ire meum?
Tantum ne religer dura captiva catena,
90 neve traham serva grandia pensa manu,
cui pater est Minos, cui mater filia Phoebi,
quodque magis memini, quae tibi pacta fui!
Si mare, si terras porrectaque litora vidi,
multa mihi terrae, multa minantur aquae.
95 Caelum restabat—timeo simulacra deorum!
Destituor rapidis praeda cibusque feris;
sive colunt habitantque viri, diffidimus illis—
externos didici laesa timere viros.
Viveret Androgeos utinam! Nec facta luisses
100 impia funeribus, Cecropi terra, tuis;
nec tua mactasset nodoso stipite, Theseu,
ardua parte virum dextera, parte bovem;
nec tibi, quae reditus monstrarent, fila dedissem,

77. **fratrem:** i.e., the Minotaur.
91. **filia Phoebi:** Pasiphaë, Ariadne's mother, was the daughter of the sun-god.
99. **Androgeos:** a son of Minos, and brother of Ariadne; he was accidentally killed while visiting Athens. For this, Minos declared war against the Athenians and, victorious, was able to exact the annual tribute of seven youths and seven maidens.
100. **Cecropi terra:** Cecrops was an early king of Athens.

fila per adductas saepe recepta manus.

105　Non equidem miror, si stat victoria tecum,
　　　strataque Cretaeam belua planxit humum.
　　Non poterant figi praecordia ferrea cornu;
　　　ut te non tegeres, pectore tutus eras.
　　Illic tu silices, illic adamanta tulisti,
110　　illic qui silices, Thesea, vincat, habes.
　　Crudeles somni, quid me tenuistis inertem?
　　　Aut semel aeterna nocte premenda fui.
　　Vos quoque crudeles, venti, nimiumque parati
　　　flaminaque in lacrimas officiosa meas.
115　Dextera crudelis, quae me fratremque necavit,
　　　et data poscenti, nomen inane, fides!
　　In me iurarunt somnus ventusque fidesque;
　　　prodita sum causis una puella tribus!
　　Ergo ego nec lacrimas matris moritura videbo,
120　　nec, mea qui digitis lumina condat, erit?
　　Spiritus infelix peregrinas ibit in auras,
　　　nec positos artus unguet amica manus?
　　Ossa superstabunt volucres inhumata marinae?
　　　Haec sunt officiis digna sepulcra meis?
125　Ibis Cecropios portus patriaque receptus,
　　　cum steteris turbae celsus in ore tuae
　　et bene narraris letum taurique virique
　　　sectaque per dubias saxea tecta vias,
　　me quoque narrato sola tellure relictam!
130　　Non ego sum titulis subripienda tuis.
　　Nec pater est Aegeus, nec tu Pittheidos Aethrae
　　　filius; auctores saxa fretumque tui!
　　Di facerent, ut me summa de puppe videres;
　　　movisset vultus maesta figura tuos!
135　Nunc quoque non oculis, sed, qua potes, adspice mente
　　　haerentem scopulo, quem vaga pulsat aqua.
　　Adspice demissos lugentis more capillos

---

128. 'Winding ways cut through　　was the son of Pelops and father of
rock', i.e., the Labyrinth.　　　　Aethra, the mother of Theseus.
　131. **Pittheidos Aethrae:** Pittheus

et tunicas lacrimis sicut ab imbre gravis.
Corpus, ut impulsae segetes aquilonibus, horret,
140   litteraque articulo pressa tremente labat.
Non te per meritum, quoniam male cessit, adoro;
   debita sit facto gratia nulla meo.
Sed ne poena quidem! Si non ego causa salutis,
   non tamen est, cur sis tu mihi causa necis.
145 Has tibi plangendo lugubria pectora lassas
   infelix tendo trans freta longa manus;
hos tibi—qui superant—ostendo maesta capillos!
   Per lacrimas oro, quas tua facta movent—
flecte ratem, Theseu, versoque relabere vento!
150   Si prius occidero, tu tamen ossa feres!

TRISTIA

THE FINAL NIGHT IN ROME

Cum subit illius tristissima noctis imago,
    qua mihi supremum tempus in urbe fuit,
cum repeto noctem, qua tot mihi cara reliqui,
    labitur ex oculis nunc quoque gutta meis.
5   Iam prope lux aderat, qua me discedere Caesar
    finibus extremae iusserat Ausoniae.
Nec spatium nec mens fuerat satis apta parandi:
    torpuerant longa pectora nostra mora.
Non mihi servorum, comites non cura legendi,
10   non aptae profugo vestis opisve fuit.
Non aliter stupui, quam qui Iovis ignibus ictus
    vivit et est vitae nescius ipse suae.
Ut tamen hanc animi nubem dolor ipse removit,
    et tandem sensus convaluere mei,
15   adloquor extremum maestos abiturus amicos,
    qui modo de multis unus et alter erat.
Uxor amans flentem flens acrius ipsa tenebat
    imbre per indignas usque cadente genas.
Nata procul Libycis aberat diversa sub oris
20   nec poterat fati certior esse mei.
Quocumque adspiceres, luctus gemitusque sonabant,
    formaque non taciti funeris intus erat.
Femina virque meo, pueri quoque funere maerent,
    inque domo lacrimas angulus omnis habet.

---

6. Ausoniae: Ausonia was a poetical name for Italy.

15. extremum: adv., 'for the last time'.

19. nata: Ovid never mentions the name of his daughter in his verse, possibly for metrical reasons. She is thought to have been accompanying her husband Fidus Cornelius on an official mission to the Roman province of Africa.

20. nec poterat, etc.: i.e., it happened so suddenly that there was no time to inform her.

25   Si licet exemplis in parvis grandibus uti,
        haec facies Troiae, cum caperetur, erat.
     Iamque quiescebant voces hominumque canumque,
        lunaque nocturnos alta regebat equos.
     Hanc ego suspiciens et ad hanc Capitolia cernens,
30   quae nostro frustra iuncta fuere lari,
     "Numina vicinis habitantia sedibus," inquam,
        "iamque oculis numquam templa videnda meis,
     dique relinquendi, quos urbs habet alta Quirini,
        este salutati tempus in omne mihi!
35   Et quamquam sero clipeum post vulnera sumo,
        attamen hanc odiis exonerate fugam
     caelestique viro, quis me deceperit error,
        dicite, pro culpa ne scelus esse putet,
     ut, quod vos scitis, poenae quoque sentiat auctor.
40   Placato possum non miser esse deo."
     Hac prece adoravi superos ego, pluribus uxor,
        singultu medios impediente sonos.
     Illa etiam ante Lares passis adstrata capillis
        contigit exstinctos ore tremente focos,
45   multaque in adversos effudit verba Penates
        pro deplorato non valitura viro.
     Iamque morae spatium nox praecipitata negabat,
        versaque ab axe suo Parrhasis arctos erat.
     Quid facerem? Blando patriae retinebar amore,
50   ultima sed iussae nox erat illa fugae.
     A! Quotiens aliquo dixi properante, "Quid urgues?
        Vel quo festinas ire, vel unde, vide."
     A! Quotiens certam me sum mentitus habere
        horam, propositae quae foret apta viae.
55   Ter limen tetigi, ter sum revocatus, et ipse
        indulgens animo pes mihi tardus erat.

37. **caelesti viro:** 'to that man divine', i.e., Caesar Augustus.
40. **deo:** i.e., Augustus.
48. 'And the Parrhasian bear had turned on her axis'; the *Parrhasis arctos* is the constellation of the Great Bear, so-called from Mt. Parrhasius in Arcadia, the home of Callisto, who was transformed into a bear by Juno and then translated to the skies by Jupiter.

Saepe "Vale" dicto rursus sum multa locutus,
    et quasi discedens oscula summa dedi.
Saepe eadem mandata dedi meque ipse fefelli,
60   respiciens oculis pignora cara meis.
Denique, "Quid propero? Scythia est, quo mittimur," inquam,
    "Roma relinquenda est. Utraque iusta mora est.
Uxor in aeternum vivo mihi viva negatur,
    et domus et fidae dulcia membra domus,
65   quosque ego dilexi fraterno more sodales,
    o mihi Thesea pectora iuncta fide!
Dum licet, amplectar: numquam fortasse licebit
    amplius. In lucro est quae datur hora mihi."
Nec mora, sermonis verba imperfecta relinquo,
70   complectens animo proxima quaeque meo.
Dum loquor et flemus, caelo nitidissimus alto,
    stella gravis nobis, Lucifer ortus erat.
Dividor haud aliter, quam si mea membra relinquam,
    et pars abrumpi corpore visa suo est.
75   Sic doluit Mettus tunc, cum in contraria versos
    ultores habuit proditionis equos.
Tum vero exoritur clamor gemitusque meorum,
    et feriunt maestae pectora nuda manus.
Tum vero coniunx umeris abeuntis inhaerens
80   miscuit haec lacrimis tristia verba meis:
"Non potes avelli. Simul hinc, simul ibimus," inquit,
    "te sequar et coniunx exsulis exsul ero.
Et mihi facta via est, et me capit ultima tellus;
    accedam profugae sarcina parva rati.
85   Te iubet e patria discedere Caesaris ira,
    me pietas. Pietas haec mihi Caesar erit."

---

66. **Thesea fide:** the affection between Theseus, king of Athens, and Pirithous of Larissa was proverbial.

72. **stella gravis:** Lucifer, the morning star, was the herald of dawn—the time of Ovid's departure.

75. **Mettus:** Mettus Fufetius was the leader of the Albans, who treacherously violated a treaty with the Romans (in the time of Tullius Hostilius, the third king of Rome); fastened between two chariots that were then driven in opposite directions, he was torn apart.

83. **ultima tellus:** i.e., Tomis, the place of Ovid's exile.

Talia temptabat, sicut temptaverat ante,
  vixque dedit victas utilitate manus.
Egredior—sive illud erat sine funere ferri—
90 squalidus immissis hirta per ora comis.
Illa dolore amens tenebris narratur obortis
  semianimis media procubuisse domo,
utque resurrexit foedatis pulvere turpi
  crinibus et gelida membra levavit humo,
95 se modo, desertos modo complorasse Penates,
  nomen et erepti saepe vocasse viri,
nec gemuisse minus, quam si nataeque virique
  vidisset structos corpus habere rogos,
et voluisse mori, moriendo ponere sensus;
100 respectuque tamen non periisse mei.
Vivat, et absentem—quoniam sic fata tulerunt—
  vivat ut auxilio sublevet usque suo.

DEATH WOULD BE BETTER THAN EXILE

Ergo erat in fatis Scythiam quoque visere nostris,
  quaeque Lycaonio terra sub axe iacet.
Nec vos, Pierides, nec stirps Letoïa, vestro
  docta sacerdoti turba tulistis opem.
5 Nec mihi, quod lusi vero sine crimine, prodest,

88. **utilitate:** i.e., she would remain in Rome and try to secure his recall.

89. **sive . . . ferri:** i.e., it was like being carried to the realms of the dead without a burial.

91. **illa narratur:** 'they say that she', etc. The poet has departed, and knows this only from letters from his friends. **tenebris obortis:** abl. of cause with *semianimis* in 92; 'overcome by a cloud of darkness'.

98. **corpus:** obj. of *habere*, with *natae* and *viri* in 97; *structos rogos* is the subj.

101. **vivat:** optative subjunctive, a wish for the future; the *utinam*, usual in prose writing, is generally omitted in poetry.

2. **Lycaonio sub axe:** 'under the Lycaonian pole', i.e., in the north; Callisto, the daughter of Lycaon, was changed into a bear and became the constellation of Ursa Major; hence the adj. *Lycaonius*, 'northern'.

3. **Pierides:** 'daughters of Pierus', i.e., the Muses. **stirps Letoia:** 'offspring of Leto', i.e., Apollo, the patron god of poets.

　　　quodque magis vita Musa iocata mea est,
　　plurima sed pelago terraque pericula passum
　　　ustus ab adsiduo frigore Pontus habet.
　　Quique fugax rerum securaque in otia natus,
10　　mollis et impatiens ante laboris eram;
　　ultima nunc patior, nec me mare portubus orbum
　　　perdere, diversae nec potuere viae.
　　Suffecitque malis animus; nam corpus ab illo
　　　accepit vires vixque ferenda tulit.
15　Dum tamen et terris dubius iactabar et undis,
　　　fallebat curas aegraque corda labor;
　　ut via finita est et opus requievit eundi,
　　　et poenae tellus est mihi tacta meae,
　　nil nisi flere libet, nec nostro parcior imber
20　　lumine, de verna quam nive manat aqua.
　　Roma domusque subit desideriumque locorum,
　　　quicquid et amissa restat in urbe mei.
　　Ei mihi, quod totiens nostri pulsata sepulcri
　　　ianua, sed nullo tempore aperta fuit!
25　Cur ego tot gladios fugi totiensque minata
　　　obruit infelix nulla procella caput?
　　Di, quos experior nimium constanter iniquos,
　　　participes irae quos deus unus habet,
　　exstimulate, precor, cessantia fata meique
30　　interitus clausas esse vetate fores!

A DESCRIPTION OF TOMIS

　　Siquis adhuc istic meminit Nasonis adempti,
　　　et superest sine me nomen in urbe meum,

---

7. **passum:** obj. of *habet* in 8.
9. **fugax rerum:** 'avoiding mundane affairs'.
11. **mare portubus orbum:** 'a sea without harbors', i.e., the Black Sea.
13. **suffecit:** 'has proved equal to'.
illo: antecedent is *animus*.

14. **ferenda:** acc.
16. **labor:** i.e., the perils of his trip to Tomis.
26. **infelix caput:** acc.
28. **deus unus:** i.e., Augustus.
29. **cessantia fata:** 'the fate that lingers'.

suppositum stellis numquam tangentibus aequor
　　me sciat in media vivere barbaria.
5　Sauromatae cingunt, fera gens, Bessique Getaeque,
　　quam non ingenio nomina digna meo!
　Dum tamen aura tepet, medio defendimur Histro;
　　ille suis liquidus bella repellit aquis.
　At cum tristis hiems squalentia protulit ora,
10　terraque marmoreo est candida facta gelu,
　dum prohibet Boreas et nix habitare sub Arcto,
　　tum patet has gentes axe tremente premi.
　Nix iacet, et iactam ne sol pluviaeque resolvant,
　　indurat Boreas perpetuamque facit.
15　Ergo ubi delicuit nondum prior, altera venit,
　　et solet in multis bima manere locis;
　tantaque commoti vis est Aquilonis, ut altas
　　aequet humo turres tectaque rapta ferat.
　Pellibus et sutis arcent mala frigora bracis,
20　oraque de toto corpore sola patent.
　Saepe sonant moti glacie pendente capilli,
　　et nitet inducto candida barba gelu;
　nudaque consistunt, formam servantia testae,
　　vina, nec hausta meri, sed data frusta bibunt.
25　Quid loquor, ut vincti concrescant frigore rivi,
　　deque lacu fragiles effodiantur aquae?
　Ipse, papyrifero qui non angustior amne
　　miscetur vasto multa per ora freto,
　caeruleos ventis latices durantibus, Hister
30　congelat et tectis in mare serpit aquis.
　Quaque rates ierant, pedibus nunc itur, et undas

---

3. **stellis . . . aequor:** i.e., the constellation of the Great Bear, which, viewed from the latitude of Tomis, never sinks below the horizon.

7. **medio Histro:** 'by the interposing Hister'; this was the name given to the lower Danube.

11. **Arcto:** i.e., the Great Bear.

12. 'then it is clear that these people are hard-pressed under the shivering pole'.

15. **prior:** sc. *nix.*

23-24. **nuda vina:** i.e., with the container removed.

26. **fragiles:** 'brittle'.

28. **multa per ora:** the Hister, like the Nile, widened into many mouths at its outlet into the Black Sea.

frigore concretas ungula pulsat equi;
    perque novos pontes, subter labentibus undis,
        ducunt Sarmatici barbara plaustra boves.
35   Vix equidem credar, sed, cum sint praemia falsi
        nulla, ratam debet testis habere fidem:
vidimus ingentem glacie consistere pontum,
    lubricaque immotas testa premebat aquas.
Nec vidisse sat est; durum calcavimus aequor,
40   undaque non udo sub pede summa fuit.
Si tibi tale fretum quondam, Leandre, fuisset,
    non foret angustae mors tua crimen aquae.
Tum neque se pandi possunt delphines in auras
    tollere; conantes dura coercet hiems;
45   et quamvis Boreas iactatis insonet alis,
        fluctus in obsesso gurgite nullus erit;
inclusaeque gelu stabunt in marmore puppes,
    nec poterit rigidas findere remus aquas.
Vidimus in glacie pisces haerere ligatos,
50   sed pars ex illis tum quoque viva fuit.
Sive igitur nimii Boreae vis saeva marinas,
    sive redundatas flumine cogit aquas,
protinus aequato siccis Aquilonibus Histro
    invehitur celeri barbarus hostis equo—
55   hostis equo pollens longeque volante sagittā—
    vicinam late depopulatur humum.
Diffugiunt alii, nullisque tuentibus agros
    incustoditae diripiuntur opes,
ruris opes parvae, pecus et stridentia plaustra,
60   et quas divitias incola pauper habet.
Pars agitur vinctis post tergum capta lacertis,
    respiciens frustra rura Laremque suum;
pars cadit hamatis miserē confixa sagittis,

41. **Leandre:** voc.; Leander was a youth of Abydos who used to swim the Hellespont nightly to meet Hero, the beautiful priestess of Aphrodite at Sestos on the opposite shore. When Leander was drowned one stormy night, in despair Hero threw herself into the sea. This is the crossing that Lord Byron swam in 1810.

59. **stridentia:** 'creaking'.

nam volucri ferro tinctile virus inest.
65 Quae nequeunt secum ferre aut abducere, perdunt,
    et cremat insontes hostica flamma casas.
Tunc quoque, cum pax est, trepidant formidine belli,
    nec quisquam presso vomere sulcat humum.
Aut videt aut metuit locus hic, quem non videt, hostem.
70   Cessat iners rigido terra relicta situ;
non hic pampinea dulcis latet uva sub umbra,
    nec cumulant altos fervida musta lacus.
Poma negat regio, nec haberet Acontius in quo
    scriberet hic dominae verba legenda suae.
75 Adspiceres nudos sine fronde, sine arbore, campos—
    heu loca felici non adeunda viro!
Ergo tam late pateat cum maximus orbis,
    haec est in poenam terra reperta meam!

OVID'S AUTOBIOGRAPHY

Ille ego qui fuerim, tenerorum lusor amorum,
    quem legis, ut noris, accipe posteritas.
Sulmo mihi patria est, gelidis uberrimus undis,
    milia qui novies distat ab urbe decem.
5 Editus hic ego sum, nec non, ut tempora noris,
    cum cecidit fato consul uterque pari.
Si quid id est, usque a proavis vetus ordinis heres

---

65. **quae:** acc.

70. **situ:** 'neglect'.

73. **poma:** acc. Acontius was a handsome youth of Ceos who fell in love with Cydippe, the daughter of a noble Athenian. While she was sacrificing to Diana he threw before her an apple on which he had written "I swear by the temple of Diana to marry Acontius." The story is related by Ovid in *Heroides* 20 and 21.

2. **posteritas:** voc.

3. **Sulmo:** a village of central Italy, east of Rome.

4. **milia novies decem:** 90,000 *passuum,* or about eighty miles; the Roman *mille passuum* was equal to 4850 feet.

6. 'when both consuls fell to the same fate'; the year was 43 B.C., when the consuls Hirtius and Pansa defeated Antony at Mutina. Hirtius was killed in battle, and Pansa died soon after from wounds suffered in the fighting.

7. **si quid id est:** 'if this (i.e. rank) counts for anything'. **vetus ordinis heres:** 'heir of an equestrian family of long standing'.

non modo fortunae munere factus eques.
Nec stirps prima fui; genito sum fratre creatus,
10   qui tribus ante quater mensibus ortus erat.
Lucifer amborum natalibus adfuit idem:
una celebrata est per duo liba dies—
haec est armiferae festis de quinque Minervae,
quae fieri pugnā prima cruenta solet.
15   Protinus excolimur teneri curaque parentis
imus ad insignes urbis ab arte viros.
Frater ad eloquium viridi tendebat ab aevo,
fortia verbosi natus ad arma fori.
At mihi iam puero caelestia sacra placebant,
20   inque suum furtim Musa trahebat opus.
Saepe pater dixit "Studium quid inutile temptas?
Maeonides nullas ipse reliquit opes."
Motus eram dictis, totoque Helicone relicto
scribere temptabam verba soluta modis.
25   Sponte sua carmen numeros veniebat ad aptos,
et quod temptabam scribere versus erat.
Interea tacito passu labentibus annis
liberior fratri sumpta mihique toga est,
induiturque umeris cum lato purpura clavo,
30   et studium nobis, quod fuit ante, manet.
Iamque decem vitae frater geminaverat annos,
cum perit, et coepi parte carere mei.
Cepimus et tenerae primos aetatis honores,

---

12. **per duo liba:** 'by our offering of two cakes'; it was customary to offer a cake (*libum*) to the gods on one's birthday.

13-14. 'this day is one of the five sacred to armor-bearing Minerva, the first of those that become bloody from combat'. This is the festival of Quinquatrus, celebrated in honor of Minerva and held each year from March 19-23; on the final four days armed combats were held. Ovid was born, then, on March 20, 43 B.C.

22. **Maeonides:** 'a descendant of Maeonia'; a poetical designation for Homer. Maeonia was a district of Lydia, which was thought by some to be the birthplace of the poet.

23. **Helicone:** Helicon was a mountain in Boeotia sacred to the Muses.

28. **liberior toga:** Roman youths, upon reaching manhood, assumed the *toga virilis*, abandoning the *toga praetexta* of freeborn youth.

eque viris quondam pars tribus una fui.
35 Curia restabat: clavi mensura coacta est;
     maius erat nostris viribus illud onus.
  Nec patiens corpus, nec mens fuit apta labori,
     sollicataeque fugax ambitionis eram,
  et petere Aoniae suadebant tuta sorores
40   otia, iudicio semper amata meo.
  Temporis illius colui fovique poetas,
     quotque aderant vates, rebar adesse deos.
  Saepe suas volucres legit mihi grandior aevo,
     quaeque nocet serpens, quae iuvat herba, Macer.
45 Saepe suos solitus recitare Propertius ignes,
     iure sodalicii, quo mihi iunctus erat.
  Ponticus heroo, Bassus quoque clarus iambis
     dulcia convictus membra fuere mei.
  Et tenuit nostras numerosus Horatius aures,
50   dum ferit Ausonia carmina culta lyra.
  Vergilium vidi tantum: nec avara Tibullo
     tempus amicitiae fata dedere meae.
  Successor fuit hic tibi, Galle, Propertius illi;
     quartus ab his serie temporis ipse fui.
55 Utque ego maiores, sic me coluere minores,
     notaque non tarde facta Thalia mea est.
  Carmina cum primum populo iuvenalia legi,
     barba resecta mihi bisve semelve fuit.

34. **viris tribus:** the Board of Three Men, minor officials of Rome.

35. **clavi . . . est:** i.e., he refused the opportunity to rise to the senatorial order and chose to remain a knight, keeping the narrower stripe of the equestrian order on his toga. Many men found the senatorial career too expensive and difficult and preferred to be *equites*.

44. **Macer:** Aemilius Macer, a poet and friend of Ovid; a few lines of his didactic works on birds, snakes, and herbs remain.

47. **heroo:** dat. of *herous*, 'heroic verse'.

49. **numerosus:** 'of many meters'.

51. **tantum:** 'only'. **avara:** with *fata* in 52, subj. of *dedere* in 52. Tibullus and Vergil both died in 19 B.C.

53. **hic:** Tibullus. **illi:** Gallus, who died in 26 B.C. Propertius died sometime after 16 B.C. Of the works of Gallus, only part of one line survives (unless he wrote the *Ciris*, usually attributed to Vergil).

56. **Thalia:** the Muse of lyric poetry.

Moverat ingenium totam cantata per urbem
60   nomine non vero dicta Corinna mihi.
Multa quidem scripsi, sed, quae vitiosa putavi,
      emendaturis ignibus ipse dedi.
Tunc quoque, cum fugerem, quaedam placitura cremavi,
      iratus studio carminibusque meis.
65   Molle Cupidineis nec inexpugnabile telis
      cor mihi, quodque levis causa moveret, erat.
Cum tamen hic essem minimoque accenderer igni,
      nomine sub nostro fabula nulla fuit.
Paene mihi puero nec digna nec utilis uxor
70   est data, quae tempus per breve nupta fuit.
Illi successit, quamvis sine crimine coniunx,
      non tamen in nostro firma futura toro.
Ultima, quae mecum seros permansit in annos,
      sustinuit coniunx exsulis esse viri.
75   Filia me mea bis prima fecunda iuventā,
      sed non ex uno coniuge, fecit avum.
Et iam complerat genitor sua fata novemque
      addiderat lustris altera lustra novem.
Non aliter flevi, quam me fleturus ademptum
80   ille fuit. Matri proxima busta tuli.
Felices ambo tempestiveque sepulti,
      ante diem poenae quod periere meae.
Me quoque felicem, quod non viventibus illis
      sum miser, et de me quod doluere nihil.
85   Si tamen exstinctis aliquid nisi nomina restat,
      et gracilis structos effugit umbra rogos,
fama, parentales, si vos mea contigit, umbrae,
      et sunt in Stygio crimina nostra foro,
scite, precor, causam—nec vos mihi fallere fas est—

---

60. **Corinna:** Ovid's beloved in the *Amores*.

63. **quaedam placitura:** acc.; 'likely to please'.

68. **fabula:** 'scandal'.

72. 'not, however, destined to remain wedded to me'.

75. **me:** with *avum* in 76.

78. **lustris:** a *lustrum* was a period of five years.

83. **me felicem:** acc. of exclamation.

85. **exstinctis:** dat.

90   errorem iussae, non scelus, esse fugae.
        Manibus hoc satis est. Ad vos, studiosa, revertor,
          pectora, quae vitae quaeritis acta meae.
        Iam mihi canities pulsis melioribus annis
          venerat, antiquas miscueratque comas,
95   postque meos ortūs Pisaea vinctus oliva
          abstulerat deciens praemia victor eques,
        cum maris Euxini positos ad laeva Tomitas
          quaerere me laesi principis ira iubet.
        Causa meae cunctis nimium quoque nota ruinae
100   indicio non est testificanda meo.
        Quid referam comitumque nefas famulosque nocentes?
          Ipsā multa tuli non leviora fugā.
        Indignata malis mens est succumbere seque
          praestitit invictam viribus usa suis;
105   oblitusque mei ductaeque per otia vitae
          insolita cepi temporis arma manu;
        totque tuli terra casus pelagoque quot inter
          occultum stellae conspicuumque polum.
        Tacta mihi tandem longis erroribus acto
110   iuncta pharetratis Sarmatis ora Getis.
        Hic ego, finitimis quamvis circumsoner armis,
          tristia, quo possum, carmine fata levo.
        Quod quamvis nemo est, cuius referatur ad aures,
          sic tamen absumo decipioque diem.
115   Ergo quod vivo durisque laboribus obsto,
          nec me sollicitae taedia lucis habent,
        gratia, Musa, tibi: nam tu solacia praebes,

95. **Pisaea vinctus oliva:** 'wreathed with the Pisean olive', the *victor* of 96; the Olympic games were held every four years in the district of Pisa. Ovid was exiled in A.D. 8.

97. **Tomitas:** acc. pl., from *Tomitae,* masc., 'inhabitants of Tomis'.

99. **cunctis:** dat. **nimium:** with *nota.*

103. **indignata:** 'disdained'. **se:** subj. of *invictam* (*esse*) in 104.

108. **occultum   conspicuumque polum:** 'the hidden and the visible pole', i.e., all the stars of the northern and southern hemispheres.

109. **tacta:** with *ora* in 110. **mihi:** dat. of agent, with *acto.*

110. **Sarmatis:** adj., nom. sing. The Getae were renowned for their prowess with the bow.

116. **habent:** 'overwhelm'.

tu curae requies, tu medicina venis.
Tu dux et comes es, tu nos abducis ab Histro,
120   in medioque mihi das Helicone locum;
tu mihi—quod rarum est—vivo sublime dedisti
nomen, ab exsequiis quod dare fama solet.
Nec, qui detractat praesentia, Livor iniquo
ullum de nostris dente momordit opus.
125 Nam tulerint magnos cum saecula nostra poetas,
non fuit ingenio fama maligna meo,
cumque ego praeponam multos mihi, non minor illis
dicor et in toto plurimus orbe legor.
Si quid habent igitur vatum praesagia veri,
130   protinus ut moriar, non ero, terra, tuus.
Sive favore tuli, sive hanc ego carmine famam,
iure tibi grates, candide lector, ago.

126. **maligna:** 'grudging'.

EPISTULAE EX PONTO

TO HIS WIFE

> Iam mihi deterior canis adspergitur aetas,
>   iamque meos vultus ruga senilis arat;
> iam vigor et quasso languent in corpore vires,
>   nec, iuveni lusus qui placuere, iuvant.
> 5 Nec, si me subito videas, agnoscere possis,
>   aetatis facta est tanta ruina meae.
> Confiteor facere hoc annos, sed et altera causa est,
>   anxietas animi continuusque labor.
> Nam mea per longos si quis mala digerat annos,
> 10   crede mihi, Pylio Nestore maior ero.
> Cernis ut in duris—et quid bove firmius?—arvis
>   fortia taurorum corpora frangat opus.
> Quae numquam vacuo solita est cessare novali,
>   fructibus adsiduis lassa senescit humus.
> 15 Occidet, ad Circi si quis certamina semper
>   non intermissis cursibus ibit equus.
> Firma sit illa licet, solvetur in aequore navis,
>   quae numquam liquidis sicca carebit aquis.
> Me quoque debilitat series immensa malorum,
> 20   ante meum tempus cogit et esse senem.
> Otia corpus alunt, animus quoque pascitur illis;
>   immodicus contra carpit utrumque labor.
> Adspice, in has partis quod venerit Aesone natus,
>   quam laudem a sera posteritate ferat.
> 25 At labor illius nostro leviorque minorque est,
>   si modo non verum nomina magna premunt.

10. **Pylio Nestore**: Nestor, king of Pylos, was the oldest of the Greek heroes in the *Iliad*.
13. **quae**: antecedent is *humus* in 14; 'which is never accustomed to lie fallow'.
23. **Aesone**: abl.; Aeson was the father of Jason.

171

Ille est in Pontum Pelia mittente profectus
 qui vix Thessaliae fine timendus erat.
Caesaris ira mihi nocuit, quem solis ab ortu
30 solis ad occasus utraque terra tremit.
Iunctior Haemonia est Ponto, quam Roma, sinistro,
 et brevius, quam nos, ille peregit iter.
Ille habuit comites primos telluris Achivae:
 at nostram cuncti destituere fugam.
35 Nos fragili ligno vastum sulcavimus aequor:
 quae tulit Aesoniden, densa carina fuit.
Nec mihi Tiphys erat rector, nec Agenore natus
 quas fugerem docuit quas sequererque vias.
Illum tutata est cum Pallade regia Iuno:
40 defendere meum numina nulla caput.
Illum furtivae iuvere Cupidinis artes;
 quas a me vellem non didicisset Amor.
Ille domum rediit: nos his moriemur in arvis,
 perstiterit laesi si gravis ira dei.
45 Durius est igitur nostrum, fidissima coniunx,
 illo, quod subiit Aesone natus, opus.
Te quoque, quam iuvenem discedens urbe reliqui,
 credibile est nostris insenuisse malis.
O, ego di faciant talem te cernere possim,
50 caraque mutatis oscula ferre comis,
amplectique meis corpus non pingue lacertis,
 et "Gracile hoc fecit" dicere "cura mei,"
et narrare meos flenti flens ipse labores,
 sperato numquam colloquioque frui,
55 turaque Caesaribus cum coniuge Caesare digna,
 dis veris, memori debita ferre manu.

---

27. **Pelia:** abl.; Pelias was Jason's uncle who sent him on the quest for the Golden Fleece to the far shores of the Pontus.

28. Ovid implies that Jason was of little account until his famous journey with the Argonauts.

31. **Haemonia:** poetical name for Thessaly, where Jason began his quest.

37. **Tiphys:** the pilot of the *Argo*. **Agenore natus:** i.e., Phineus, who pointed out to Jason the perils of the journey.

44. **dei:** i.e., Augustus.

48. **nostris malis:** abl. of cause.

Memnonis hanc utinam lenito principe mater
quam primum roseo provocet ore diem.

TO FLACCUS

Naso suo profugus mittit tibi, Flacce, salutem,
    mittere rem si quis, qua caret ipse, potest.
Longus enim curis vitiatum corpus amaris
    non patitur vires languor habere suas.
5   Nec dolor ullus adest, nec febribus uror anhelis,
    et peragit soliti vena tenoris iter.
Os hebes est positaeque movent fastidia mensae,
    et queror, invisi cum venit hora cibi.
Quod mare, quod tellus, appone quod educat aër,
10   nil ibi, quod nobis esuriatur, erit.
Nectar et ambrosiam, latices epulasque deorum,
    det mihi formosa nava Iuventa manu,
non tamen exacuet torpens sapor ille palatum,
    stabit et in stomacho pondus inerte diu.
15   Haec ego non ausim, cum sint verissima, cuivis
    scribere, delicias ne mala nostra vocet.
Scilicet is status est, ea rerum forma mearum,
    deliciis etiam possit ut esse locus!
Delicias illi precor has contingere, si quis
20   ne mihi sit levior Caesaris ira timet!
Is quoque, qui gracili cibus est in corpore, somnus,
    non alit officio corpus inane suo.
Sed vigilo vigilantque mei sine fine dolores,
    quorum materiam dat locus ipse mihi.
25   Vix igitur possis visos agnoscere vultus,
    quōque ierit quaeras qui fuit ante color.
Parvus in exiles sucus mihi pervenit artus,
    membraque sunt cera pallidiora nova.

---

57. **Memnonis mater:** Aurora.
1. The Flaccus here addressed is
L. Pomponius Flaccus, one of the
consuls in A.D. 17.

7. **os:** 'taste'. **movent fastidia:**
'cause distaste'.
16. **delicias:** 'fastidiousness'.

Non haec immodico contraxi damna Lyaeo—
30   scis mihi quam solae paene bibantur aquae—
non epulis oneror, quarum si tangar amore,
    est tamen in Geticis copia nulla locis.
Nec vires adimit Veneris damnosa voluptas:
    non solet in maestos illa venire toros.
35 Unda locusque nocent et causa valentior istis,
    anxietas animi, quae mihi semper adest.
Haec nisi tu pariter simili cum fratre levares,
    vix mens tristitiae nostra tulisset onus.
Vos estis fracto tellus non dura phaselo,
40   quamque negant multi, vos mihi fertis opem.
Ferte, precor, semper, quia semper egebimus illa,
    Caesaris offensum dum mihi numen erit.
Qui meritam nobis minuat, non finiat, iram,
    suppliciter vestros quisque rogate deos.

TO MAXIMUS

Si vacat exiguum profugo dare tempus amico,
    o sidus Fabiae, Maxime, gentis, ades,
dum tibi quae vidi refero, seu corporis umbra
    seu veri species seu fuit ille sopor.
5   Nox erat et bifores intrabat luna fenestras,
    mense fere medio quanta nitere solet.
Publica me requies curarum somnus habebat,
    fusaque erant toto languida membra toro,
cum subito pinnis agitatus inhorruit aër,
10   et gemuit parvo mota fenestra sono.
Territus in cubitum relevo mea membra sinistrum,
    pulsus et e trepido pectore somnus abit.

29. **Lyaeo:** Lyaeus was an epithet of Bacchus.
37. **fratre:** Flaccus' brother was P. Pomponius Graecinus, consul in A.D. 16.

2. The Maximus addressed is Paulus Fabius Maximus, an intimate friend of the emperor, and consul in A.D. 11.
7. **publica:** 'common'.

Stabat Amor, vultu non quo prius esse solebat,
    fulcra tenens laeva tristis acerna manu,
15 nec torquem collo, nec habens crinale capillo,
    nec bene dispositas comptus, ut ante, comas.
Horrida pendebant molles super ora capilli,
    et visa est oculis horrida pinna meis,
qualis in aëriae tergo solet esse columbae,
20   tractatam multae quam tetigere manus.
Hunc simul agnovi, neque enim mihi notior alter,
    talibus adfata est libera lingua sonis:
"O puer, exsilii decepto causa magistro,
    quem fuit utilius non docuisse mihi,
25 huc quoque venisti, pax est ubi tempore nullo,
    et coit adstrictis barbarus Hister aquis?
Quae tibi causa viae, nisi uti mala nostra videres?
    Quae sunt, si nescis, invidiosa tibi.
Tu mihi dictasti iuvenalia carmina primus;
30   apposui senis te duce quinque pedes.
Nec me Maeonio consurgere carmine nec me
    dicere magnorum passus es acta ducum.
Forsitan exiguas, aliquas tamen, arcus et ignes
    ingenii vires comminuere mei.
35 Namque ego dum canto tua regna tuaeque parentis,
    in nullum mea mens grande vacavit opus.
Nec satis hoc fuerat. Stulto quoque carmine feci,
    Artibus ut posses non rudis esse meis.
Pro quibus exsilium misero est mihi reddita merces,
40   id quoque in extremis et sine pace locis.
At non Chionides Eumolpus in Orphea talis,

---

15. **torquem:** 'necklace'. **crinale:** lit., 'for the hair', i.e., ornament.

19. **aeriae:** 'soaring'.

28. **sunt invidiosa tibi:** 'bring reproach to you', i.e., the *mala* of 27.

30. 'with you leading me, I placed five feet after six'; i.e., he wrote in elegaic couplets.

31. **Maeonio carmine:** i.e., epic

poetry; cf. note on *Tristia* IV, 10, 22.

37. **stulto,** etc.: 'by a foolish poem and by my "Art"' (i.e., the *Ars Amat.*) I made you experienced'.

41. **Chionides Eumolpus:** Eumolpus of Chios, to whom Orpheus taught the rites of the Eleusinian mysteries.

in Phryga nec satyrum talis Olympus erat,
praemia nec Chiron ab Achille talia cepit,
    Pythagoraeque ferunt non nocuisse Numam.
45 Nomina neu referam longum collecta per aevum,
    discipulo perii solus ab ipse meo.
    Dum damus arma tibi, dum te, lascive, docemus,
    haec te discipulo dona magister habet.
    Scis tamen, et liquido iuratus dicere possis,
50   non me legitimos sollicitasse toros.
    Scripsimus haec illis, quarum nec vitta pudicos
    contingit crines nec stola longa pedes.
    Dic, precor, ecquando didicisti fallere nuptas,
    et facere incertum per mea iussa genus?
55 An sit ab his omnis rigide summota libellis,
    quam lex furtivos arcet habere viros?
    Quid tamen hoc prodest, vetiti si lege severā
    credor adulterii composuisse notas?
    At tu, sic habeas ferientes cuncta sagittas,
60   sic numquam rapido lampades igne vacent,
    sic regat imperium terrasque coerceat omnis
    Caesar, ab Aenea est qui tibi fratre tuus,
    effice, sit nobis non implacabilis ira,
        meque loco plecti commodiore velit."
65 Haec ego visus eram puero dixisse volucri,
        hos visus nobis ille dedisse sonos:
    "Per mea tela, faces, et per mea tela, sagittas,
        per matrem iuro Caesareumque caput,
    nil nisi concessum nos te didicisse magistro,

42. **Phryga   satyrum:**   Marsyas,
who instructed Olympus in the art
of playing the pipes.
43. **Chiron:** a fabulous centaur,
tutor to Hercules, Achilles, Jason,
and others.
44. **Numam:** Numa, the legendary
second king of Rome, despite chro-
nology, is said to have been in-
structed by Pythagoras.

49. **liquido:** adv., 'plainly'.
51. **illis,** etc.: i.e., for unchaste
women.
54. **incertum genus:** i.e., illegiti-
mate children.
55. **omnis:** sc. *mulier*.
58. **notas:** 'instructions', i.e., the
'Artibus' of 38.
64. **plecti:** 'to be punished'.
69. **concessum:** 'what is lawful'.

70   Artibus et nullum crimen inesse tuis.
   Utque hoc, sic utinam defendere cetera possem!
     Scis aliud, quod te laeserit, esse, magis.
   Quicquid id est—neque enim debet dolor ipse referri,
     nec potes a culpa dicere abesse tua—
75   tu licet erroris sub imagine crimen obumbres,
     non gravior merito iudicis ira fuit.
   Ut tamen adspicerem consolarerque iacentem,
     lapsa per immensas est mea pinna vias.
   Haec loca tum primum vidi, cum matre rogante
80   Phasias est telis fixa puella meis.
   Quae cur nunc iterum post saecula longa revisam,
     tu facis, o castris miles amice meis.
   Pone metus igitur: mitescet Caesaris ira,
     et veniet votis mollior hora tuis.
85   Neve moram timeas, tempus, quod quaerimus, instat,
     cunctaque laetitiae plena triumphus habet.
   Dum domus et nati, dum mater Livia gaudet,
     dum gaudes, patriae magne ducisque pater,
   dum sibi gratatur populus, totamque per urbem
90   omnis odoratis ignibus ara calet,
   dum faciles aditus praebet venerabile templum,
     sperandum est nostras posse valere preces."
   Dixit, et aut ille est tenues dilapsus in auras,
     coeperunt sensus aut vigilare mei.
95   Si dubitem, faveas quin his, o Maxime, dictis,
     Memnonio cycnos esse colore putem.
   Sed neque mutatur nigra pice lacteus umor,
     nec, quod erat candens, fit terebinthus ebur.
   Conveniens animo genus est tibi, nobile namque
100   pectus et Herculeae simplicitatis habes.

---

75. **erroris sub imagine:** 'under the word "error"'.
77. **iacentem:** 'downcast'.
80. **Phasias puella:** i.e., Medea.
88. **magne ducis pater:** i.e., Augustus, stepfather of Tiberius.
96. **Memnonio colore:** 'black'; Memnon was a king of Ethiopia.
98. **terebinthus:** a tree of the sumac family.

Livor, iners vitium, mores non exit in altos,
  utque latens imā vipera serpit humo.
Mens tua sublimis supra genus eminet ipsum,
  grandius ingenio nec tibi nomen inest.
105 Ergo alii noceant miseris optentque timeri,
  tinctaque mordaci spicula felle gerant;
at tua supplicibus domus est adsueta iuvandis,
  in quorum numero me, precor, esse velis.

---

101. exit: 'enter'; an unusual   text demands such a meaning.
meaning for this word, but the con-

AMORES

ADVICE TO HIS MISTRESS

Vir tuus est epulas nobis aditurus easdem—
    ultima coena tuo sit, precor, illa viro!
Ergo ego dilectam tantum conviva puellam
    adspiciam? Tangi quem iuvet, alter erit,
5   alteriusque sinus apte subiecta fovebis?
    Iniciet collo, cum volet, ille manum?
Desine mirari, posito quod candida vino
    Atracis ambiguos traxit in arma viros.
Nec mihi silva domus, nec equo mea membra cohaerent—
10   vix a te videor posse tenere manus.
Quae tibi sint facienda tamen cognosce, nec Euris
    da mea nec tepidis verba ferenda Notis.
Ante veni, quam vir—nec quid, si veneris ante,
    possit agi video; sed tamen ante veni!
15   Cum premet ille torum, vultu comes ipsa modesto
    ibis, ut accumbas—clam mihi tange pedem.
Me specta nutusque meos vultumque loquacem;
    excipe furtivas et refer ipsa notas.
Verba superciliis sine voce loquentia dicam;
20   verba leges digitis, verba notata mero.
Cum tibi succurret Veneris lascivia nostrae,
    purpureas tenero pollice tange genas.
Si quid erit, de me tacita quod mente queraris,
    pendeat extrema mollis ab aure manus.
25   Cum tibi, quae faciam, mea lux, dicamve, placebunt,
    versetur digitis anulus usque tuis.

---

8. **Atracis:** the daughter of Atrax, i.e., Hippodamia; at her wedding to Pirithous, the centaurs who had been invited tried to carry her off, but were themselves driven away by the Lapiths, the race of people to which Pirithous belonged.

Tange manu mensam, tangunt quo more precantes,
  optabis merito cum mala multa viro.
Quod tibi miscuerit, sapias, bibat ipse, iubeto;
30   tu puerum leviter posce, quod ipsa voles.
Quae tu reddideris ego primus pocula sumam,
  et, qua tu biberis, hac ego parte bibam.
Si tibi forte dabit, quod praegustaverit ipse,
  reice libatos illius ore cibos.
35 Nec premat impositis sinito tua colla lacertis,
  mite nec in rigido pectore pone caput;
nec sinus admittat digitos habilesve papillae;
  oscula praecipue nulla dedisse velis.
Oscula si dederis, fiam manifestus amator
40   et dicam "Mea sunt!" iniciamque manum.
Haec tamen adspiciam, sed quae bene pallia celant,
  illa mihi caeci causa timoris erunt.
Nec femori committe femur nec crure cohaere
  nec tenerum duro cum pede iunge pedem.
45 Multa miser timeo, quia feci multa proterve,
  exemplique metu torqueor, ecce, mei.
Saepe mihi dominaeque meae properata voluptas
  veste sub iniecta dulce peregit opus.
Hoc tu non facies; sed, ne fecisse puteris,
50   conscia de tergo pallia deme tuo.
Vir bibat usque roga—precibus tamen oscula desint!—
  dumque bibit, furtim si potes, adde merum.
Si bene compositus somno vinoque iacebit,
  consilium nobis resque locusque dabunt.
55 Cum surges abitura domum, surgemus et omnes,
  in medium turbae fac memor agmen eas.
Agmine me invenies aut invenieris in illo.
  Quidquid ibi poteris tangere, tange mei.
Me miserum! Monui, paucas quod prosit in horas;
60   separor a domina nocte iubente mea.
Nocte vir includet, lacrimis ego maestus obortis,

---

56. fac memor: 'be mindful'. agmen: i.e., 'part'.

qua licet, ad saevas prosequar usque fores.
Oscula iam sumet, iam non tantum oscula sumet;
    quod mihi das furtim, iure coacta dabis.
65 Verum invita dato—potes hoc—similisque coactae;
    blanditiae taceant, sitque maligna Venus.
Si mea vota valent, illum quoque ne iuvet, opto;
    si minus, at certe te iuvet inde nihil.
Sed quaecumque tamen noctem fortuna sequetur,
70   cras mihi constanti voce dedisse nega!

ADVICE TO HIS MISTRESS'S SLAVE

Quem penes est dominam servandi cura, Bagoë,
    dum perago tecum pauca, sed apta, vaca.
Hesterna vidi spatiantem luce puellam
    illa, quae Danaë porticus agmen habet.
5   Protinus, ut placuit, misi scriptoque rogavi.
    Rescripsit trepida "Non licet!" illa manu;
et, cur non liceat, quaerenti reddita causa est,
    quod nimium dominae cura molesta tua est.
Si sapis, o custos, odium, mihi crede, mereri
10   desine; quem metuit quisque, perisse cupit.
Vir quoque non sapiens; quid enim servare laboret,
    unde nihil, quamvis non tueare, perit?
Sed gerat ille suo morem furiosus amori
    et castum, multis quod placet, esse putet.
15 Huic furtiva tuo libertas munere detur,

67. iuvet: subj. is *Venus* in 66.
1. penes: prep. with acc., 'in the power of'; trans. 'Bagoas, you whose concern it is to watch over your mistress, . . .'
2. vaca: 'listen'.
4. quae . . . habet: 'the portico which has the band of Danaus', i.e., the portico where there was a sculptured group of the fifty daughters of Danaus as they were about to kill their husbands. It was their father who compelled them to do this deed on their wedding-night, for the husbands (the fifty sons of Aegyptos, Danaus' twin brother) were conspiring to overthrow him. Cf. note on *Ars Amat.*, Book I, 74.
13. 'But let him go his way, full of passion for his own wife'.

quam dederis illi, reddat ut illa tibi.
Conscius esse velis—domina est obnoxia servo;
   conscius esse times—dissimulare licet.
Scripta leget secum—matrem misisse putato!
20   Venerit ignotus—postmodo notus erit.
Ibit ad adfectam, quae non languebit, amicam;
   visat. Iudiciis aegra sit illa tuis.
Si faciet tarde, ne te mora longa fatiget,
   imposita gremio stertere fronte potes.
25   Nec tu, linigeram fieri quid possit ad Isim,
   quaesieris nec tu curva theatra time.
Conscius adsiduos commissi tollet honores—
   quis minor est autem quam tacuisse labor?
Ille placet versatque domum neque verbera sentit;
30   ille potens—alii, sordida turba, iacent.
Huic, verae ut lateant causae, finguntur inanes;
   atque ambo domini, quod probat una, probant.
Cum bene vir traxit vultum rugasque coegit,
   quod voluit fieri blanda puella, facit.
35   Sed tamen interdum tecum quoque iurgia nectat,
   et simulet lacrimas carnificemque vocet.
Tu contra obicies, quae tuto diluat illa;
   in verum falso crimine deme fidem.
Sic tibi semper honos, sic alta peculia crescent.
40   Haec fac: in exiguo tempore liber eris.
Adspicis indicibus nexas per colla catenas?
   Squalidus orba fide pectora carcer habet.
Quaerit aquas in aquis et poma fugacia captat
   Tantalus—hoc illi garrula lingua dedit.

---

17. **obnoxia:** 'obligated'.
25. **linigeram Isim:** the temple of Isis, an Egyptian divinity, a favorite meeting place for lovers in Rome.
29. **ille:** i.e., the *conscius*. **versat domum:** 'runs the household'.
32. **ambo domini:** i.e., the husband and the wife.
33. **traxit vultum:** 'has gathered his face in a scowl'.

35. **iurgia nectat:** 'let her find fault'.
37. **quae diluat illa:** 'things that she can explain away'.
41. **indicibus:** dat., 'those who reveal secrets'.
44. **Tantalus:** he was punished for revealing the secrets of the gods.

45 Dum nimium servat custos Iunonius Ion,
   ante suos annos occidit; illa dea est.
 Vidi ego compedibus liventia crura gerentem,
   unde vir incestum scire coactus erat.
 Poena minor merito. Nocuit mala lingua duobus;
50   vir doluit, famae damna puella tulit.
 Crede mihi, nulli sunt crimina grata marito,
   nec quemquam, quamvis audiat, illa iuvant.
 Seu tepet, indicium securas prodis ad aures;
   sive amat, officio fit miser ille tuo.
55 Culpa nec ex facili quamvis manifesta probatur;
   iudicis illa sui tuta favore venit.
 Viderit ipse licet, credet tamen ille neganti
   damnabitque oculos et sibi verba dabit.
 Adspiciat dominae lacrimas, plorabit et ipse,
60   et dicet: "Poenas garrulus iste dabit!"
 Quid dispar certamen inis? Tibi verbera victo
   adsunt; in gremio iudicis illa sedet.
 Non scelus aggredimur, non ad miscenda coimus
   toxica, non stricto fulminat ense manus.
65 Quaerimus, ut tuto per te possimus amare.
   Quid precibus nostris mollius esse potest?

ADVICE TO HIS MISTRESS'S HUSBAND

 Si tibi non opus est servata, stulte, puella,
   at mihi fac serves, quo magis ipse velim!
 Quod licet, ingratum est; quod non licet acrius urit.
   Ferreus est, si quis, quod sinit alter, amat.
5 Speremus pariter, pariter metuamus amantes
   et faciat voto rara repulsa locum.

---

45. custos Iunonius: Argus, the watchman put over Io by Juno and killed by Mercury. See *Metam.*, Book I, 588*ff*.
53. securas: not 'secure' but 'not caring'.

1. stulte: the poem is addressed to the husband of Corinna, Ovid's mistress, adjuring him to keep a closer watch over her.

Quo mihi fortunam, quae numquam fallere curet?
   Nil ego, quod nullo tempore laedat, amo!
Viderat hoc in me vitium versuta Corinna,
10   quaque capi possem, callida norat opem.
A, quotiens sani capitis mentita dolores
   cunctantem tardo iussit abire pede!
A, quotiens finxit culpam, quantumque licebat
   insonti, speciem praebuit esse nocens!
15 Sic ubi vexarat tepidosque refoverat ignis,
   rursus erat votis comis et apta meis.
Quas mihi blanditias, quam dulcia verba parabat
   oscula, di magni, qualia quotque dabat!
Tu quoque, quae nostros rapuisti nuper ocellos,
20   saepe time insidias, saepe rogata nega;
et sine me ante tuos proiectum in limine postis
   longa pruinosa frigora nocte pati.
Sic mihi durat amor longosque adolescit in annos;
   hoc iuvat; haec animi sunt alimenta mei.
25 Pinguis amor nimiumque patens in taedia nobis
   vertitur et, stomacho dulcis ut esca, nocet.
Si numquam Danaēn habuisset aenea turris,
   non esset Danaē de Iove facta parens;
dum servat Iuno mutatam cornibus Ion,
30   facta est, quam fuerat, gratior illa Iovi.
Quod licet et facile est quisquis cupit, arbore frondes
   carpat et e magno flumine potet aquam.
Si qua volet regnare diu, deludat amantem.
   Ei mihi! Ne monitis torquear ipse meis!
35 Quidlibet eveniat, nocet indulgentia nobis;

9. versuta: 'clever'.

14. insonti: 'to one who is inno-
cent'. specimen . . . nocens: 'of-
fered the appearance of 'bearing ill
will'.

16. comis: 'kind'.

19. tu: Corinna. rapuisti ocellos:
i.e., made him blind with love.

25. pinguis amor: 'love well-
nourished'.

27. Danaen: Danae, when shut in
a tower, was visited by Jupiter in the
form of a shower of gold, and thus
became the mother of Perseus.

29. Ion: for the story of Io, see
Metam., Book I, 588*ff*.

33. volet, deludat: sc. *domina*, or
femina, as subj.

quod sequitur, fugio; quod fugit, ipse sequor.
At tu, formosae nimium secure puellae,
  incipe iam prima claudere nocte forem.
Incipe, quis totiens furtim tua limina pulset,
40   quaerere, quid latrent nocte silente canes,
quas ferat et referat sollers ancilla tabellas,
  cur totiens vacuo secubet ipsa toro.
Mordeat ista tuas aliquando cura medullas,
  daque locum nostris materiamque dolis.
45 Ille potest vacuo furari litore harenas,
  uxorem stulti si quis amare potest.
Iamque ego praemoneo: nisi tu servare puellam
  incipis, incipiet desinere esse mea!
Multa diuque tuli; speravi saepe futurum,
50   cum bene servasses, ut bene verba darem.
Lentus es et pateris nulli patienda marito;
  at mihi concessi finis amoris erit!
Scilicet infelix numquam prohibebor adire?
  Nox mihi sub nullo vindice semper erit?
55 Nil metuam? Per nulla traham suspiria somnos?
  Nil facies, cur te iure perisse velim?
Quid mihi cum facili, quid cum lenone marito?
  Corrumpit vitio gaudia nostra suo.
Quin alium quem tanta iuvat patientia, quaeris?
60   Me tibi rivalem si iuvat esse, veta!

48. **incipiet:** subject is supplied   from *puellam* in 47.

ARS AMATORIA

BOOK I

Si quis in hoc artem populo non novit amandi,
    hoc legat et lecto carmine doctus amet.

A type of syllogism

Arte citae veloque rates remoque moventur,
    arte leves currus: arte regendus amor.

5   Curribus Automedon lentisque erat aptus habenis,
    Tiphys in Haemonia puppe magister erat:
me Venus artificem tenero praefecit Amori;
    Tiphys et Automedon dicar Amoris ego.
Ille quidem ferus est et qui mihi saepe repugnet;

10   sed puer est, aetas mollis et apta regi.
Phillyrides puerum cithara perfecit Achillem,
    atque animos placida contudit arte feros.
Qui totiens socios, totiens exterruit hostes,
    creditur annosum pertimuisse senem.

15   Quas Hector sensurus erat, poscente magistro
    verberibus iussas praebuit ille manus.
Aeacidae Chiron, ego sum praeceptor Amoris:
    saevus uterque puer, natus uterque dea.
Sed tamen et tauri cervix oneratur aratro,

20   frenaque magnanimi dente teruntur equi;
et mihi cedet Amor, quamvis mea vulnerat arcu
    pectora, iactatas excutiatque faces.

5, 6. Automedon was the chariot driver for Achilles in the *Iliad*, and Tiphys was the helmsman of the *Argo*, the ship in which Jason and his company sailed to recover the Golden Fleece. **Haemonia:** Haemonia, the poetic name of Thessaly, was a district of Greece and Jason's homeland.

11. **Phillyrides:** the centaur Chiron, the tutor of Achilles and other Greeks famed in mythology, was the son of Philyra and Cronus.

14. **senem:** i.e., Chiron.

17. **Aeacidae:** gen., a descendant of Aeacus, the father of Peleus; thus, Achilles.

Quo me fixit Amor, quo me violentius ussit,
    hoc melior facti vulneris ultor ero;
25 non ego, Phoebe, datas a te mihi mentiar artes,
    nec nos aëriae voce monemur avis,
  nec mihi sunt visae Clio Cliusque sorores
    servanti pecudes vallibus, Ascra, tuis;
  usus opus movet hoc; vati parete perito;
30   vera canam; coeptis, mater Amoris, ades!
  Este procul, vittae tenues, insigne pudoris,
    quaeque tegis medios instita longa pedes.
  Nos Venerem tutam concessaque furta canemus,
    inque meo nullum carmine crimen erit.   *sg. imp.*
35 Principio quod amare velis, reperire <u>labora</u>,
    qui nova nunc primum miles in arma venis.
  Proximus huic labor est placitam exorare puellam;
    tertius, ut longo tempore duret amor.
  Hic modus; haec nostro signabitur area curru;
40   haec erit admissa meta premenda rota.
  Dum licet, et loris passim potes ire solutis,
    elige cui dicas "Tu mihi sola places."
  Haec tibi non tenues veniet delapsa per auras;
    quaerenda est oculis apta puella tuis.
45 Scit bene venator cervis ubi retia tendat,
    scit bene qua frendens valle moretur aper;
  aucupibus noti frutices; qui sustinet hamos,
    novit quae multo pisce natentur aquae:
  tu quoque, materiam longo qui quaeris amori,
50   ante frequens quo sit disce puella loco.
  Non ego quaerentem vento dare vela iubebo,
    nec tibi, ut invenias, longa terenda via est.

---

27. **Clio, Clius:** Clio was the Muse of history; Clius: the Latinized form of the Gk. gen. sing. of *Clio*.

28. **Ascra:** a Greek town, the birthplace of the poet Hesiod.

31, 32. **vittae, instita:** the headband and the flounce at the bottom of the robe, as worn by Roman ladies. Ovid indicates here that he is not writing about women of good character, but about courtesans.

39. **modus:** a metaphor taken from the races; 'end of the course'.

Andromedan Perseus nigris portarit ab Indis,
    raptaque sit Phrygio Graia puella viro,
55   tot tibi tamque dabit formosas Roma puellas,
    "Haec habet" ut dicas "quicquid in orbe fuit."
Gargara quot segetes, quot habet Methymna racemos,
    aequore quot pisces, fronde teguntur aves,
quot caelum stellas, tot habet tua Roma puellas:
60   mater et Aeneae constat in urbe sui.
Seu caperis primis et adhuc crescentibus annis,
    ante oculos veniet vera puella tuos;
sive cupis iuvenem, iuvenes tibi mille placebunt,
    cogeris et voti nescius esse tui.
65   Seu te forte iuvat sera et sapientior aetas,
    hoc quoque, crede mihi, plenius agmen erit.
Tu modo Pompeia lentus spatiare sub umbra,
    cum sol Herculei terga leonis adit,
aut ubi muneribus nati sua munera mater
70   addidit, externo marmore dives opus.
Nec tibi vitetur quae, priscis sparsa tabellis,
    porticus auctoris Livia nomen habet,
quaque parare necem miseris patruelibus ausae
    Belides et stricto stat ferus ense pater.
75   Nec te praetereat Veneri ploratus Adonis,
    cultaque Iudaeo septima sacra Syro.

---

53. **Andromedan:** acc. sing.; Andromeda was the daughter of the king of Ethiopia; bound to a rock on the seashore, so that she might be devoured by a monster from the sea, she was rescued by Perseus.

54. **Phrygio viro:** Paris. **Graia puella:** Helen.

57. **Gargara:** a district near Troy. **Methymna:** a city on the island of Lesbos.

67. **Pompeiā umbrā:** i.e., in the Portico of Pompey, a well-shaded area.

69-70. **aut ubi,** etc.: this is the Portico of Octavia, dedicated by her to the memory of her son Marcellus. She was the sister of the emperor Augustus.

74. **Belides:** these were the fifty daughters of Danaus, granddaughters of Belus, king of Egypt; see note on *Amores* II, 2, 4.

75. **Veneri ploratus Adonis:** another statue; Adonis was the son of the king of Cyprus and loved by Venus.

Nec fuge linigerae Memphitica templa iuvencae;
     multas illa facit, quod fuit ipsa Iovi.
Et fora conveniunt—quis credere possit?—amori,
80   flammaque in arguto saepe reperta foro;
subdita qua Veneris facto de marmore templo
     Appias expressis aëra pulsat aquis,
illo saepe loco capitur consultus Amori,
     quique aliis cavit, non cavet ipse sibi;
85 illo saepe loco desunt sua verba diserto,
     resque novae veniunt, causaque agenda sua est.
Hunc Venus e templis, quae sunt confinia, ridet;
     qui modo patronus, nunc cupit esse cliens.
Sed tu praecipue curvis venare theatris:
90   haec loca sunt voto fertiliora tuo.
Illic invenies quod ames, quod ludere possis,
     quodque semel tangas, quodque tenere velis.
Ut redit itque frequens longum formica per agmen,
     granifero solitum cum vehit ore cibum,
95 aut ut apes saltusque suos et olentia nactae
     pascua per flores et thyma summa volant,
sic ruit in celebres cultissima femina ludos;
     copia iudicium saepe morata meum est.
Spectatum veniunt, veniunt spectentur ut ipsae:
100   ille locus casti damna pudoris habet.
Primus sollicitos fecisti, Romule, ludos,
     cum iuvit viduos rapta Sabina viros.
Tunc neque marmoreo pendebant vela theatro,
     nec fuerant liquido pulpita rubra croco;
105 illic quas tulerant nemorosa Palatia, frondes
     simpliciter positae, scaena sine arte fuit;
in gradibus sedit populus de caespite factis,
     qualibet hirsutas fronde tegente comas.

77-78. **nec fuge**, etc.: the shrine of the Egyptian goddess Isis, who was identified with Io; cf. *Metam.*, Book I, 588*ff.*

81-82. **subdita qua**, etc.; there was a temple of Venus in the forum; nearby was the fountain Aqua Appia, named for Appius Claudius, the builder of the aqueduct that carried its waters.

Respiciunt, oculisque notant sibi quisque puellam
110   quam velit, et tacito pectore multa movent.
Dumque, rudem praebente modum tibicine Tusco,
ludius aequatam ter pede pulsat humum,
in medio plausu (plausus tunc arte carebant)
rex populo praedae signa petita dedit.
115 Protinus exsiliunt, animum clamore fatentes,
virginibus cupidas iniciuntque manus.
Ut fugiunt aquilas, timidissima turba, columbae,
utque fugit visos agna novella lupos,
sic illae timuere viros sine more ruentes;
120   constitit in nulla qui fuit ante color.
Nam timor unus erat, facies non una timoris:
pars laniat crines, pars sine mente sedet;
altera maesta silet, frustra vocat altera matrem;
haec queritur, stupet haec; haec manet, illa fugit.
125 Ducuntur raptae, genialis praeda, puellae,
et potuit multas ipse decere timor.
Si qua repugnarat nimium comitemque negabat,
sublatam cupido vir tulit ipse sinu,
atque ita "Quid teneros lacrimis corrumpis ocellos?
130   Quod matri pater est, hoc tibi" dixit "ero."
Romule, militibus scisti dare commoda solus;
haec mihi si dederis commoda, miles ero!
Scilicet ex illo sollemnia more theatra
nunc quoque formosis insidiosa manent.
135 Nec te nobilium fugiat certamen equorum;
multa capax populi commoda Circus habet.
Nil opus est digitis, per quos arcana loquaris,
nec tibi per nutus accipienda nota est.
Proximus a domina, nullo prohibente, sedeto,
140   iunge tuum lateri qua potes usque latus;
et bene, quod cogit, si nolit, linea iungi,
quod tibi tangenda est lege puella loci.
Hic tibi quaeratur socii sermonis origo,

141. et bene: 'it is easy'.   linea: 'row of seats', subj. of *cogit*.

et moveant primos publica verba sonos.
145 Cuius equi veniant, facito, studiose, requiras,
    nec mora, quisquis erit, cui favet illa fave.
At cum pompa frequens certantibus ibit ephebis,
    tu Veneri dominae plaude favente manu.
Utque fit, in gremium pulvis si forte puellae
150   deciderit, digitis excutiendus erit:
et si nullus erit pulvis, tamen excute nullum;
    quaelibit officio causa sit apta tuo.
Pallia si terra nimium demissa iacebunt,
    collige, et immunda sedulus effer humo;
155 protinus, officii pretium, patiente puella
    contingent oculis crura videnda tuis.
Respice praeterea, post vos quicumque sedebit,
    ne premat opposito mollia terga genu.
Parva leves capiunt animos; fuit utile multis
160   pulvinum facili composuisse manu.
Profuit et tenui ventos movisse tabella,
    et cava sub tenerum scamna dedisse pedem.
Hos aditus Circusque novo praebebit amori,
    sparsaque sollicito tristis harena foro.
165 Illa saepe puer Veneris pugnavit harena,
    et qui spectavit vulnera, vulnus habet.
Dum loquitur tangitque manum poscitque libellum
    et quaerit posito pignore, vincat uter,
saucius ingemuit telumque volatile sensit,
170   et pars spectati muneris ipse fuit.

147-148. **at cum,** etc.: this refers to the procession of race drivers in which the youths carried statues of various gods who were applauded by the spectators according to their inclinations.

164. **foro:** gladiatorial contests were sometimes held in the Forum.

ABBREVIATIONS USED IN THIS BOOK

abl.	ablative	m., masc.	masculine
abl. absol.	ablative absolute	*Metam.*	*Metamorphoses*
acc.	accusative	mid.	middle
adj.	adjective	MS(S).	manuscript(s)
adv.	adverb	n., neut.	neuter
Ars. Amat.	*Ars Amatoria*	nom.	nominative
cf.	compare	num.	numeral
comp.	comparative	numer.	numerical
conj.	conjunction	obj.	object
constr.	construction	orig.	originally
dat.	dative	part.	participle
dem.	demonstrative	pass.	passive
distr.	distributive	perf.	perfect
e.g.	for example	pers.	person, personal
encl.	enclitic	pl.	plural
esp.	especially	poss.	possessive
f., fem.	feminine	prep.	preposition
ff.	following	pron.	pronoun
fut.	future	pronom.	pronominal
gen.	genitive	reflex.	reflexive
Gk.	Greek	rel.	relative
i.e.	that is	sc.	supply
imper.	imperative	sing.	singular
impers.	impersonal	subj.	subject, subjunctive
indecl.	indeclinable	subst.	substantive
indef.	indefinite	super.	superlative
inf.	infinitive	trans.	translate
intens.	intensive	voc.	vocative
interj.	interjection		
interr.	interrogative		
lit.	literally		
loc.	locative		

Figure 1 in the vocabulary indicates a verb of the first conjugation with regular principal parts.

Vocabulary

[No attempt has been made here to include the entire range of meaning of each word; rather, the basic and common secondary and extended meanings have been given. Proper names that are of little or no significance outside the immediate context—such as the catalogue of Actaeon's dogs in *Metam.* III, 206-24—have usually been omitted, as have the names of many rivers, mountains, etc. A number of adjectives (especially those in -*ius*, -*ĕus*, and -*ĕius*) formed from proper names, along with certain patronymics (mostly in -*ĭdēs* and -*adēs*) have been left out in the interest of brevity; it is expected that the student will recognize these forms for what they are. Adverbs in -*ē*, and -*ter*, regularly formed from second and third declension adjectives, are not listed if the adjective has been given. It is to be noted that Ovid uses -*ii* in the genitive singular of nouns and adjectives in -*ius* and -*ium*. Forms entered in parentheses are those not found in the extant literature of Ovid's time, though they are assumed to have existed. Hidden vowel quantities have been indicated following Walde-Hofmann, *Lateinisches Etymologisches Wörterbuch*, Heidelberg, 1938.]

ā, ab, prep., *from, away from, by.*

ā, āh, interj., *ah!*

abdō, -ere, -idī, -itus, *put away, remove, hide, conceal.*

abdūcō, -ere, -xī, -ctus, *lead away.*

abeō, -īre, -iī (-īvī), -itus, *go away, depart; die, perish.*

abigō, -ere, -ēgī, -āctus, *drive away.*

abluō, -ere, -uī, -ūtus, *wash away, cleanse.*

aboleō, -ēre, -olēvī, -olitus, *destroy, abolish.*

abōminor, -ārī, -ātus, *wish something not to happen, detest.*

aborior, -īrī, -ortus, *fade away.*

abrumpō, -ere, -rūpī, -ruptus, *break off, sever, interrupt.*

abscēdō, -ere, -cessī, -cessus, *give way, abandon, depart.*

abscindō, -ere, -cidī, -cissus, *tear off, break away, separate.*

absēns, -entis, *absent.*

abstineō, -ēre, -tinuī, -tentus, *keep back, restrain, refrain.*

abstrahō, -ere, -trāxī, -tractus, *drag away, detach.*

absum, -esse, āfuī, āfutūrus, *be away, be absent.*

absūmō, -ere, -sūmpsī, -sūmptus, *take away, consume, destroy.*

āc, see atque.

accēdō, -ere, -cessī, -cessus, *approach, come near, attack.*

accendō, -ere, -cendī, -cēnsus, *set on fire, excite, arouse.*

accessus, -ūs, m., *a coming near.*

accingō, -ere, -cīnxī, -cīnctus, *gird, arm, equip, make ready.*

accipiō, -ere, -cēpī, -ceptus, *take, accept, welcome.*

accipiter, -tris, m., *hawk.*

acclīnō, 1, *lean on or against.*

acclīvis, -e, *ascending, steep.*

accumbō, -ere, -cubuī, -cubitus, *lie beside, recline at a table.*

ācer, ācris, ācre, *sharp, bitter.*

acerbus, -a, -um, *bitter, severe.*

acernus, -a, -um, *of maple wood.*

acervus, -ī, m., *mass, pile, heap.*

Achīvus, -a, -um, *Greek.*

aciēs, -ēī, f., *line of battle, column.*

aconītum, -ī, n., *aconite; poison.*

195

acūmen, -inis, n., *acuteness.*

acūtus, -a, -um, *pointed, sharp.*

ad, prep., *to, toward, near to.*

adamantēus, -a, -um, *indestructible.*

adamas, -antis, m., *hardest substance, that which cannot be broken.*

addīcō, -ere, -dīxī, -dictus, *surrender, hand over.*

addō, -ere, -didī, -ditus, *place upon, give to, add to.*

addūcō, -ere, -dūxī, -ductus, *lead to, bring to, prevail upon.*

adedō, -ere, -ēdī, -ēsus, *consume.*

adeō, adv., *so far; so.*

adeō, -īre, -iī, -itus, *approach, go to; accompany.*

adfectō, 1, *strive after, cling to.*

adfectus, -ūs, m., *state, mood.*

adferō, -ferre, attulī, adlātus, *bring, carry to, give.*

adficiō, -ere, -fēcī, -fectus, *affect, strike.*

adflō, 1, *blow on, breathe upon.*

adfor, -fārī, -fātus, *speak to, address.*

adhaereō, -ēre, -haesī, -haesus, *stick to, cling to.*

adhibeō, -ēre, -uī, -itus, *hold toward, furnish, invite.*

adhūc, adv., *until now, so far.*

adiciō, -ere, -iēcī, -iectus, *throw to, place near, join.*

adigō, -ere, -ēgī, -āctus, *drive, urge, force, compel.*

adimō, -ere, -ēmī, -emptus, *take away, deprive of.*

aditus, -ūs, m., *approach.*

adiūtrix, -īcis, f., *helper.*

adiuvō, -āre, -iūvī, -iūtus, *help, assist, support.*

adlevō, 1, *lift up.*

adloquor, -ī, -locūtus, *speak to.*

admīror, -ārī, -ātus, *wonder at.*

admittō, -ere, -mīsī, -missus, *send to, admit, allow.*

admoneō, -ēre, -uī, -itus, *remind, suggest, warn, order.*

admonitus, -ūs, m., *memory, thought.*

admoveō, -ēre, -mōvī, -mōtus, *move toward, bring to.*

adnuō, -ere, -uī, -ūtus, *nod to, give assent, agree.*

adoleō, -ēre, -uī, -ultus, *burn, burn as sacrifice; worship.*

adolēscō, -ere, -olēvī, -ultus, *mature, increase.*

adoperiō, -īre, -uī, -tus, *cover, conceal.*

adōrō, 1, *entreat; worship.*

adrīdeō, -ēre, -rīsī, -rīsus, *laugh with* (someone).

adripiō, -ere, -uī, -reptus, *snatch at, seize.*

adscendō, -ere, -scendī, -scēnsus, *climb, ascend.*

adscēnsus, -ūs, m., *ascent.*

adsēnsus, -ūs, m., *approval.*

adsentiō, -īre, -sēnsī, -sēnsus, *agree with, assent, approve.*

adserō, -ere, -uī, -tus, *appropriate.*

adsiduus, -a, -um, *unceasing.*

adsiliō, -īre, -uī, -sultus, *leap up, leap at, spring upon.*

adsonō, -āre, —, —, *reply, resound.*

adspergō, -ere, -spersī, -spersus, *scatter, sprinkle upon.*

adspergō, -inis, f., *a sprinkling; that which is sprinkled.*

adspiciō, -ere, -spexī, -spectus, *look at, consider.*

adspīrō, 1, *breathe on; favor.*

adsternō, -ere, —, -strātus, *throw on.*

adstō, -stāre, -stitī, —, *stand near or up.*

adstringō, -ere, -strīnxī, -strictus, *fasten to, tighten, bind.*

adstupeō, -ēre, —, —, *be amazed at.*

adsuēscō, -ere, -suēvī, -suētus, *be accustomed to.*

adsuētus, -a, -um, *accustomed.*

adsum, -esse, -fuī, -futūrus, *be present, be near.*

adsūmō, -ere, -sūmpsī, -sūmptus, *receive, take up.*

adulter, -erī, m., *adulterer.*

adulterium, -ī, n., *adultery.*

aduncus, -a, -um, *bent, hooked.*

advehō, -ere, -vēxī, -vectus, *carry to, bring to.*

advena, -ae, m. or f., *stranger.*

adveniō, -īre, -vēnī, -ventus, *reach, arrive.*

adventus, -ūs, m., *arrival.*

adversus, -a, -um, *turned toward, facing.* in adversum, *in the opposite direction.*

advertō, -ere, -vertī, -versus, *turn toward.*

advocō, 1, *call, summon, invite.*

Aeētēs, -ae, m., *king of Colchis.*

aeger, -gra, -grum, *sick, ill.*

aegis, -idis, f., *shield of Minerva.*

aemulus, -a, -um, *rivalling.*

aēneus, -a, -um, *of bronze.*

aēnus, -a, -um, *of bronze.* As subst., aēnum, -ī, n., *bronze kettle.*

Aeolius, -a, -um, *of or pertaining to Aeolus, the god of the winds.*

aequālis, -e, *equal, even.*

aequō, 1, *make equal, compare.*

aequor, -oris, n., *an even surface, the sea.*

aequoreus, -a, -um, *of the sea.*

aequus, -a, -um, *even, fair.* As subst., aequum, -ī, n., *fairness.*

āēr, āeris, acc. āera, m., *air, atmosphere, sky.*

aerātus, -a, -um, *of bronze.*

aeripēs, -pedis, *with bronze feet.*

āerius, -a, -um, *pertaining to the air, air-borne, lofty.*

aes, aeris, n., *copper, bronze.*

Aesōn, -onis, m., *father of Jason.*

Aesonius, -a, -um, *of Aeson.*

aestās, -ātis, f., *summer.*

aestuō, 1, *rage, burn, be excited.*

aestus, -ūs, m., *heat, excitement.*

aetās, -ātis, f., *age; lifetime.*

aeternus, -a, -um, *enduring.*

aethēr, -eris, m., *air, sky.*

aetherius, -a, -um, *celestial.*

Aethiops, -opis, m., *an Ethiopian.*

aevum, -ī, n., *age, lifetime.*

Agēnoridēs, -ae, m., *son of Agenor,* i.e., Cadmus or Phineus.

ager, agrī, m., *field, farm, land.*

aggredior, -ī, -gressus, *approach.*

agitābilis, -e, *easily moved.*

agitō, 1, *set in motion, discuss.*

āgmen, -inis, n., *column, crowd.*

agna, -ae, f., *lamb.*

āgnōscō, -ere, -nōvī, -nitus, *recognize, acknowledge.*

agō, agere, ēgī, āctus, *drive, lead, perform; discuss; spend time.*

agrestis, -e, *belonging to the country, rustic, wild.* As subst., agrestis, -is, m., *peasant, farmer.*

agricola, -ae, m., *farmer.*

āiō, defective, *affirm, tell, say, relate.*

āla, -ae, f., *wing.*

albeō, -ēre, —, —, *be white.*

albidus, -a, -um, *white.*

albus, -a, -um, *white.*

āles, -itis, adj. and subst., *winged; winged creature, bird.*

aliēnus, -a, -um, *foreign, strange.*

alimentum, -ī, n., *nourishment.*

ālipēs, -pedis, *wing-footed.*

aliquī, -qua, -quod, *some, any.*

aliquis, -qua, -quid, *someone, anyone, something, anything.*

aliquō, adv., *to some place, somewhere.*

aliter, adv., *in another manner.*

alius, -a, -ud, *another, other.*

almus, -a, -um, *nourishing, fruitful, favorable.*

alō, -ere, aluī, alitus, *feed, nourish, support; cherish.*

Alpēs, -ium, f., *the Alps.*

Alphēus or Alphēos, -ī, m., *Alpheus, a river of the Peloponnesus.*

altāria, -ium, n., *sacrificial altar.*

altē, adv., *from above, on high.*

alter, altera, alterum, *one, another, the other* (of two).

alternus, -a, -um, *in turn.*

altor, -ōris, m., *foster father.*

altus, -a, -um, *high, lofty, extended, elevated, deep.* As subst., altum, -ī, n., *height, depth; the sea.*

alumnus, -ī, m., *foster son, ward.*

alveus, -ī, m., *a hollow; bucket.*

alvus, -ī, f., *belly, womb.*
amāns, -ntis, *fond, loving.*
amārus, -a, -um, *bitter; sad.*
amātor, -ōris, m., *lover.*
ambāges, -is, f., *evasion, riddle.*
ambigō, -ere, —, —, *avoid, argue.*
ambiguus, -a, -um, *uncertain.*
ambiō, -īre, -iī, -itus, *go around, inspect.*
ambō, ambae, ambō, *both.*
ambrosia, -ae, f., *ambrosia,* food of the gods.
ambūrō, -ere, -ūssī, -ūstus, *scorch, consume by fire.*
āmēns, āmentis, *frantic.*
āmentia, -ae, f., *madness, folly.*
amiciō, -īre, —, -ictus, *wrap around.*
amīcitia, -ae, f., *friendship.*
amictus, -ūs, m., *cloak.*
amīcus, -a, -um, *friendly.* As subst., amīcus, -ī, m., *friend, loved one.*
amittō, -ere, -mīsī, -missus, *send away, let go, lose.*
amnis, -is, m., *river.*
amō, 1, *love, cherish.*
amor, -ōris, m., *love, affection.*
amplector, -ī, -exus, *encircle, embrace, comprehend.*
amplexus, -ūs, m., *embrace.*
amplius, comp. adv., *more, further.*
an or anne, conj. An interrogative particle introducing the second clause of a compound question; to be translated *or,* or *whether.*
ancora, -ae, f., *anchor.*
anguis, -is, m., *serpent, snake.*
angulus, -ī, m., *angle, corner.*
angustus, -a, -um, *narrow.*
anhēlitus, -ūs, m., *breathing.*
anhēlō, 1, *breathe rapidly, puff.*
anhēlus, -a, -um, *gasping.*
anīlis, -e, *like an old woman, foolish.*
anima, -ae, f., *breath, soul, breeze.*
animal, -ālis, n., *animal.*
animōsus, -a, -um, *full of life.*
animus, -ī, m., *soul, intellect, disposition.*
annōsus, -a, -um, *aged.*
annus, -ī, m., *year.*

ānsa, -ae, f., *handle.*
ānser, -eris, m., *goose.*
ante, adv. and prep., *before, in front of.* antequam, *sooner.*
anteeō, -īre, -iī (-īvī), —, *go before, precede.*
anticipō, 1, *anticipate.*
antīquus, -a, -um, *ancient, old.*
antrum, -ī, n., *cave, cavern.*
ānulus, -ī, m., *ring.*
anus, -ūs, f., *old woman.*
anxius, -a, -um, *anxious.*
Āonius, -a, -um, *of Aonia,* a part of Boeotia in Greece, home of the Muses.
aper, aprī, m., *boar.*
aperiō, -īre, -eruī, -ertus, *open, uncover, reveal.*
apex, -icis, m., *peak, summit.*
apis, -is, f., *bee.*
Apollineus, -a, -um, *of Apollo.*
appāreō, -ēre, -uī, -itus, *appear.*
appellō, -ere, -pulī, -pulsus, *drive toward, bring to.*
appellō, 1, *speak to, call, ask.*
Appias, -adis, f., an epithet of the nymph of the fountain of Aqua Appia in Rome.
applicō, 1, *attach; bring to.*
appōnō, -ere, -posuī, -positus, *place beside; add to.*
aptō, 1, *adapt, fit, prepare.*
aptus, -a, -um, *fit, suitable.*
apud, prep., *before, in the presence of, among, in the power of.*
aqua, -ae, f., *water.*
aquila, -ae, f., *eagle.*
Aquilō, -ōnis, m., *the north wind.*
aquōsus, -a, -um, *abounding in water, wet.*
ara, -ae, f., *altar.*
arānea, -ae, f., *spider; web.*
arātrum, -ī, n., *plow.*
arbiter, -trī, m., *judge.*
arbitrium, -ī, n., *decision, authority, will.*
arbor, -oris, f., *tree.*
arboreus, -a, -um, *of a tree.*
arbustum, -ī, n., *orchard.*

arbuteus, -a, -um, *of arbutus.*
Arcades, -um, m., *Arcadians.*
Arcadia, -ae, f., a district of Greece.
arcānum, -ī, n., *a secret.*
arceō, -ēre, -uī, —, *keep* (something) *away, prevent.*
Arcitenēns, -entis, m., *Apollo.*
Arctos, -ī, acc. -on, f., the constellation of the Great (and the Little) Bear.
arcus, -ūs, m., *bow, arc, coil.*
ārdēns, -entis, *burning, hot.*
ārdeō, -ēre, -sī, -sus, *be on fire, burn, be afire or inflamed.*
ārdēscō, -ere, ārsī, —, *begin to burn.*
ārdor, -ōris, m., *eagerness, passion.*
arduum, -ī, n., *high place.*
arduus, -a, -um, *steep, difficult.*
ārea, -ae, f., *open space, area; place for threshing grain.*
āreō, -ēre, —, —, *be dry or parched.*
argenteus, -a, -um, *of silver.*
argentum, -ī, n., *silver.*
Argolicus, -a, -um, *of Argos.*
Argos, (-ī), n., a region of Greece.
argūmentum, -ī, n., *evidence, proof.*
arguō, -ere, -uī, -ūtus, *show, make clear; blame, accuse.*
argūtus, -a, -um, *lively, noisy.*
āridus, -a, -um, *dry, parched.*
ariēs, -ietis, m., *ram.*
Arīonius, -a, -um, *of Arion.*
arista, -ae, f., *the spike or top of an ear of grain; an ear of grain.*
arma, -ōrum, n., *tools, arms.*
armentum, -ī, n., *cattle, herd.*
armifer, -era, -erum, *armed.*
armiger, -era, -erum, *armor-bearing.*
armilla, -ae, f., *bracelet.*
armō, 1, *arm, equip.*
armus, -ī, m., *shoulder.*
arō, 1, *plough, till.*
ars, artis, f., *skill, knowledge.*
articulus, -ī, m., *joint, knuckle.*
artifex, -icis, m., *craftsman.*
artus, -a, -um, *narrow, binding.*
artus, -ūs, m., *joint, limb.*
arvum, -ī, n., *field.*
arx, arcis, f., *fortress, summit.*

asellus, -ī, m., *little ass.*
asper, -era, -erum, *adverse, troublesome, rough, harsh.*
asperitās, -ātis, f., *roughness, severity, rudeness.*
ast, see at.
astrum, -ī, n., *star.*
at or (rarely) ast, conj., *but,* introducing a contrast to what has preceded.
āter, -tra, -trum, *dark, gloomy.*
Athēnae, -ārum, f., *Athens.*
Atlās, -antis, m., a high mountain in Mauretania on which heaven rested.
atque or āc, conj., *and, and also.*
atrium, -ī, n., *room, hall.* In pl., *a dwelling, house.*
attamen, conj., *but, nevertheless.*
attenuō, 1, *lessen, diminish.*
attingō, -ere, -tigī, -tāctus, *touch, strike; be near to, adjoin.*
attollō, -ere, —, —, *elevate, exalt.*
attonitus, -a, -um, *thunderstruck.*
auceps, -upis, m., *birdcatcher.*
auctor, -ōris, m., *producer, progenitor; one responsible for a deed.*
audācia, -ae, f., *boldness, daring.*
audāx, -ācis, *bold, insolent.*
audeō, -ēre, ausus sum, *dare, venture, risk, be bold.*
audiō, -īre, -īvī, -ītus, *hear, listen to.*
auferō, auferre, abstulī, ablātus, *carry away, destroy, kill.*
augeō, -ēre, auxī, auctus, *increase, augment; grow.*
augur, -uris, m. or f., *seer.*
augurium, -ī, n., *the observance of omens, divination; prediction.*
auguror, -ārī, -ātus, *predict; imagine.*
augustus, -a, -um, *sacred, magnificent, noble, venerable.*
aula, -ae, f., *hall, residence.*
aulaeum, -ī, n., *curtain.*
aura, -ae, f., *air, breeze.*
aurātus, -a, -um, *golden.*
aureus, -a, -um, *golden.*
aurīga, -ae, f., *charioteer.*

auris, -is, f., *ear.*

aurora, -ae, f., *morning, dawn.* Aurora, *goddess of the dawn; the East.*

aurum, -ī, n., *gold.*

Ausonius, -a, -um, *of Ausonia,* lower Italy; hence, *Roman.*

auspex, -icis, m. or f., *interpreter of omens given by birds, diviner, prophet, soothsayer.*

auspicium, -ī, n., *divination by the flight of birds; sign, omen; beginning.*

Auster, -trī, m., *the south wind.*

austrālis, -e, *southern.*

aut, conj., *or;* aut . . . aut, *either . . . or.*

autem, conj., *but, however.*

autumnālis, -e, *of autumn.*

autumnus, -ī, m., *autumn.*

auxiliāris, -e, *assisting.*

auxilium, -ī, n., *aid, assistance.*

avārus, -a, -um, *greedy, ravenous.*

āvellō, -ere, -vellī, -vulsus, *tear away, rend.*

avēna, -ae, f., *reed* (of a shepherd's pipe); *the pipes of Pan.*

Avernālis, -e, *of Lake Avernus.*

Avernus, -ī, m., *Avernus,* a lake in Italy near Cumae where the entrance to the underworld was thought to be. As adj., Avernus, -a, -um, *of the infernal regions.*

āversor, -ārī, -ātus, *turn from, decline.*

āversus, -a, -um, *turned away.*

āvertō, -ere, -vertī, -versus, *turn away from, avoid.*

avidus, -a, -um, *eager, greedy.*

avis, -is, f., *bird.*

avītus, -a, -um, *of a grandfather.*

āvius, -a, -um, *out of the way, remote.* As subst., āvia, -ōrum, n., *unfrequented* or *pathless places.*

avus, -ī, m., *grandfather.*

axis, -is, m., *axle; axis* (of the world), *pole.* In pl., *wagon, chariot.*

Babylōnius, -a, -um, *Babylonian.*

bāca, -ae, f., *berry; pearl.*

Baccha, -ae, f., *female follower of Bacchus, Bacchante.*

Bacchantes, -um, f., *female followers of Bacchus.*

Bacchēus, -a, -um, *of Bacchus.*

Bacchus, -ī, m., *the god of wine.*

baculum, -ī, n., *staff.*

ballēna, -ae, f., *whale.*

barba, -ae, f., *beard.*

barbaria, -ae, f., *foreign land.*

barbaricus, -a, -um, *foreign.*

barbarus, -a, -um, *foreign.*

beātus, -a, -um, *happy, prosperous, blessed, fortunate.*

bellum, -ī, n., *war.*

bēlua, -ae, f., *beast, monster.*

bene, adv., *well, prosperously, favorably, in good style.*

bibō, -ere, bibī, —, *drink.*

biceps, -cipitis, *two-headed.*

bicolor, -ōris, *two-colored.*

bicornis, -e, *two-horned.*

biforis, -e, *with two doors.*

bīmus, -a, -um, *of two years.*

bīnī, -ae, -a, *two each.*

bipennis, -e, *having two edges.* As subst., bipennis, -is, f., *two-edged axe.*

bis, adv., *twice.*

bisulcus, -a, -um, *forked.*

blanditia, -ae, f., *flattery.*

blandus, -a, -um, *flattering, smooth-talking, seductive; agreeable, charming.*

Boebē, -ēs, f., *a lake in Greece.*

Boeōtia, -ae, f., *a district of Greece.*

bonus, -a, -um, comp. melior, -ius, super. optimus, -a, -um, *good, pleasant, useful, honorable.* As subst., bona, -ōrum, n., *goods, possessions.*

Boreās, -ae, m., *the north wind.*

bōs, bovis, m. and f., *ox, cow.*

brācae, -ārum, f., *trousers.*

bracchium, -ī, n., *arm.*

brevis, -e, *brief, short.*

būbō, -ōnis, m., *owl.*

būcina, -ae, f., *horn, trumpet.*
būstum, -ī, n., *funeral pyre.*
buxum, -ī, n., *boxwood.*

cacūmen, -inis, n., *extremity, top.*
cacūminō, 1, *make pointed.*
Cadmēis, -idis, *of Cadmus;* hence, *Theban.* As subst., f., *daughter of Cadmus,* i.e., *Semele.*
Cadmus, -ī, m., *Cadmus,* son of Agenor, king of Phoenicia; founder of Thebes.
cadō, -ere, cecidī, cāsus, *fall, descend, fall down; perish.*
cādūcifer, -ferī, m., *Mercury.*
caecus, -a, -um, *blind; dark.*
caedēs, -is, f., *slaughter.*
caedō, -ere, cecīdī, caesus, *cut, strike, cut down, kill.*
caelebs, -ibis, *unmarried.*
(caeles), -itis, *celestial.*
caelestis, -e, *celestial.* As subst., caelestēs, -um, m., *the gods.*
caelicola, -ae, m., *deity.*
caelō, 1, *carve, decorate.*
caelum, -ī, n., *the sky, heaven, atmosphere; climate.*
caeruleus or caerulus, -a, -um, *blue, dark blue, green, sea-blue;* an epithet applied to divinities of the sea, rivers, lakes, etc.
Caesar, -aris, m., *Caesar,* the cognomen of the emperor.
Caesareus, -a, -um, *of Caesar.*
caespes, -itis, m., *turf, lawn.*
Caïcus, -ī, m., a river of Asia.
calamus, -ī, m., *a reed, cane; reed pipe* or *rod.*
calathus, -ī, m., *basket.*
calcō, 1, *tread, tread upon.*
calculus, -ī, m., *pebble.*
caleō, -ēre, -uī, —, *be warm, glow, be inflamed* or *aroused.*
calēscō, -ere, —, —, *grow warm, become aroused* or *excited.*
calidus, -a, -um, *hot, eager, rash, spirited.*
cālīgō, -inis, f., *mist, fog; darkness, obscurity, gloom.*

calix, -icis, m., *cup, goblet.*
callidus, -a, -um, *skilful, expert, experienced; crafty, sly.*
calor, -ōris, m., *heat; passion.*
Calydōnius, -a, -um, *of Calydonia,* an ancient Greek town; with *amnis: the river Achelous,* or *Achelous,* the god of that river.
camīnus, -ī, m., *furnace.*
campus, -ī, m., *field, plain.*
cancer, -crī, m., *crab.*
candeō, -ēre, -uī, —, *be brilliant, shine, glow; be hot.*
candēscō, -ere, -uī, —, *become bright, begin to glow; grow hot.*
candidus, -a, -um, *clear, bright, white; fair, beautiful; honest.*
candor, -ōris, m., *radiance, whiteness, splendor; sincerity.*
cāneō, -ēre, -uī, —, *be gray* or *white.*
cānēscō, -ere, —, —, *become gray, grow gray* or *white.*
canis, -is, m. or f., *dog.*
canistrum, -ī, n., *basket.*
cānitiēs, (-ēī), f., *grayness, whiteness.*
canna, -ae, f., *reed, reed pipe.*
canō, -ere, cecinī, cantus, *sing, celebrate in song; play* (a horn or pipe).
canor, -ōris, m., *sound, song.*
canōrus, -a, -um, *melodious.*
cantō, 1, *chant; enchant.*
cantus, -ūs, m., *song; incantation.*
cānus, -a, -um, *gray, white.* As subst., cānī, -ōrum, m., *gray* or *white hair.*
capāx, -ācis, *large, fit, capable.*
capella, -ae, f., *she-goat.*
capillus, -ī, m., *hair.*
capiō, -ere, cēpī, captus, *take, seize, grasp; overcome; receive, welcome.*
capistrātus, -a, -um, *harnessed.*
Capitōlium, -ī, n., *the Capitol,* the temple of Jupiter at Rome; *the Capitoline hill,* the hill upon which the Capitol stood.
captīvus, -a, -um, *caught, captive.*

captō, 1, *grasp at, strive for; entice; pursue.*

caput, -itis, n., *head, source, summit.*

carbasa, -ōrum, n., *linen cloth; garment, dress; ship's sail.*

carcer, -eris, m., *prison.*

carchēsium, -ī, n., *drinking cup.*

cardō, -inis, m., *hinge.*

careō, -ēre, -uī, -itūrus, *lack.*

carica, -ae, f., *fig.*

carīna, -ae, f., *keel; ship.*

carmen, -inis, n., *song, poem; incantation; inscription; response or prediction* (of an oracle).

carnifex, -icis, m., *executioner.*

carō, carnis, f., *flesh.*

carpō, -ere, carpsī, carptus, *pluck, pick, tear at; consume; revile; pass over.*

cārus, -a, -um, *precious, beloved.*

casa, -ae, f., *cottage, hut.*

cassis, -is, m., *hunting net.*

castra, -ōrum, n., *military camp.*

castus, -a, -um, *chaste, pious.*

cāsus, -ūs, m., *accident, chance.*

catēna, -ae, f., *chain, fetter.*

Caucasus, -ī, acc. -on, m., *the Caucasus mountains.*

cauda, -ae, f., *tail.*

causa, -ae, f., *cause, motive.*

causor, -ārī, -ātus, *allege, pretend.*

cautēs, -is, f., *crag, cliff.*

cautus, -a, -um, *cautious, prudent.*

caveō, -ēre, cāvī, cautus, *be on one's guard, beware; decree.*

caverna, -ae, f., *cavern, cave.*

cavus, -a, -um, *hollow, sunken; round.*

cēdō, -ere, cessī, cessus, *give way, yield, retire; submit, concede.*

celeber, -bris, -bre, *much-visited, thronged, populous, famous; attended by a great assembly.*

celebrō, 1, *throng; praise.*

celer, -eris, -ere, *swift, quick.*

cēlō, 1, *cover, conceal.*

celsus, -a, -um, *raised, lofty.*

cēnsus, -ūs, m., *estate, riches.*

centimanus, -a, -um, *having a hundred hands.*

centum, indecl. num., *a hundred.*

Cēphīsius, -ī, m., *Narcissus,* son of the river-god Cephisus.

cēra, -ae, f., *wax.*

cērātus, -a, -um, *of wax; covered or fastened with wax.*

Cereālis, -e, *of Ceres,* goddess of the harvest; *of or pertaining to grain.*

Cerēs, -eris, f., goddess of the harvest.

cernō, -ere, crēvī, crētus, *separate, distinguish; comprehend; decide.*

certāmen, -inis, n., *contest, strife, dispute, battle.*

certātim, adv., *earnestly, with rivalry, zealously.*

certō, 1, *struggle, compete.*

certus, -a, -um, *certain, sure.*

cerva, -ae, f., *hind, deer.*

cervīx, -īcis, f., *neck, shoulder.*

cervus, -ī, m., *stag, deer.*

cessō, 1, *cease from, lie idle.*

(ceterus), -a, -um, *the other, the rest.* As subst., ceterum, -ī, n., *the rest, what is left.* Pl., ceterī, -ōrum, m., *the others.*

ceu, adv., *as, as if, like.*

Chaos, (-ī), n., *the boundless empty space, the uncreated universe.*

chelȳdrus, -ī, m., *water snake.*

(Chimaerifer), -fera, (-ferum), *that which produced the Chimaera,* a fabulous monster of Lydia.

Chīrōn, -ōnis, m., a centaur.

chorda, -ae, f., *gut; string.*

chorēa, -ae, f., *dance.*

chorus, -ī, m., *multitude, band.*

chrȳsolithus, -ī, f., *topaz.*

cibus, -ī, m., *food, nourishment.*

cicōnia, -ae, f., *stork.*

cieō, -ēre, cīvī, citus, *cause to move, arouse; summon, call.*

Cilix, -icis, *of Cilicia,* a district in Asia Minor.

cingō, -ere, cīnxī, cīnctus, *surround, gird; make ready, prepare oneself.*

cinis, -eris, m., *ashes, cinders.*

Cīnyphius, -a, -um, *of the Cinyphus,* or *Cinyps,* a river in Lybia.

circā, adv. and prep., *around, about.*

circueō or circumeō, -īre, -iī, -itus, *go around, enclose.*

circuitus, -ūs, m., *a going around, revolving; circuit, way around.*

circum, prep., *around, about.*

circumdō, -are, -dedī, -datus, *place around, surround, encircle.*

circumferō, -ferre, -tulī, -lātus, *bear around, spread around.*

circumfluō, -ere, -fluxī, —, *flow around, surround.*

circumfluus, -a, -um, *flowing around; surrounded with water.*

circumfundō, -ere, -fūdī, -fūsus, *pour around, surround.*

circumlitus, -a, -um, *spread over, smeared around; covered.*

circumsonō, -āre, —, —, *surround with noise.*

circumspiciō, -ere, -spexī, -spectus, *look around, observe; be wary.*

circumstō, -āre, -stetī, —, *surround.*

circus, -ī, m., *circle.* Circus, *the Circus Maximus in Rome.*

cithara, -ae, f., *cithara, lute.*

cito, adv., *swiftly, quickly.*

citrā, prep., *on this side of.*

citus, -a, -um, *quick, swift.*

cīvīlis, -e, *of citizens, civil, civic, public; polite.*

cīvis, -is, m., *citizen.*

clādēs, -is, f., *destruction, disaster, slaughter; plague.*

clam, adv., *secretly, privately.*

clamō, 1, *shout out, proclaim.*

clamor, -ōris, m., *uproar; applause.*

clārus, -a, -um, *clear, bright, shining; evident, plain; illustrious.*

classis, -is, f., *fleet, ships.*

claudō, -ere, -sī, -sus, *close, enclose; hide, conceal.*

clāva, -ae, f., *club.*

clāvus, -ī, m., *nail; the stripe on the Roman tunic.*

cliēns, -entis, m., *personal dependent, follower.*

clipeātus, -a, -um, *armed with a shield.*

clipeus, -ī, m., *shield.*

clīvus, -ī, m., *slope, hill.*

coāctus, see cogō.

coarguō, -ere, -uī, —, *overwhelm with proof, refute; prove, demonstrate, reveal, expose.*

coctilis, -e, *cooked, baked.*

coena, -ae, f., *dinner, banquet.*

coeō, -īre, -iī, -itus, *go* or *come together.*

coepiō, coepere, coepī, coeptus, *begin.*

coeptum, -ī, n., *a beginning.*

coerceō, -ēre, -uī, -itus, *enclose; restrain, hold in.*

coetus, -ūs, m., *crowd, assembly.*

Coeus, -ī, m., father of Latona.

cōgnātus, -a, -um, *related.*

cōgnōmen, -inis, n., *surname.*

cōgnōscō, -ere, -gnōvī, -gnitus, *become acquainted with, learn; understand.* In perf., *know.*

cogō, cogere, coēgī, coāctus, *collect, drive together; compel, force, drive.*

cohaereō, -ēre, -haesī, -haesus, *cling together, be in contact.*

cohors, -hortis, f., *crowd, company of attendants.*

Colchī, -ōrum, m., *the people of Colchis.*

collābor, -ārī, -lāpsus, *fall in ruins.*

colligō, -ere, -lēgī, -lēctus, *collect, gather together; recover.*

collis, -is, m., *hill.*

collocō, 1, *place together.*

colloquium, -ī, n., *conversation.*

collum, -ī, n., *neck.*

colluō, -ere, -luī, -lūtus, *wash, wash out; moisten, wet.*

colō, -ere, coluī, cultus, *cultivate* (the land); *frequent, inhabit; worship; follow.*

colōnus, -ī, m., *farmer, settler.*

color, -ōris, m., *color.*

coluber, -brī, m., *snake, serpent.*

colubra, -ae, f., *snake, serpent.*

columba, -ae, f., *dove.*

columna, -ae, f., *column, pillar.*

coma, -ae, f., *hair; foliage.*

combĭbō, -ere, -bibī, —, *drink up.*

comes, -itis, m. or f., *comrade, companion.*

cŏmiter, adv., *courteously.*

comitō, 1, *accompany.*

commereō, -ēre, -uī, -itus, *deserve, earn, merit.*

comminuō, -ere, -uī, -ūtus, *break into small pieces, crush; humble.*

comminus, adv., *hand to hand, in close contact.*

committō, -ere, -mīsī, -missus, *bring together, join, engage; commit.*

commodus, -a, -um, *easy, favorable, friendly.*

commūnis, -e, *common, public.*

commūniter, adv., *in common, jointly, together.*

cōmō, cōmere, cōmpsī, cōmptus, *comb* (the hair), *arrange, adorn.*

compāgēs, -is, f., *a joining together, joint, structure.*

compāgō, -inis, f., *a fastening.*

comparō, 1, *prepare, plot.*

compellō, 1, *address, reproach.*

compellō, -ere, -pulī, -pulsus, *drive together, collect, assemble; compel, force, incite.*

compendium, -ī, n., *shortcut.*

compēs, -pedis, f., *fetter, bond.*

compēscō, -ere, -pēscuī, —, *confine, restrain, subdue.*

complector, -plectī, -plectus, *clasp, embrace, surround.*

compleō, -ēre, -ēvī, -ētus, *fill up, complete, accomplish.*

complexus, -ūs, m., *embrace, grasp.*

complorō, 1, *bewail, lament.*

compōnō, -ere, -posuī, -positus, *place together, join, construct; compare.*

comprēndō, -ere, -prēndī, -prēnsus, *bind together, unite; capture; comprehend.*

comprimō, -ere, -pressī, -pressus, *press together; restrain.*

cōnāmen, -inis, n., *effort, trial.*

concavō, -āre, —, -ātus, *curve, bend.*

concavus, -a, -um, *hollow, curved.*

concēdō, -ere, -cessī, -cessus, *go away, yield, submit.*

concentus, -ūs, m., *harmony.*

concha, -ae, f., *conch, conch shell.*

concidō, -ere, -cidī, —, *fall together, fall; be slain, die.*

concieō, -ēre, -cīvī, -citus, *bring together; summon, rouse, excite.*

concilium, -ī, n., *meeting, assembly, council.*

concipiō, -ere, -cēpī, -ceptus, *take up, comprehend, think; conceive* (a child).

concitō, 1, *arouse, excite.*

conclamō, 1, *shout together.*

concordō, 1, *agree, be united.*

concors, -cordis, *united, agreeing; peaceful.*

concrēscō, -ere, -crēvī, -crētus, *grow together; harden, congeal.*

concurrō, -ere, -currī, -cursus, *run together, assemble; join battle, fight.*

concutiō, -ere, -cussī, -cussus, *shake violently, wave, brandish; terrify.*

condō, -ere, -didī, -ditus, *hide, bury; build; close; preserve; found* (a city).

condūcō, -ere, -dūxī, -ductus, *lead together, conduct.*

cōnferō, -ferre, -tulī, collātus, *bring together, unite; confer.*

cōnfīdō, -ere, -fīsus sum, *trust, confide in; be confident.*

cōnfīgō, -ere, -fīxī, -fīxus, *pierce through.*

cōnfīnis, -e, *bordering, touching.*

cōnfiteor, -ērī, -fessus, *confess, reveal.*

cōnfluō, -ere, -flūxī, —, *flow together, flock together.*

cōnfugiō, -ere, -fūgī, —, *flee for help.*

cōnfundō, -ere, -fūdī, -fūsus, *pour together, mix, confuse.*

congēlō, 1, *congeal, stiffen.*

congeriēs, (-ēi), f., *heap, mass.*

congerō, -ere, -gessī, -gestus, *bring together, collect, accumulate; construct.*

cōniciō, -ere, -iēcī, -iectus, *throw together, unite; hurl, plunge.*

coniugium, -ī, n., *marriage.*

coniungō, -ere, -iūnxī, -iūnctus, *join together.*

coniūnx, -iugis, m. or f., *husband, wife.*

cōnor, -ārī, -ātus, *try, attempt, begin.*

cōnscelerō, 1, *dishonor, disgrace.*

cōnscendō, -ere, -scendī, -scēnsus, *climb, ascend.*

cōnscius, -a, -um, *having common knowledge, accessory, conspiring.* As subst., cōnscius, -ī, m., *accomplice, witness, accessory.*

cōnsenēscō, -ere, -senuī, —, *grow old together, grow old.*

cōnsequor, -ī, -secūtus, *follow; overtake, reach.*

cōnserō, -ere, -seruī, -sertus, *connect, join, unite.*

cōnserō, -ere, -sēvī, -situs, *plant densely.*

cōnsīderō, 1, *look at, examine, survey; consider.*

cōnsīdō, -ere, -sēdī, -sessus, *sit down; settle, sink.*

cōnsilium, -ī, n., *council, assembly; deliberation, advice.*

cōnsistō, -ere, -stitī, -stitus, *stand still, take a stand; be firm; exist.*

cōnsōlor, -ārī, -ātus, *console, comfort.*

cōnsors, -sortis, *having a common lot, of the same fortune.* As subst., m. or f., *partner, consort.*

cōnspiciō, -ere, -spexī, -spectus, *look at attentively, see.*

cōnspicuus, -a, -um, *visible, conspicuous; distinguished.*

cōnstāns, -antis, *firm, unchanged, trustworthy.*

cōnstanter, adv., *steadily, resolutely, consistently.*

cōnsternō, 1, *confound, terrify.*

cōnsuēscō, -ere, -suēvī, -suētus, *accustom, be accustomed.*

cōnsulō, -ere, -uī, -tus, *consider, reflect; consult, ask.*

cōnsūmō, -ere, -sūmpsī, -sūmptus, *use up, eat up, consume.*

cōnsurgō, -ere, -surrēxī, -surrēctus, *rise, start up; originate.*

contāctus, -ūs, m., *contact.*

contemnō, -ere, -tempsī, -temptus, *scorn, despise, value little.*

contemptor, -ōris, m., *one who despises.*

contendō, -ere, -tendī, -tentus, *exert, pursue; assert, contend.*

contentus, -a, -um [contendō], *eager, intent.*

contentus, -a, -um [contineō], *content, pleased, satisfied.*

conterminus, -a, -um, *bordering.*

conterreō, -ēre, -terruī, -territus, *terrify, frighten.*

conticēscō, -ere, -ticuī, —, *become quiet, fall silent.*

contiguus, -a, -um, *bordering.*

contineō, -ēre, -tinuī, -tentus, *hold together, contain, enclose; check.*

contingō, -ere, -tigī, -tāctus, *touch, reach, seize; happen, take place.*

continuus, -a, -um, *continuous.*

contorqueō, -ēre, -torsī, -tortus, *turn, twist; hurl, brandish, swing.*

contrā, adv. and prep., *opposite, against.*

contrahō, -ere, -trāxī, -tractus, *draw together, contract, shorten, narrow; accomplish.*

contrārius, -a, -um, *against, opposite, opposed to, hostile.* in contrāria, *in the opposite direction.*

contremīscō, -ere, -uī, —, *tremble, shake, shudder.*

contribuō, -ere, -uī, -ūtus, *contribute, give.*

contundō, -ere, -tudī, -tūsus, *subdue.*

cōnūbium, -ī, n., *marriage, wedlock.*

cōnus, -ī, m., *cone; plume.*

convalēscō, -ere, -valuī, —, *grow strong, become well.*

convehō, -ere, -vēxī, -vectus, *carry together; collect.*

convellō, -ere, -vellī, -vulsus, *pluck, tear off; tear to pieces.*

conveniō, -īre, -vēnī, -ventus, *come together, gather.* Impers., *it is agreed* or *settled.*

convertō, -ere, -vertī, -versus, *turn around, turn back; convert, change.*

convīcium, -ī, n., *loud cry, clamor; contradiction; abuse.*

convīva, -ae, m. or f., *guest.*

convocō, 1, *call together, assemble.*

cōpia, -ae, f., *supply, abundance; opportunity, power.* In pl., *forces.*

cor, cordis, n., *heart, soul, spirit, mind.*

corneus, -a, -um, *of horn.*

corniger, -era, -erum, *horned.*

cornīx, -īcis, f., *crow.*

cornū, -ūs, n., *horn* (of an animal); *trumpet.*

cornum, -ī, n., *cornel berry.*

corōna, -ae, f., *garland, wreath.*

corōnō, 1, *crown, wreathe.*

corpus, -oris, n., *body, flesh.*

corrigō, -ere, -rēxī, -rēctus, *make straight, set in order, correct.*

corripiō, -ere, -ripuī, -reptus, *seize, grasp; reproach.*

corrumpō, -ere, -rūpī, -ruptus, *destroy, injure, spoil, corrupt.*

corruō, -ere, -uī, —, *fall, sink.*

cortex, -icis, m. or f., *bark, shell, rind.*

crās, adv., *tomorrow.*

crātēr, -ēris, acc. -ēra, m., *wine-bowl, crater.* Also found as crā-tēra, -ae, f.

crātis, -is, f., *rib, framework.*

crēber, -bra, -brum, *thick, close; numerous, dense, abundant.*

crēdibilis, -e, *worthy of belief.*

crēdō, -ere, -didī, -ditus, *trust; believe, think.*

crēdulus, -a, -um, *easy of belief; trustful, credulous.*

cremō, 1, *burn.*

creō, 1, *bring forth, produce, beget.*

crepitō, -āre, -āvī, —, *rattle, clatter.*

crepō, -āre, -uī, -itus, *rattle, clatter, make a noise.*

crēscō, -ere, crēvī, crētus, *come into being, spring up; grow, increase.*

Crēssa, -ae, f., *a Cretan woman.*

Crētaeus, -a, -um, *of Crete.*

crīmen, -inis, n., *charge, crime.*

crīnālis, -e, *of the hair.*

crīnis, -is, m., *hair, lock of hair.*

crīnītus, -a, -um, *covered with hair.*

crista, -ae, f., *crest, plume.*

croceus, -a, -um, *golden, yellow.*

crocus, -ī, m., *crocus, saffron.*

crūdēlis, -e, *cruel, fierce.*

cruentō, 1, *make bloody.*

cruentus, -a, -um, *bloody; blood-thirsty, cruel; blood red.*

cruor, -ōris, m., *blood, gore.*

crūs, crūris, n., *leg.*

cubīle, -is, n., *couch, bed; the marriage bed.*

cubitum, -ī, n., *elbow, arm.*

culmen, -inis, n., *top, summit.*

culpa, -ae, f., *fault, error.*

culpō, 1, *blame, censure, condemn.*

culter, -trī, m., *knife.*

cultor, -ōris, m., *cultivator, farmer; inhabitant.*

cultus, -a, -um, *cultivated; neat, tidy.*

cultus, -ūs, m., *culture, way of life; attire, dress; civilization.*

cum, conj., *when, after, while; since; although.* Prep., *with, along with.*

cumba, -ae, f., *boat.*

cumulō, 1, *pile up, cover.*

cūnae, -ārum, f., *cradle.*

cūnctor, -ārī, -ātus, *delay, hesitate.*

cūnctus, -a, -um, *all.*

Cupīdineus, -a, -um, *of Cupid.*

cupīdō, -inis, f., *desire, eagerness, passion, greed.* As subst., Cupīdō, m., *Cupid, the god of love.*

cupidus, -a, -um, *desiring, eager, zealous; covetous, greedy.*

cupiō, -ere, -īvī, -ītus, *long for, desire, wish for.*

cupressus, -ūs, f., *cypress tree.*

cŭr, adv., *why?, for what reason?, on account of which, for what motive.*

cŭra, -ae, f., *trouble, care, attention; work; anxiety.*

cŭria, -ae, f., *the Roman senate house; the senate.*

cŭrō, 1, *care for, attend to, be anxious for.*

currō, -ere, cucurrī, cursus, *run.*

currus, -ūs, m., *chariot.*

cursus, -ūs, m., *a running, journey, course, route.*

(curvāmen, -inis), n., *curve.*

curvō, 1, *bend, curve.*

curvus, -a, -um, *bent, curved.*

cuspis, -idis, f., *point, blade; spear, pointed weapon.*

custōdia, -ae, f., *care, guard, protection; guardian.*

custōs, -ōdis, m. or f., *guard, watch; protector, custodian.*

cutis, -is, f., *skin.*

cyathus, -ī, m., *drinking cup.*

Cȳclades, -um, acc. **-as,** f., *the Cyclades,* islands lying in a circle around Delos in the Aegean Sea.

cycnus or **cygnus, -ī,** m., *swan.*

Cyprius, -a, -um, *of Cyprus.*

Cyprus, -ī, f., *Cyprus,* an island in the Mediterranean sea, renowned for the worship of Venus and for its copper mines.

damma, -ae, f., *deer.*

damnō, 1, *condemn, blame.*

damnōsus, -a, -um, *injurious, destructive.*

damnum, -ī, n., *hurt, harm, loss.*

(daps), dapis, f., *feast, food.*

dē, prep., *from, down from, on account of, in reference to, about, concerning.*

dea, -ae, f., *goddess.*

debeō, -ēre, -uī, -itus, *owe.* With inf., *ought, must, should.*

dēbilitō, 1, *disable, weaken.*

decēns, -entis, *becoming, seemly, proper, graceful.*

(deceō), -ēre, (-uī) found only in the 3rd pers. and inf. with impers. subject, *be seemly, be proper, be suitable.*

dēcerpō, -ere, -psī, -ptus, *pluck off, tear away, gather.*

dēcidō, -ere, -cidī, —, *fall down.*

decimus, -a, -um, *tenth.*

dēcipiō, -ere, -cēpī, -ceptus, *catch; delude, cheat, deceive.*

dēclīnō, 1, *turn away* or *aside.*

dēclīvis, -e, *inclining* or *sloping downward.* As subst., **dēclīve, -is,** n., *declivity, slope.*

decor, -ōris, m., *grace, beauty, charm, elegance.*

decŏrus, -a, -um, *fitting, proper, seemly; fine, beautiful.*

dēcrēscō, -ere, -crēvī, -crētus, *grow less, decrease, diminish.*

decus, -oris, n., *grace, splendor, beauty; adornment; honor.*

dēcŭtiō, -ere, -cussī, -cussus, *shake off, strike down, cast off.*

dēdecus, -oris, n., *disgrace, dishonor, shame; a cause of shame* or *disgrace.*

dēdūcō, -ere, -dūxī, -ductus, *lead away, turn aside, remove, bring down.*

dēfendō, -ere, -fendī, -fēnsus, *ward off, avert, defend, protect.*

dēferō, -ferre, -tulī, -lātus, *take away, remove, bring down.*

dēficiō, -ere, -fēcī, -fectus, *fail, be wanting, lack.*

dēfigō, -ere, -fixī, -fixus, *fasten, fix.*

dēfleō, -ēre, -ēvī, -ētus, *weep over, lament, bewail.*

dēfluō, -ere, -fluxī, -fluxus, *flow down, slide, descend; vanish.*

dēfōrmis, -e, *misshapen, deformed; unsightly, loathsome.*

dēfrēnātus, -a, -um, *unrestrained, unbridled.*

dēgravō, -āre, —, -ātus, *weigh down, burden.*

dēiciō, -ere, -iēcī, -iectus, *throw down, tear down, destroy, kill; cast out.*

dēiectus, -ūs, m., *fall, descent.*

deinde, adv., *then, next, afterwards; besides.*

dēlābor, -ī, -lāpsus, *sink down, glide down, descend, fall.*

dēlēniō, -īre, -īvī, -ītus, *soothe, soften, charm.*

dēliciae, -ārum, f., *delight, pleasure, luxury.*

dēliquēscō, -ere, -licuī, —, *melt.*

Dēlius, -ī, m., *the god of Delos,* i.e., Apollo.

Dēlos, -ī, f., *Delos, a small island in the Aegean sea, one of the Cyclades, famed for being the birthplace of Apollo and Diana.*

delphīn, -īnis, m., *dolphin.*

dēlūbrum, -ī, n., *temple, shrine.*

dēlūdō, -ere, -sī, -sus, *mock, deceive, delude.*

dēmēns, -entis, *insane, wild.*

dēmereō, -ēre, -uī, -itus, *deserve.*

dēmittō, -ere, -mīsī, -missus, *send down, drop, drive down.*

dēmō, -ere, dēmpsī, dēmptus, *take away, lay aside, remove.*

dēmum, adv., *at length, finally.*

dēnī, -ae, -a, *ten at a time.*

dēnique, adv., *at last, finally.*

dēns, dentis, m., *tooth.*

dēnsus, -a, -um, *thick, crowded, dense, full.*

dēpellō, -ere, -pulī, -pulsus, *drive out, drive away, remove, avert.*

dēpendeō, -ēre, —, —, *hang from, be dependent on; wait for.*

dēperdō, -ere, -didī, -ditus, *destroy, ruin.*

dēplorō, 1, *weep, lament, cry over.*

dēpōnō, -ere, -posuī, -positus, *place aside, deposit, cast off.*

dēpositum, -ī, n., *deposit, trust.*

dēprecor, -ārī, -ātus, *seek to avoid; pray.*

dēprehendō or dēprendō, -ere, -dī, -hēnsus, *take away, catch; comprehend, detect.*

(dērigēscō), -ere, -riguī, —, *become stiff, grow rigid.*

dēripiō, -ere, -ripuī, -reptus, *tear off, pull down.*

dēscendō, -ere, -dī, -scēnsus, *climb down, descend, fall, sink.*

dēserō, -ere, -uī, -tus, *leave, give up, fail.*

dēsignō, 1, *mark out, represent.*

dēsiliō, -īre, -uī, -sultus, *leap down, dismount.*

dēsinō, -ere, -siī, -situs, *leave off, cease, end.*

dēsistō, -ere, -stitī, -stitus, *leave off, cease, desist.*

dēsōlō, 1, *forsake, abandon.*

dēspērō, 1, *be in despair.*

dēspiciō, -ere, -spexī, -spectus, *look down upon; despise.*

dēspondeō, -ēre, -spondī, -spōnsus, *promise in marriage, betroth.*

dēstituō, -ere, -uī, -ūtus, *abandon.*

dēstringō, -ere, -strīnxī, -strictus, *strip off, unsheathe; touch gently.*

dēsuēscō, -ere, -suēvī, -suētus, *become unaccustomed.*

dēsum, -esse, -fuī, -futūrus, *be absent; be wanting, fail.*

dēsuper, adv., *from above.*

dētegō, -ere, -tēxī, -tēctus, *uncover, expose, disclose, reveal.*

dēterior, -ius, *lower, worse.*

dēterreō, -ēre, -uī, -itus, *frighten off, deter, prevent, hinder.*

dētineō, -ēre, -uī, -tentus, *hold back, hinder, prevent.*

dētractō, 1, *depreciate.*

dētrahō, -ere, -trāxī, -trāctus, *draw off, take away, remove.*

dētrūdō, -ere, -sī, -sus, *thrust away, thrust down, drive away.*

dētruncō, 1, *cut off.*

deus, deī, nom. pl. dī, m., *god.*

děvehō, -ere, -vēxī, -vectus, *carry down, take away.*

děveniō, -īre, -vēnī, -ventus, *arrive, reach.*

děvius, -a, -um, *out of the way.*

děvolvō, -ere, -volvī, -volūtus, *roll down.*

děvorō, 1, *gulp down, devour.*

děvoveō, -ēre, -vōvī, -vōtus, *curse.*

dexter, -tera and -tra, -terum and -trum, *on the right side; skillful.* As subst., dextra, -ae, f., *the right hand; hand.*

Diāna, -ae, f., *Diana*, orig. an Italian divinity, later regarded as identical with the Greek Artemis, daughter of Jupiter and Latona, goddess of the moon, and sister of Apollo.

dīcō, -ere, dīxī, dictus, *say, mean, tell, relate; celebrate.*

Dictaeus, -a, -um, *of Dicte, Cretan.*

dictō, 1, *suggest, remind.*

dictum, -ī, n., *something said, assertion, remark, word.*

diēs, diēī, m. or f., *day.*

differrō, -ferre, distulī, dīlātus, *scatter, carry away; postpone.*

difficilis, -e, *hard, difficult.*

diffīdō, -ere, -fīsus sum, *distrust; lose faith.*

diffugiō, -ere, -fūgī, —, *flee, scatter.*

diffundō, -ere, -fūdī, -fūsus, *pour out, diffuse, extend; relax.*

dīgerō, -ere, -gessī, -gestus, *separate, distribute.*

digitus, -ī, m., *finger.*

dīgnus, -a, -um, *worthy, deserving, becoming, proper.*

dīgredior, -ī, -gressus, *go apart, separate, depart.*

dīlābor, -ī, -lāpsus, *fall down, dissolve, perish, melt away.*

dīlacerō, 1, *tear to pieces.*

dīlātō, 1, *spread out, extend.*

dīligō, -ere, -lēxī, -lēctus, *single out, select, value, esteem.*

dīluō, -ere, -uī, -ūtus, *wash away, dissolve, drench.*

dīmittō, -ere, -mīsī, -missus, *send away, scatter, dismiss.*

dimoveō, -ēre, -mōvī, -mōtus, *move apart, part, separate, scatter.*

dīrēctus, -a, -um, *straight.*

dīrigō, -ere, -rēxī, -rēctus, *set straight, straighten, direct; become stiff or straight.*

dīrimō, -ere, -ēmī, -ēmptus, *take apart, divide; interrupt, delay.*

dīripiō, -ere, -uī, -reptus, *tear apart, ravage, plunder; snatch away, seize.*

dīrus, -a, -um, *ill-omened, fierce.*

dīs, dītis, *rich, wealthy.* As subst., dītia, -ōrum, n., *riches, wealth, abundance.*

Dīs, Dītis, m., *Dis, Pluto.*

discēdō, -ere, -cessī, -cessus, *depart; abandon, give up.*

discō, -ere, didicī, —, *learn, become acquainted with.*

discordia, -ae, f., *disagreement, discord.*

discors, -cordis, *disagreeing, warring, at variance.*

discrīmen, -inis, n., *that which parts, distinction, difference.*

discurrō, -ere, -currī, -cursus, *run in different directions, run about.*

discutiō, -ere, -cussī, -cussus, *strike apart, scatter, strike to pieces, remove.*

disertus, -a, -um, *eloquent.*

disiciō, -ere, -iēcī, -iectus, *throw apart, scatter, separate, break up.*

dispār, -aris, *unequal, unlike.*

dispēnsō, 1, *pay out, distribute, share.*

dispergō, -ere, -sī, -sus, *scatter, disperse, strew about.*

dispiciō, -ere, -spexī, -spectus, *perceive, discover, detect.*

dispōnō, -ere, -posuī, -positus, *distribute, arrange, set in order.*

dissaepiō, -ere, -psī, -ptus, *separate, divide.*

dissiliō, -īre, -uī, —, *leap apart, break up, split.*

dissimilis, -e, *unlike, different.*

dissimulō, 1, *make unlike, assume another form; hide, conceal; pretend that something is not so.*

dissociō, 1, *disjoin, disunite.*

dissuādeō, -ēre, -suāsī, -suāsus, *dissuade.*

dīstinguō, -ere, -tīnxī, -tīnctus, *separate, distinguish; adorn, make conspicuous.*

dīstō, -āre, —, —, *be separate, differ.*

diū, adv., *for a long time.*

diurnus, -a, -um, *daily.*

diūturnus, -a, -um, *of long duration.*

dīva, -ae, f., *goddess.*

dīvellō, -ere, -vellī, -vulsus, *tear apart, separate.*

dīversus, -a, -um, *opposite, contrary, separate, different.*

dīves, -itis, *splendid, costly.*

dīvidō, -ere, -vīsī, -vīsus, *divide, distribute, separate.*

dīvīnus, -a, -um, *immortal, sacred.*

dīvus, -ī, m., *a god, deity, divine being.*

dō, dare, dedī, datus, *give up, surrender, give, confer; assign.*

doceō, -ēre, -uī, -tus, *teach, inform, instruct.*

doctus, -a, -um, *learned, skilled, clever, experienced, wise.*

documentum, -ī, n., *example, evidence.*

doleō, -ēre, -uī, -itus, *feel pain, suffer, grieve, lament.*

dolor, -ōris, m., *pain, suffering, grief, trouble.*

dolus, -ī, m., *trick, deceit, deception, snare.*

domina, -ae, f., *mistress, lady.*

dominor, -ārī, -ātus, *be master, rule over.*

dominus, -ī, m., *master, ruler, owner, lord.*

domō, -āre, -uī, -itus, *overcome, subdue, tame, vanquish.*

domus, -ūs or -ī, f., *house, dwelling, home; household, family.*

dōnec, conj., *as long as, while; until.*

dōnō, 1, *give, bestow, grant.*

dōnum, -ī, n., *gift, present.*

Dōris, -idis, f., *Doris, a sea-goddess, wife of Nereus.*

dōs, dōtis, f., *dowry; gift, present; endowment, talent.*

dracō, -ōnis, m., *serpent, dragon.*

Dryades, -um, f., *Dryads, wood nymphs.*

dubitō, 1, *be in doubt, hesitate.*

dubius, -a, -um, *wavering, doubtful; dangerous.* As subst., dubium, -ī, n., *doubt, uncertainty.*

dūcō, -ere, dūxī, ductus, *lead, conduct, direct, govern; take* (a bride in marriage).

dulcēdō, -inis, f., *sweetness, delightfulness, charm, pleasantness.*

dulcis, -e, *sweet, agreeable.* As subst., dulce, -is, n., *sweet drink.*

dum, conj., *while, until.*

dummodo, conj., *provided that, if only.*

duo, -ae, -o, *two.*

duplicō, 1, *double, repeat.*

dūritia, -ae (rarely dūritiēs, acc. -em), f., *hardness, harshness.*

dūrō, 1, *harden; bear, endure, be patient; wait, remain still.*

dūrus, -a, -um, *hard, harsh, stern.*

dux, ducis, m. or f., *leader.*

ēbibō, -ere, -bibī, -bitus, *drink up.*

ebur, -oris, n., *ivory.*

eburneus or eburnus, -a, -um, *of ivory, ivory.*

ecce, interj., *see!, see there!*

ecquid, interr. adv., *at all?, whether, if at all.*

ecquis, -quid, *anyone?, anything?*

edāx, -ācis, *voracious, devouring.*

ēdiscō, -ere, -didicī, —, *learn thoroughly; study.*

edō, -ere, ēdī, ēsus, *consume.*

ēdō, -ere, -didī, -ditus, *give out, pour forth, bring forth; tell, relate.*

ēdūcō, -ere, -dūxī, -ductus, *lead out, take away; lift up, raise.*

ēdūcō, 1, *educate; support.*

efferō, -ferre, extulī, ēlātus, *carry out, take away; elevate.*

effervēscō, -ere, -ferbuī, —, *boil up or over, ferment; rage.*

effētus, -a, -um, *worn out.*

efficiō, -ere, -fēcī, -fectus, *work out, execute, finish; produce, make, effect; prove, show.*

effigiēs, (-ēī), f., *copy, likeness, imitation, image.*

efflō, 1, *breathe out, exhale.*

effluō, -ere, -fluxī, —, *flow out, run out, flow away, disappear.*

effodiō, -ere, -fōdī, -fossus, *dig out, dig up, excavate.*

effugiō, -ere, -fūgī, —, *flee, avoid.*

effundō, -ere, -fūdī, -fūsus, *pour out, spread out; empty, exhaust.*

egeō, -ēre, -uī, —, *need, want, lack.*

ēgerō, -ere, -gessī, -gestus, *carry out, take away, remove.*

ego, meī, pers. pron., *I, me.*

ēgredior, -ī, -gressus, *go out, march out, go away; disembark.*

ēheu, interj., *ah!, a cry of grief.*

ei, interj., *ah!, oh!, a cry of grief. Often with mihi: what troubles I have!, poor me!*

ēiaculor, -ārī, -ātus, *shoot out, throw out.*

ēiciō, -ere, -iēcī, -iectus, *cast out, expel, drive out, banish.*

ēiectō, 1, *cast out.*

(ēlēctus, -ūs), m., *choice.*

elementum, -ī, n., *first principle, element; beginning, origin.*

ēlīdō, -ere, -sī, -sus, *strike or force out; dash to pieces.*

ēligō, -ere, -lēgī, -lēctus, *pluck out, pick out, choose, elect.*

ēlīmō, 1, *make, finish.*

Ēlis, -idis, f., *a district of Greece.*

ēloquor, -ī, -locūtus, *speak out, declare.*

ēlūdō, -ere, -lūsī, -lūsus, *elude, avoid; delude, cheat.*

ēluō, -ere, -uī, -ūtus, *wash off, cleanse, wash away, remove.*

ēmendō, 1, *correct, improve.*

ēmicō, -āre, -cuī, -cātus, *spring out, break forth, leap up; be conspicuous.*

ēmineō, -ēre, -uī, —, *stand out.*

ēminus, adv., *at a distance; beyond sword's reach.*

ēmittō, -ere, -mīsī, -missus, *send out, discharge, send forth.*

ēmorior, -ī, ēmortuus, *die.*

ēn, interj., *see!, there!*

enim, conj., *for, namely, in fact, certainly, assuredly.*

Enīpēus, -ī, voc. Enīpēu, m., *a river in Thessaly.*

ēnītor, -ī, -nīxus, *struggle out, struggle, exert oneself; mount, climb.*

ēnsis, -is, m., *sword.*

eō, īre, iī, itus, *go, proceed.*

eō, adv., *to that place; to such a degree; there, in that place.*

ephēbus, -ī, m., *a youth.*

Ephyrē, -ēs, f., another name for Corinth.

Epidaurius, -a, -um, *of Epidaurus,* a city of Greece.

ēpotō, -āre, -āvī, -pōtus, *drink up, drink out of.*

epulae, -ārum, f., *food, feast.*

equa, -ae, f., *mare.*

eques, -itis, m., *horseman; a member of the equestrian, or middle, class of Roman citizens.*

equidem, adv., *indeed, truly; certainly, by all means.*

equus, -ī, m., *horse.*

Erebus, -ī, m., *the god of darkness; the lower world, the infernal regions.*

ērēctus, -a, -um, *upright, elevated.*

ergō, adv., *therefore, consequently, accordingly.*

Ēridanus, -ī, m., *the river Po.*

ērigō, -ere, -rēxī, -rēctus, *raise up, erect; arouse, instigate.*

erīlis, -e, *of a master.*

ēripiō, -ere, -uī, -reptus, *tear out, snatch away; rescue, free.*

errāticus, -a, -um, *wandering.*

errō, 1, *wander, stray.*

error, -ōris, m., *a wandering; error, mistake; doubt, ambiguity.*

ērubēscō, -ere, -buī, —, *grow red, redden, blush; feel ashamed.*

ēruō, -ere, -uī -utus, *throw out, dig out, root out; destroy.*

erus, -ī, m., *master, owner.*

ēsca, -ae, f., *food.*

ēsuriō, -īre, —, -ītus, *desire to eat, suffer hunger.*

et, I. Adv., *also, too, besides, moreover, likewise.* II. Conj., *and;* et . . . et, *both . . . and.*

etiam, adv., *even yet, still, even now, even, and also.*

etiamnum, adv., *still, even now.*

etiamnunc, adv., *still, even now.*

etsī, conj., *although.*

Euboīcus, -a, -um, *of Euboea,* an island in the Aegean sea.

Eurus, -ī, m., *the east wind.*

Euxīnus, -a, -um, *Euxine,* an epithet of the Black Sea.

ēvādō, -ere, -sī, -sus, *come out, go forth; escape; turn out.*

ēvānēscō, -ere, -nuī, —, *vanish, disappear, fade from view.*

ēvānidus, -a, -um, *vanishing.*

ēvehō, -ere, -vēxī, -vectus, *carry out, lead forth; proceed, advance.*

ēveniō, -īre, -vēnī, -ventus, *come out, come forth; come to pass, happen.*

ēventus, -ūs, m., *occurrence, accident, event; outcome, consequence.*

ēvertō, -ere, -tī, -sus, *overturn, overthrow, destroy.*

ēvincō, -ere, -vīcī, -vīctus, *overcome, subdue, vanquish.*

ēvītābilis, -e, *avoidable.*

ēvocō, 1, *call* (someone) *from.*

ēvolō, 1, *fly out, escape.*

ēvolvō, -ere, -volvī, -volūtus, *roll out, unfold; disclose, reveal.*

ex or ē (before consonants), prep., *out of, from; on account of; according to.*

exāctus, -a, -um, *precise, exact.*

exacuō, -ere, -uī, -ūtus, *sharpen, stimulate, excite.*

exanimis, -e, *dead; terrified.*

exanimō, 1, *tire, fatigue; terrify, dismay; kill.*

exārdēscō, -ere, -ārsī, -ārsus, *take fire; be inflamed, burn, rage.*

exaudiō, -īre, -īvī, -ītus, *hear clearly, understand, heed.*

excēdō, -ere, -cessī, -cessus, *go out, go forth, depart; exceed.*

excelsus, -a, -um, *lofty, noble.*

excidō, -ere, -cidī, —, *fall out, escape; pass away, be lost, fail.*

excipiō, -ere, -cēpī, -ceptus, *rescue, release, exempt; take up; reply.*

excitō, 1, *rouse, excite.*

exclāmō, 1, *call out, applaud.*

excutiō, -ere, -cussī, -cussus, *shake off, drive out, force away.*

exemplum, -ī, n., *sample, imitation, image, example, warning, lesson.*

exeō, -īre, -iī, -itus, *go out, go forth, depart; turn out, result.*

exerceō, -ēre, -uī, -itus, *keep busy, agitate, exercise, practice.*

exhālō, 1, *breathe out, exhale.*

exhibeō, -ēre, -uī, -itus, *hold forth, present, offer, show, display.*

exhorrēscō, -ere, -ruī, —, *tremble, shudder, be terrified.*

exhortor, -ārī, -ātus, *exhort, encourage.*

exigō, -ere, -ēgī, -āctus, *drive out; demand; determine; end.*

exiguus, -a, -um, *scanty, small.*

exīlis, -e, *slender, small.*

eximō, -ere, -ēmī, -ēmptus, *take out, take away, free; waste, consume.*

exitiābilis, -e, *destructive.*

exitium, -ī, n., *ruin, death.*

exitus, -ūs, m., *departure; end, outcome; solution; death.*

exonerō, 1, *free from guilt.*

exorior, -īrī, -ortus, *come out, rise, appear, begin, be produced.*

exōrō, 1, *induce, prevail upon.*

exōsus, -a, -um, *detesting.*

(expallēscō, -ere), -palluī, —, *grow pale.*

expellō, -ere, -pulī, -pulsus, *drive out, expel, banish.*

experiēns, -entis, *experienced, industrious.*

experior, -īrī, -pertus, *try, test, experience; learn, know.*

expers, -tis, *having no part in, not sharing, free from.*

explōrō, 1, *examine, investigate.*

expōnō, -ere, -posuī, -positus, *put out, expose, offer; explain.*

exprimō, -ere, -pressī, -pressus, *force out.*

exsanguis, -e, *bloodless, feeble.*

exsequiae, -ārum, f., *funeral procession or ceremonies.*

exserō, -ere, -uī, -tus, *stretch out, put forth, extend.*

exsiliō, -īre, -uī, —, *spring out, spring forth, leap up.*

exsilium, -ī, n., *exile; place of exile.*

exsistō, -ere, -stitī, -stitus, *step forth, arise; be visible, exist, be.*

exspatior, -ārī, -ātus, *wander, extend.*

exspectō, 1, *await, expect.*

exspīrō, 1, *exhale; perish, die.*

externō, 1, *terrify greatly.*

exstimulō, 1, *instigate, stimulate.*

exstinguō, -ere, -nxī, -nctus, *destroy, annihilate, annul, extinguish.*

exstō, -āre, —, —, *stand out, project; appear; exist, be.*

exstruō, -ere, -ūxī, -ūctus, *pile up, heap up; build, erect.*

exsul, -ulis, m. or f., *exile.*

exsultō, 1, *leap up, leap out; exult, rejoice; boast.*

exta, -ōrum, n., *internal organs; sacrificial meat.*

extemplō, adv., *immediately.*

extendō, -ere, -tendī, -tentus or -tēnsus, *extend, increase; continue.*

extenuō, 1, *make small, reduce, diminish; weaken.*

externus, -a, -um, *outward, external; foreign.*

exterreō, -ēre, -uī, -itus, *strike with terror, frighten.*

extimēscō, -ere, -muī, —, *be afraid of, fear greatly, dread.*

extrēmus, -a, -um, *last, utmost.* As adv., extrēmum, *for the last time.*

exuō, -ere, -uī, -ūtus, *take off, put off; unclothe.*

exuviae, -ārum, f., *clothing, booty, arms; hide of an animal, skin.*

fabricātor, -ōris, m., *one who makes something; contriver.*

fabricor, -ārī, -ātus, *build, prepare.*

fabrīlis, -e, *skilled.*

fābula, -ae, f., *story, account.*

faciēs, -ēī, f., *appearance, form.*

facilis, -e, *easy, yielding.*

facinus, -oris, n., *deed, act, action; bad deed, outrage, crime.*

faciō, -ere (archaic fut. faxō), fēcī, factus, *make, build, compose; do, perform; cause, produce; imagine.*

factum, -ī, n., *deed, act, fact.*

faex, -cis, f., *grounds, dregs.*

fāgineus, -a, -um, *of beech wood.*

fāgus, -ī, f., *beech-tree.*

falcātus, -a, -um, *rounded, curved.*

fallāx, -ācis, *deceitful, false.*

fallō, -ere, fefellī, falsus, *deceive, trick, cheat, elude; betray.*

falsus, -a, -um, *deceptive, false.*

falx, -cis, f., *pruning knife.*

fāma, -ae, f., *report, rumor, talk, tradition, fame; opinion.*

famēs, -is, f., *hunger, famine.*

famula, -ae, f., *female slave.*

famulus, -ī, m., *slave; companion.*

fās (only nom. and acc. sing.), n., *divine law; justice; what is right, proper* or *permitted* (by religion). With *est: it is lawful, it is permitted.*

fastīgium, -ī, n., *top* or *end of a gable; roof; summit, top.*

fātālis, -e, *ordained by destiny, fated, decreed; fatal.*

fateor, -ērī, fassus, *confess.*

fātidicus, -a, -um, *prophetic.*

fātifer, -era, -erum, *destructive.*

fatīgō, 1, *tire, torment.*

fātum, -ī, n., *fate, ruin.*

faucēs, -ium, f., *throat; jaws.*

faustus, -a, -um, *fortunate.*

fautrīx, -īcis, f., *protectress.*

faveō, -ēre, fāvī, fautus, *favor, be-friend, protect; be favorable.*

favīlla, -ae, f., *cinders, ashes.*

favor, -ōris, m., *favor, approval.*

favus, -ī, m., *honeycomb.*

fax, -cis, f., *torch, fire, flame; nup-tial torch* (carried in the wedding procession); *the fire of love.*

faxō, see faciō.

febris, -is, f., *fever.*

fēcundus, -a, -um, *fertile, rich.*

fel, fellis, n., *gall; poison.*

fēlīx, -īcis, *favorable, happy.*

fēmina, -ae, f., *woman.*

fēmineus, -a, -um, *womanly.*

femur, -oris, n., *thigh, leg.*

fenestra, -ae, f., *window.*

fera, -ae, f., *wild beast.*

ferāx, -ācis, *fertile, rich.*

ferē, adv., *almost, about.*

feretrum, -ī, n., *litter, bier.*

ferīnus, -a, -um, *wild, fierce, of a wild animal.*

feriō, -īre, —, —, *strike, cut, beat; kill by striking* or *beating.* With *foedus: make a compact* or *treaty.*

feritās, -ātis, f., *ferocity.*

ferō, ferre, tulī, lātus, *bear, carry, lift, support; produce, yield; suf-fer; tell, report.* fertur, *it is said.*

ferōx, -ōcis, *wild, fierce, bold.*

ferreus, -a, -um, *made of iron; cruel.*

ferrūgō, -inis, f., *iron rust; the color of rust; darkness, gloom.*

ferrum, -ī, n., *iron; iron tool* or *im-plement; sword, knife.*

fertilis, -e, *fruitful, fertile.*

fertilitās, -ātis, f., *fruitfulness, fertil-ity, abundance.*

ferus, -a, -um, *wild, untamed, fierce; uncultivated, savage, cruel.* As subst., *ferus, -ī, m., wild beast, animal.*

ferveō, -ēre, ferbuī, —, *be hot, boil, burn; be inflamed, rage.*

fervidus, -a, -um, *boiling, bubbling.*

fervor, -ōris, m., *heat; passion.*

fessus, -a, -um, *wearied, feeble.*

fēstīnō, 1, *hasten, hurry.*

festus, -a, -um, *festive, festal.* As subst., *festum, -ī, n., festival, feast.*

fētus, -a, -um, *pregnant; fruitful.* As subst., *fētus, -ūs, m., offspring, progeny; fruit, produce.*

fibra, -ae, f., *fiber; entrails.*

fictilis, -e, *made of clay, earthen.* As subst., *fictile, -is, n., clay vessel, pot, dish.*

fictum, -ī, n., *deception.*

fidēs, -eī or fidē, f., *trust, faith, be-lief; honesty, faithfulness.*

fidēs, -is, f., *string; lyre.*

fidūcia, -ae, f., *trust, reliance.*

fidus, -a, -um, *trustworthy, sure.*

fīgō, -ere, fīxī, fīxus, *fix, fasten, at-tach; pierce; set up.*

figūra, -ae, f., *form, figure; beauty.*

fīlia, -ae, f., *daughter.*

fīlius, -ī, m., *son.*

fīlum, -ī, n., *thread, string.*

findō, -ere, fidī, fissus, *cleave, split, separate, divide.*

fingō, -ere, fīnxī, fictus, *touch, han-dle; form, compose; imagine.*

fīniō, -īre, -īvī, -ītus, *limit, enclose; determine; finish, terminate.*

fīnis, -is, m., *boundary, end.*

fīnitimus, -a, -um, *neighboring, nearby.*

fīō, fierī, factus sum, used as passive of faciō, *become, be made, hap-pen.*

fīrmō, 1, *strengthen, confirm.*

fīrmus, -a, -um, *strong, lasting.*

fissum, -ī, n., *cleft, fissure.*

fistula, -ae, f., *pipe; reed ripe, shep-herd's pipe, pipes of Pan.*

fīxus, -a, -um, *fixed, immovable.*

flagellō, 1, *lash, whip.*

flagrō, 1, *flame, blaze, burn.*

flāmen, -inis, m., *a priest.*

flāmen, -inis, n., *breeze, wind.*
flamma, -ae, f., *flame, passion.*
flammifer, -fera, -ferum, *fiery.*
flātus, -ūs, m., *breeze, wind.*
flāveō, -ēre, —, —, *be golden yellow or gold-colored.*
flāvēscō, ere, —, —, *become yellow.*
flāvus, -a, -um, *golden yellow.*
flēbilis, -e, *lamentable.*
flectō, -ere, flexī, flexus, *bend, curve, turn; turn one's course, avoid; move, persuade, appease.*
fleō, -ēre, flēvī, flētus, *weep.*
flētus, -ūs, m., *weeping.*
flexilis, -e, *pliable, flexible.*
flexus, -ūs, m., *a bending, softening.*
flōreō, -ēre, -uī, —, *bloom, flower, flourish.*
flōs, -ōris, m., *blossom, flower, bloom; prime, freshness.*
flūctus, -ūs, m., *flood, waters, wave.*
fluitō, 1, *float, flow.*
flūmen, -inis, n., *stream, river.*
flūmineus, -a, -um, *of a river.*
fluō, -ere, flūxī, flūxus, *flow, run, pour; throng; flow away, vanish.*
fluviālis, -e, *of a river.*
focus, -ī, m., *hearth.*
fodiō, -ere, fōdī, fossus, *dig, pierce.*
foedō, 1, *pollute; disgrace.*
foedus, -a, -um, *foul, shameful.*
foedus, -eris, n., *compact, law.*
folium, -ī, n., *leaf.*
fōns, fontis, m., *spring; source.*
for, fārī, fātus, *speak, say.*
forāmen, -inis, n., *opening, hole.*
forem, -ēs, -et, etc., see sum.
foris, -is, f., sing., *door, gate.* In pl., *folding door, double door, entrance.*
forma, -ae, f., *figure; beauty.*
formīca, -ae, f., *ant.*
formīdābilis, -e, *causing fear.*
formīdō, 1, *fear, dread.*
formīdō, -inis, f., *terror, awe.*
formō, 1, *shape, fashion, build.*
formōsus, -a, -um, *finely formed.*
fornāx, -ācis, f., *furnace, oven.*

fors, (fortis), f., *chance, accident, luck, fate.*
forsitan, adv., *perhaps.*
fortasse, adv., *perhaps.*
forte, adv., *by chance.*
fortis, -e, *strong, bold.*
fortūna, -ae, f., *chance, fortune.*
fortūnātus, -a, -um, *fortunate.*
forum, -ī, n., *marketplace.*
fossa, -ae, f., *ditch, trench.*
foveō, -ēre, fōvī, fōtus, *warm, cherish, love; assist, encourage.*
frāga, -ōrum, n., *strawberries.*
fragilis, -e, *frail.*
fragor, -ōris, m., *noise, din.*
frangō, -ere, frēgī, frāctus, *break, dash to pieces, shatter, crush.*
frāter, -tris, m., *brother.*
frāternus, -a, -um, *brotherly.*
fraudō, 1, *defraud, rob.*
fraus, fraudis, f., *cheating, deceit, fraud; offence, damage.*
fremō, -ere, -uī, -itus, *roar, growl, howl, rage.*
frendō, -ere, -uī, frēsus, *gnash the teeth.*
frēnō, 1, *curb, bridle.*
frēnum, -ī, n., *bridle; restraint.*
frequēns, -entis, *often, repeated; in great numbers, crowded; frequented.*
frequentō, 1, *assemble in throngs; celebrate in great numbers.*
fretum, -ī, n., *strait, sea.*
frīgidus, -a, -um, *cold, chilling.*
frīgus, -oris, n., *coldness.*
frondeō, -ēre, —, —, *put forth leaves, be in leaf, become green.*
frondeus, -a, -um, *of leaves or boughs.*
frōns, -ondis, f., *foliage.*
frōns, frontis, f., *forehead, brow; expression, face, look; front.*
frūctus, -ūs, m., *delight, satisfaction; produce, product; fruit.*
fruor, -ī, frūctus, *enjoy.*
frūstrā, adv., *in vain.*
frustum, -ī, n., *piece, chunk.*

frutex, -icis, m., *shrub, foliage.*
fruticōsus, -a, -um, *full of shrubs.*
(frūx), frūgis, f., *fruit, produce.*
fuga, -ae, f., *flight.*
fugāx, -ācis, *fleeing, shy; swift.*
fugiō, -ere, fūgī, fugitus, *flee, fly, take flight, run away; pass quickly.*
fugō, 1, *put to flight.*
fulcrum, -ī, n., *bedpost.*
fulgeō, -ēre, fulsī, —, *flash, glitter, shine; be conspicuous.*
fulgor, -ōris, m., *lightning; brightness, splendor.*
fulgur, -uris, n., *lightning.*
fulica, -ae, f., *coot,* a kind of bird.
fulmen, -inis, n., *lightning flash, stroke of lightning, thunderbolt.*
fulvus, -a, -um, *yellow, tawny.*
fūmificus, -a, -um, *smoking, steaming.*
fūmō, -āre, —, —, *smoke, steam.*
fūmus, -ī, m., *smoke, steam, fume.*
funda, -ae, f., *sling* (for hurling stones).
fundāmen, -inis, n., *foundation.*
fundō, -ere, fūdī, fūsus, *pour, pour forth; extend; overwhelm.*
fūnestus, -a, -um, *deadly, fatal; filled with misfortune, mournful.*
fungor, -ī, fūnctus, *perform, administer, do; observe.*
fūnis, -is, m., *rope, cord.*
fūnus, -eris, n., *funeral procession, funeral rites; burial, funeral.*
furca, -ae, f., *two-pronged fork; prop, support.*
furiālis, -e, *raging; dreadful.*
furiōsus, -a, -um, *mad, raging.*
furō, -ere, —, —, *rage, be mad.*
furor, -ōris, m., *madness, fury, passion.*
fūrtim, adv., *secretly.*
fūrtīvus, -a, -um, *secret, hidden.*
fūrtum, -ī, n., *theft, trick; secret affair.*
fuscus, -a, -um, *dark, swarthy.*
fūsilis, -e, *molten, fluid.*
futūrus, -a, -um, *yet to come, future.*

As subst., futūrum, -ī, n., *what is to come, the future.*

Gabiī, -ōrum, m., *Gabii,* an ancient city of Latium.
Gabīnus, -a, -um, *of Gabii.*
Gaetūlus, -a, -um, *African.*
galea, -ae, f., *helmet.*
garrulus, -a, -um, *talkative.*
gaudeō, -ēre, gāvīsus sum, *rejoice, be glad, take pleasure, be pleased.*
gelidus, -a, -um, *icy cold.*
gemellipara, -ae, f., *twin-bearing.*
geminō, 1, *double, repeat.*
geminus, -a, -um, *twin-born; double.* As subst., geminī, -ōrum, m., *twins.*
gemitus, -ūs, m., *groan, lamentation, complaint.*
gemma, -ae, f., *eye; jewel.*
gemmō, 1, *put forth buds.*
gemō, -ere, -uī, -itus, *sigh, groan, moan, lament.*
genae, -ārum, f., *the cheeks.*
gener, -erī, m., *son-in-law.*
generōsus, -a, -um, *of noble birth.*
genetīvus, -a, -um, *of a family.*
genetrīx, -īcis, f., *a mother.*
geniālis, -e, *pleasant, joyful.*
genitor, -ōris, m., *parent, father, creator.*
gēns, gentis, f., *race, clan, people, family, species.*
genū, -ūs, n., *knee.*
genus, -eris, n., *race, stock, family, descent, origin.*
germānus, -a, -um, *one's own, real, genuine.* As subst., germāna, -ae, f., *sister;* germānus, -ī, m., *brother.*
gerō, -ere, gessī, gestus, *bear, bring forth, produce; display; manage, regulate; perform; wage.*
gestāmen, -inis, n., *burden, load.*
gestiō, -īre, -īvī, -ītus, *be eager.*
gestō, 1, *bear, wield.*
Geticus, -a, -um, *of the Getae,* a people of Thrace.
Gigantēus, -a, -um, *of a Giant.*

gīgnō, -ere, genuī, genitus, *produce, give birth to, bear.*
glaciālis, -e, *icy, frozen.*
glaciēs, -ēī, f., *ice.*
gladius, -ī, m., *sword.*
glaeba, -ae, f., *sod, turf.*
glāns, glandis, f., *acorn.*
glomerō, 1, *gather up, collect.*
glōria, -ae, f., *fame, honor.*
gnātus, see nātus.
gracilis, -e, *thin, slender, lean.*
gradior, -ī, gressus, *step, walk.*
gradus, -ūs, m., *step, degree.*
Grāius, -a, -um, *Greek.*
grāmen, -inis, n., *grass, pasture.*
grāmineus, -a, -um, *grassy.*
grandaevus, -a, -um, *old, aged.*
grandis, -e, *large, great; strong, severe; aged, old; noble, lofty.*
grānum, -ī, n., *grain, seed.*
grātēs, (-ium), f., *thanks.*
grātia, -ae, f., *favor, regard; kindness, courtesy; thanks, gratitude; beauty.* grātiā, prep., *on account of, because of.*
grātor, -ārī, -ātus, *congratulate; rejoice.*
grātus, -a, -um, *pleasing, agreeable, acceptable; thankful, grateful.*
gravidus, -a, -um, *filled, full, swollen; burdened; pregnant.*
gravis, -e, *heavy; burdened; oppressive, severe, painful; hard, important, grave.*
gravitās, -ātis, f., *weight, heaviness; severity; importance.*
gravō, 1, *burden, weigh down.*
gremium, -ī, n., *lap, embrace.*
gressus, -ūs, m., *step.*
grex, gregis, m., *flock, herd; company, band, crowd, throng.*
grūs, gruis, m. or f., *crane.*
gubernātor, -ōris, m., *steersman, helmsman, pilot; director, ruler.*
gula, -ae, f., *throat; appetite.*
gurges, -itis, m., *whirlpool, abyss; flood, sea.*
gutta, -ae, f., *drop, spot, speck.*
guttur, -uris, n., *throat, neck.*

habēna, -ae, f., *rein.*
habeō, -ēre, -uī, -itus, *have, hold, possess; inhabit, occupy; be master of, own, govern, manage; have in mind, think.*
habitābilis, -e, *habitable.*
habitō, 1, *reside; frequent.*
habitus, -ūs, m., *condition, state, appearance; dress; nature.*
hāc, adv., *this way, here.*
Haemonia, -ae, f., *Thessaly.*
Haemonius, -a, -um, *Thessalian.*
haereō, -ēre, haesī, haesus, *adhere, be fixed; keep at, stick to.*
hālitus, -ūs, m., *breath, vapor.*
hāmātus, -a, -um, *hooked.*
hāmus, -ī, m., *hook.*
harēna, -ae, f., *sand; a sandy place, shore; place of combat; ashes.*
harēnōsus, -a, -um, *sandy.*
harundō, -inis, f., *reed, cane; reed pipe, shepherd's pipe; fishing rod.*
hasta, -ae, f., *staff, spear.*
hastīle, -is, n., *spear shaft, spear, javelin.*
haud, adv., *not, not at all, by no means, scarcely.*
hauriō, -īre, hausī, haustus, *draw up, drink up, swallow, consume.*
haustus, -ūs, m., *a drinking, swallowing; drink; stream.*
hebes, -etis, *dull; stupid.*
hebetō, 1, *blunt, dull, weaken.*
Hebrus, -ī, m., *a river of Thrace.*
Hecatē, -ēs, f., *the goddess of enchantments, incantations, magic, and witchcraft.*
Hector, -oris, m., *son of Priam, king of Troy.*
hedera, -ae, f., *ivy, ivy vine.*
herba, -ae, f., *grass, herbage.*
hērēs, -ēdis, m. or f., *heir, heiress; successor.*
hērōs, -ōis, m., *demigod, hero.*
Hesperius, -a, -um, *of Hesperus; western.* As subst., **Hesperia**, -ae, f., *a land in the far west.*
Hesperus, -ī, m., *the evening star.*
hesternus, -a, -um, *of yesterday.*

heu, interj., *oh!, ah!,* a cry of grief or pain.

hiātus, -ūs, m., *opening; jaws.*

hĭc, haec, hōc, *this, he, she, it; the former; the following.*

hĭc, adv., *in this place; now.*

hiems, -emis, f., *winter; cold.*

hinc, adv., *from this place, hence.* hinc . . . illinc, *here . . . there, on this side . . . on that side.*

hinnītus, -ūs, m., *neigh.*

hīrsūtus, -a, -um, *rough, hairy.*

hīrtus, -a, -um, *shaggy, hairy.*

hīscō, -ere, —, —, *open, split open; open the mouth, yawn.*

Hister, -trī, m., the lower part of the Danube river.

holus, -eris, n., *cabbage.*

homō, -inis, m. or f., *human being, person, man, creature.*

honestē, adv., *decently, properly, virtuously, nobly.*

honor, -ōris, m., *honor, distinction; praise; office, post; reward.*

hŏra, -ae, f., *hour, time, season.*

Horātius, -ī, m., *Horace,* the Roman poet.

horrendus, -a, -um, *dreadful.*

horreō, -ēre, -uī, —, *bristle; tremble, shudder, dread, be afraid.*

horridus, -a, -um, *shaggy, bristly; wild, savage; frightful, dreadful.*

horrifer, -fera, -ferum, *exciting terror, terrible, awful, horrible.*

hortāmen, -inis, n., *encouragement.*

hortātus, -ūs, m., *incitement, encouragement, exhortation.*

hortor, -ārī, -ātus, *urge, encourage.*

hortus, -ī, m., *garden.*

hospes, -itis, m., *host, guest; stranger.*

hospita, -ae, f., *hostess; visitor, guest, stranger.*

hospitium, -ī, n., *hospitality.*

hosticus, -a, -um, *hostile.*

hostīlis, -e, *hostile.*

hostis, -is, m. or f., *stranger, foreigner; enemy, foe* (usually in pl.).

hūc, adv., *to this place, to this point, thus far, in this direction.*

hūmānus, -a, -um, *human.*

humerus, see umerus.

hŭmidus, see ūmidus.

humilis, -e, *low, lowly, humble, poor, obscure, insignificant.*

humus, -ī, f., *the earth, ground.*

Hymenaeus, -a, -um, *of Hymen,* the god of marriage.

iaceō, -ēre, -uī, -itus, *lie, lie at rest.*

iaciō, -ere, iēcī, iactus, *throw, scatter, let fall.*

iactō, 1, *throw; spread; boast.*

iactūra, -ae, f., *loss.*

iactus, -ūs, m., *casting, throw.*

iaculātrīx, -īcis, f., *huntress.*

iaculor, -ārī, -ātus, *throw, cast, hurl.*

iaculum, -ī, n., *javelin, spear.*

iam, adv., *now; presently; already, by this time, soon.*

iamdūdum, adv., *long since, long ago, now for a long time.*

iamprīdem, adv., *long since, long ago, now for a long time.*

iānua, -ae, f., *door, entrance.*

ibi, adv., *there, in that place.*

(īciō), īcere, īcī, īctus, *strike, hit.* With *foedus: make a treaty.*

īctus, -ūs, m., *stroke, blow.*

Īda, -ae or Īdē, -ēs, f., a mountain in Crete. A mountain near Troy.

idcircō, adv., *for that reason.*

īdem, eadem, idem, *the same.*

ideō, adv., *for that reason.*

iecur, -oris, n., *the liver.*

iēiūnium, -ī, n., *fasting, hunger.*

iēiūnus, -a, -um, *hungry, barren.*

igitur, adv., *therefore, accordingly, then, consequently.*

īgnārus, -a, -um, *ignorant, unacquainted with, inexperienced, unaware.*

īgnāvus, -a, -um, *inactive, lazy, idle, without spirit; cowardly.*

īgneus, -a, -um, *fiery, hot.*

īgnifer, -fera, -ferum, *fiery.*

īgnis, -is, m., *fire, flame, splendor, brilliance; passion.*

īgnōbilitās, -ātis, f., *obscurity.*

īgnōrantia, -ae, f., *ignorance.*
īgnōrō, 1, *be ignorant, not know; mistake; disregard.*
īgnōscō, -ere, -nōvī, -nōtus, *pardon, forgive, excuse, overlook.*
īgnōtus, -a, -um, *unknown, strange.*
īlex, -icis, f., *oak tree.*
īlia, -ōrum, n., *groin, entrails.*
Īlion, or Īlium, -ī, n., *Troy.*
illāc, adv., *that way, there, on that side.*
ille, illa, illud, *that, he, she, it.* ille . . . hīc, *the former . . . the latter.*
illīc, adv., *in that place, there.*
illinc, adv., *from that place.*
illūc, adv., *to that place, in that direction.*
imāgō, -inis, f., *copy, likeness, statue, picture, appearance.*
imbellis, -is, *unwarlike.*
imber, -bris, m., *rain.*
imitātor, -ōris, m., *imitator.*
imitor, -ārī, -ātus, *imitate; resemble.*
immānis, -e, *monstrous, enormous.*
immēnsus, -a, -um, *immeasurable.*
immineō, -ēre, —, —, *lean toward, hang down, overhang; threaten.*
immisceō, -ēre, -uī, -mixtus, *mix in, blend, mingle.*
immittō, -ere, -mīsī, -missus, *send in, admit; throw at; drop.*
immodicus, -a, -um, *enormous.*
immorior, -ī, -mortuus, *die upon, fall upon in death.*
immōtus, -a, -um, *immovable.*
immūnis, -e, *not bound, free; devoid of, without, exempt from.*
immurmurō, -āre, —, —, *murmur at, murmur reproachfully.*
impār, -aris, *uneven, unequal, dissimilar; inferior.*
impatiēns, -entis, *impatient, intolerant; avoiding; ungovernable.*
impavidus, -a, -um, *fearless.*
impediō, -īre, -īvī, -ītus, *ensnare, hamper, hold fast, hinder.*
impellō, -ere, -pulī, -pulsus, *push, drive, urge on; persuade.*

impēnsus, -a, -um, *ample, considerable, great; strong, vehement.*
imperfectus, -a, -um, *incomplete.*
imperium, -ī, n., *command, order; authority, control, power, rule.*
imperō, 1, *command, rule.*
(impēs), -petis, m., *violence, force.*
impetus, -ūs, m., *attack, assault; violence, fury, vigor, force.*
impiger, -gra, -grum, *diligent, active, quick, energetic.*
impius, -a, -um, *irreverent.*
implācābilis, -e, *unappeasable.*
implācātus, -a, -um, *unappeased.*
impleō, -ēre, ēvī, -ētus, *fill, finish.*
implicō, 1, *involve, entangle.*
impluō, -ere, -uī, -ūtus, *shower, sprinkle.*
impōnō, -ere, -posuī, -positus, *establish, introduce; inflict.*
improbus, -a, -um, *bad, wicked, shameless; outrageous.*
imprūdēns, -entis, *not expecting, without knowing, ignorant; heedless.*
impūbis, -is, *youthful.*
impulsus, -ūs, m., *pressure, shock, influence.*
impūne, adv., *without punishment; safely, unharmed.*
īmus, -a, -um (super. of īnferus), *lowest, deepest, last.* As subst., īmum, -ī, n., *the bottom.*
in, prep. I. With acc., *into, toward, up to, down to; in respect to, concerning.* II. With abl., *within, in, on, upon, for.*
Īnachis, -idos, acc. pl. -idās, *of Inachus; Io.*
Īnachus, -ī, m., *a river in Argos.*
inaequālis, -e, *unequal, unlike; changeable.*
inambitiōsus, -a, -um, *unambitious.*
inamoenus, -a, -um, *gloomy.*
inānis, -e, *empty, lifeless, useless, unprofitable.* As subst., ināne, -is, n., *an empty place, space.*
inarātus, -a, -um, *unploughed.*

inārdēscō, -ere, -ārsī, —, *take fire,
burn, glow.*

inattentuātus, -a, -um, *undiminished.*

incalēscō, -ere, -caluī, —, *grow
warm, be heated, glow.*

incānus, -a, -um, *pale, colorless.*

incēdō, -ere, -cessī, -cessus, *advance,
proceed, walk; happen.*

incendium, -ī, n., *burning, fire.*

incēnsus, -a, -um, *fiery, hot.*

inceptum, -ī, n., *beginning, attempt,
undertaking.*

incertus, -a, -um, *unsettled.*

incestus, -a, -um, *unclean, polluted,
sinful, criminal.*

incingō, -ere, -cīnxī, -cīnctus, *gird,
gird about, surround.*

incipiō, -ere, -cēpī, -ceptus, *take in
hand, begin.*

incitō, 1, *incite, excite.*

inclāmō, 1, *call, call for.*

inclīnō, 1, *incline, turn.*

inclūdō, -ere, -clūsī, -clūsus, *enclose,
confine; obstruct.*

incōgnitus, -a, -um, *unknown.*

incola, -ae, m. or f., *inhabitant.*

incolumis, -e, *unharmed.*

incomitātus, -a, -um, *unaccompanied.*

incōmptus, -a, -um, *disordered, di-
shevelled, unkempt, unadorned.*

incōnsōlābilis, -e, *inconsolable.*

incoquō, -ere, -coxī, -coctus, *boil
down, boil, seethe.*

incrēmentum, -ī, n., *growth, increase.*

increpō, -āre, -uī, -itus, *sound, re-
sound; scold, rebuke.*

incrēscō, -ere, -crēvī, —, *grow, swell,
increase.*

incubō, -āre, -uī, -itus, *lie upon, rest
upon.*

inculpātus, -a, -um, *blameless, pure,
chaste.*

incumbō, -ere, -cubuī, -cubitus, *set-
tle upon, burden; rest upon.*

incūnābula, -ōrum, n., *cradle.*

incurrō, -ere, -currī, -cursus, *run
into, rush at, attack.*

incursō, 1, *attack.*

incursus, -ūs, m., *approach, attack;*

impulse, effort.

incurvātus, -a, -um, *bent over.*

incurvus, -a, -um, *bent, bowed.*

incustōdītus, -a, -um, *neglected.*

inde, adv., *from that place, from
that time; therefore; thereafter.*

indēiectus, -a, -um, *standing.*

indēlēbilis, -e, *imperishable.*

index, -icis, m. or f., *informer, wit-
ness; intermediary.*

indicium, -ī, n., *notice, disclosure,
evidence, sign, proof.*

indicō, 1, *point out, reveal.*

indīcō, -ere, -dīxī, -dictus, *declare
publicly, proclaim, order.*

indigena, -ae, m., *native.*

indīgestus, -a, -um, *confused.*

indīgnor, -ārī, -ātus, *consider un-
worthy, despise; become angry.*

indīgnus, -a, -um, *unworthy, unfit;
shameful; cruel, harsh.*

indolēscō, -ere, -luī, —, *feel pain,
ache, be distressed, grieve.*

indūcō, -ere, -dūxī, -ductus, *bring
in, lead in, introduce; exhibit,
show; spread over, draw over.*

indulgentia, -ae, f., *yielding, indul-
gence; tenderness, favor.*

indulgeō, -ēre, -ulsī, -ultus, *be kind;
yield, grant, permit.*

induō, -ere, -uī, -ūtus, *put on, as-
sume, dress in, clothe, cover.*

indūrō, 1, *make hard, harden.*

ineō, -īre, -iī, -itus, *go into, enter;
make a beginning, begin, under-
take; contrive, devise.*

inermis, -e, *unarmed, defenseless.*

iners, -ertis, *without skill; helpless;
worthless; lazy.*

inēvītābilis, -e, *unavoidable.*

inexplētus, -a, -um, *not filled.*

inexpūgnābilis, -e, *impregnable.*

īnfāmis, -e, *of ill repute.*

īnfāns, -antis, *without speech, not
able to speak; ineloquent; young.
As subst., m. or f., little child,
infant.*

īnfaustus, -a, -um, *of ill omen.*

īnfectus, -a, -um, *unfinished.*

īnfēlīx, -īcis, *unfortunate, ill-fated, miserable; causing misfortune, calamitous.*

īnferior, see īnferus.

īnfernus, -a, -um, *lower; infernal.*

īnferō, -ferre, -tulī, -lātus, *bring in, introduce; attack.*

īnferus, -a, -um, comp. īnferior, -ius, super. īmus, -a, -um, *below, beneath, lower; infernal.* As subst., īnferī, -ōrum, m., *inhabitants of the infernal regions, shades of the dead.*

īnfestus, -a, -um, *dangerous.*

īnficiō, -ere, -fēcī, -fectus, *stain, infect, spoil, corrupt.*

īnfīdus, -a, -um, *faithless.*

īnfitior, -ārī, -ātus, *deny, disown.*

īnflō, 1, *inflate; inspire.*

īnfrā, adv., *below, beneath.*

īnfrāctus, -a, -um, *discordant.*

īnfundō, -ere, -fūdī, -fūsus, *pour in or out; press in, crowd.*

ingeminō, 1, *double, repeat.*

ingemīscō, -ere, -uī, —, *groan, sigh.*

ingemō, -ere, -uī, —, *groan over, sigh at, lament, mourn, wail.*

ingeniōsus, -a, -um, *ingenious.*

ingenium, -ī, n., *nature, inclination, ability, talent.*

ingēns, -entis, *huge, enormous.*

ingenuus, -a, -um, *noble, honest.*

ingerō, -ere, -gessī, -gestus, *throw on, heap upon.*

ingrātus, -a, -um, *disagreeable; thankless, unprofitable.*

ingredior, -ī, -essus, *advance, enter; enter upon, undertake.*

inguen, -inis, n., *groin; penis.*

inhaereō, -ēre, -haesī, -haesus, *stick to, be closely connected.*

inhibeō, -ēre, -uī, -itus, *hold in, restrain, repress, hinder.*

inhorrēscō, -ere, -uī, —, *bristle, become rough; quiver.*

inhospitus, -a, -um, *inhospitable.*

inhumātus, -a, -um, *unburied.*

iniciō, -ere, -iēcī, -iectus, *throw in or over; seize.*

inimīcus, -a, -um, *unfriendly.*

inīquus, -a, -um, *uneven; unfortunate; unjust, cruel.*

iniūria, -ae, f., *wrong, injury.*

iniūstus, -a, -um, *unreasonable, oppressive, improper, unjust.*

inlīmis, -e, *clear.*

inlinō, -ere, -lēvī, -litus, *smear over, spread upon.*

inlūstris, -e, *bright, illustrious, distinguished, noble.*

innātus, -a, -um, *inborn.*

innectō, -ere, -nexuī, -nexus, *twist, weave in, bind about.*

innītor, -ī, -nīxus, *lean upon.*

innocuus, -a, -um, *harmless.*

innumerus, -a, -um, *countless.*

innuptus, -a, -um, *unmarried.*

inops, -opis, *without resources, weak; poor, destitute.*

inōrnātus, -a, -um, *unadorned.*

inquam, defective verb found mostly in 3rd pers., inquit, *say.*

inquīrō, -ere, -sīvī, -sītus, *search for; investigate, examine.*

inreprehēnsus, -a, -um, *blameless.*

inrequiētus, -a, -um, *without rest.*

inrideō, -ēre, -rīsī, -rīsus, *laugh at, mock.*

inrītāmentum, -ī, n., *incitement, incentive, stimulus.*

inrītō, 1, *excite, irritate.*

inritus, -a, -um, *useless.*

inrōrō, 1, *moisten, sprinkle.*

inrumpō, -ere, -rūpī, -ruptus, *burst into, enter, invade.*

īnsānus, -a, -um, *raving, frantic.*

īnscius, -a, -um, *not knowing.*

īnscrībō, -ere, -īpsī, -īptus, *write upon, inscribe; depict.*

īnsenēscō, -ere, -uī, —, *grow old.*

īnsequor, -ī, -secūtus, *follow after; strive after, press upon.*

īnserō, -ere, -uī, -tus, *put in, introduce, insert.*

īnsideō, -ēre, -sēdī, -sessus, *sit upon.*

īnsidiae, -ārum, f., *snare, trap, ambush; plot, trick.*

īnsidior, -ārī, -ātus, *lie in wait for; plot against.*

īnsīgne, -is, n., *distinguishing mark, proof, sign, signal, token.*

īnsīgnis, -e, *distinguished.*

īnsistō, -ere, -stitī, —, *step, step upon.*

īnsolitus, -a, -um, *unaccustomed.*

īnsonō, -āre, -uī, —, *resound.*

īnsōns, -ontis, *innocent.*

īnsōpītus, -a, -um, *sleepless.*

īnspīrō, 1, *breathe upon; inspire.*

īnstabilis, -e, *unsteady.*

īnstar, indecl. n., *image, likeness, resemblance, appearance.*

īnstīgō, 1, *urge, incite.*

īnstita, -ae, f., *edge of a gown.*

īnstō, -āre, -stitī, -stātus, *draw near; threaten, pursue.*

īnstrictus, -a, -um, *inlaid.*

īnstruō, -ere, -ūxī, -ūctus, *prepare, equip.*

īnsuētus, -a, -um, *unaccustomed.*

īnsula, -ae, f., *island.*

īnsum, -esse, -fuī, —, *be in, be upon; belong to.*

īnsuō, -ere, -uī, -ūtus, *sew up.*

īnsuper, adv., *above, overhead; moreover, besides.*

intābēscō, -ere, -buī, —, *waste away.*

intāctus, -a, -um, *untouched.*

intellegō, -ere, -lēxī, -lēctus, *come to know, perceive, understand.*

intendō, -ere, -dī, -tus, *stretch out, extend; be zealous.*

intentus, -a, -um, *intent.*

intepēscō, -ere, -puī, —, *be warmed.*

inter, prep., *between, among; during, within, in.*

intercipiō, -ere, -cēpī, -ceptus, *intercept, hinder, cut off.*

interdīcō, -ere, -dīxī, -dictus, *forbid, prohibit; shut out.*

interdum, adv., *sometimes, meanwhile.*

intereā, adv., *in the meantime.*

intereō, -īre, -iī, -itus, *be lost, perish.*

interimō, -ere, -ēmī, -ēmptus, *abolish; destroy, kill.*

interior, -ius, *inner, interior.* As adv., interius, *on the inner side, within.*

interitus, -ūs, m., *overthrow, fall, ruin, destruction; death.*

intermittō, -ere, -mīsī, -missus, *omit, suspend, neglect, cease.*

internōdium, -ī, n., *the space between two joints.*

interritus, -a, -um, *unterrified.*

intertextus, -a, -um, *interwoven.*

intexō, -ere, -uī, -tus, *weave in, interlace, join in; weave.*

intibum, -ī, n., *endive.*

intimus, -a, -um, *inmost, deepest; intimate, near, close.*

intonō, -āre, -uī, -ātus, *resound; cry out.*

intōnsus, -a, -um, *unshorn.*

intrā, prep., *within, in.*

intremō, -ere, -uī, —, *tremble, quake.*

intrō, 1, *enter, pierce.*

introeō, -īre, -iī, -itus, *go in, enter.*

intrōrsus, adv., *inwards, within.*

intumēscō, -ere, -muī, —, *swell up, swell with pride* or *anger.*

intumulātus, -a, -um, *unburied.*

intus, adv., *within.*

inūtilis, -e, *useless, unprofitable.*

invādō, -ere, -vāsī, -vāsus, *enter, invade, seize.*

invehō, -ere, -vēxī, -vectus, *carry in; assault, attack.*

inveniō, -īre, -vēnī, -ventus, *find, discover; contrive; acquire.*

inventum, -ī, n., *acquisition, invention.*

invergō, -ere, —, —, *incline; pour upon.*

invictus, -a, -um, *unvanquished.*

invideō, -ēre, -vīdī, -vīsus, *envy, grudge; hate.*

invidia, -ae, f., *envy.*

invidiōsus, -a, -um, *full of envy; hated, hostile; having hate.*

invidus, -a, -um, *envious.*

invītus, -a, -um, *unwilling.*

involvō, -ere, -vī, -ūtus, *roll upon, wrap up; overwhelm.*

iō, interj., *ho!, look!*

iocōsus, -a, -um, *humorous.*
iocus, -ī, m., *jest, joke.*
Iolciācus, -a, -um, *of Iolcos*, home of Jason.
ipse, -a, -um, *self, himself, herself, itself.*
īra, -ae, f., *wrath, passion.*
īrāscor, -ī, īrātus, *be angry.*
is, ea, id, *this, that; he, she, it.*
Īsis, -is and idis, f., voc. Īsi, an Egyptian goddess.
Ismarius, -a, -um, *Thracian.*
Ismēnos or -us, -ī, m., a river of Boeotia.
iste, ista, istud, *that one, he, she, it.*
ita, adv., *in this manner, thus, so.*
iter, -ineris, n., *walk, journey, course; passage, road, way.*
iterō, 1, *repeat.*
iterum, adv., *again, once more.*
iuba, -ae, f., *mane, crest.*
iubeō, -ēre, iussī, iussus, *order.*
Iūdaeus, -a, -um, *Jewish.*
iūdex, -icis, m. or f., *judge.*
iūdicium, -ī, n., *judgment, sentence, opinion.*
iugālis, -e, *nuptial.*
iūgerum, -ī, n., a measure of land, slightly less than an acre.
iugulum, -ī, n., *throat, neck.*
iugum, -ī, n., *yoke.*
iuncōsus, -a, -um, *full of rushes.*
iūnctim, adv., *together.*
iūnctus, -a, -um, *united, joined.*
iuncus, -ī, m., *swamp grass, rush.*
iungō, -ere, -iūnxī, -iūnctus, *join together, connect, fasten.*
Iūnō, -ōnis, f., *Juno*, daughter of Saturn, sister and wife of Jupiter.
Iūnōnius, -a, -um, *of Juno.*
Iūppiter, Iovis, m., *Jupiter*, a son of Saturn, brother and husband of Juno; the mightiest of the Roman gods.
iūrgium, -ī, n., *quarrel, strife.*
iūrō, 1, *swear, vow; swear by.*
iūs, iūris, n., *justice, law.*
iussum, -ī, n., *command, law.*
iūstus, -a, -um, *just, right.*

iuvenālis, -e, *youthful.*
iuvenca, -ae, f., *heifer.*
iuvencus, -ī, m., *young bull.*
iuvenis, -is, *young, youthful.*
iuventa, -ae, f., *the age of youth, youth.* As subst., Iuventa, the goddess of youth.
iuventūs, -ūtis, f., *youth.*
iuvō, -āre, iūvī, iūtus, *help, aid; delight.*
iūxtā, adv. and prep., *near to, near, by the side of, close to.*

labefaciō, -ere, -fēcī, -factus, *shake, waver, loosen.*
labō, 1, *totter, fall to ruin.*
lābor, -ī, lāpsus, *slide, slip.*
labor, -ōris, m., *labor, toil.*
labōrō, 1, *labor, produce, form; be in trouble* or *distress.*
labrum, -ī, n., *lip.*
lac, lactis, n., *milk.* With coāctum: *cheese.*
lacer, -era, -erum, *mangled, torn; mangling, lacerating.*
lacerna, -ae, f., *cloak.*
lacerō, 1, *mangle, wound.*
lacerta, -ae, f., *lizard.*
lacertōsus, -a, -um, *muscular.*
lacertus, -ī, m., *upper arm, arm.*
lacrima, -ae, f., *tear.*
lacrimō, 1, *cry, lament.*
lacrimōsus, -a, -um, *weeping; causing tears, lamentable.*
lacteus, -a, -um, *milky.*
lactō, 1, *contain milk.*
lacus, -ūs, m., *lake, pool; tub.*
laedō, -ere, -sī, -sus, *injure; trouble, offend, hurt, wrong.*
laetor, -ārī, -ātus, *rejoice.*
laetus, -a, -um, *joyful, prosperous.*
laevus, -a, -um, *left, on the left side; unfavorable.*
lambō, -ere, -bī, -bitus, *lick, lap, touch.*
lāmina, -ae, f., *thin layer.*
lampas, -adis, f., *torch.*
lāna, -ae, f., *wool, fleece.*
lancea, -ae, f., *spear.*

langueō, -ēre, —, —, be faint, be weary.

languēscō, -ere, -guī, —, become faint, grow weak; decline.

languidus, -a, -um, faint, feeble.

languor, -ōris, m., weariness.

laniō, 1, mangle, lacerate.

lapidōsus, -a, -um, stony.

lapillus, -ī, m., pebble.

lapis, -idis, m., stone.

lāpsus, -ūs, m., fall, flight.

laqueātus, -a, -um, panelled.

laqueus, -ī, m., noose, snare.

Lār, Laris, usually in pl., Larēs, -um, m., Lares, protecting deities, esp. the gods of the household. In sing. or pl., hearth, home; household, family.

lascīvia, -ae, f., playfulness; wantonness.

lascīvus, -a, -um, frolicsome; licentious, wanton.

lassō, 1, tire, weary.

lassus, -a, -um, weary, tired.

latebra, -ae, f., hiding place, hidden recess; pretence.

lateō, -ēre, -uī, —, lurk, be concealed, lie hidden.

latex, -icis, m., liquid, drink.

Latius, -a, -um, Latin, Roman.

Lātōnigena, -ae, m. and f., one born of Latona.

Lātōus, -a, -um, of Latona.

lātrātor, -ōris, m., dog.

lātrātus, -ūs, m., barking.

lātrō, 1, bark, bay.

lātus, -a, -um, broad, wide, extensive. As subst., lātum, -ī, n., width.

latus, -eris, n., side, flank.

laudō, 1, praise, laud.

laurea, -ae, f., laurel tree; laurel garland.

laurus, -ī, f., laurel.

laus, laudis, f., praise, glory.

lavō, -āre, lāvī, lautus, wash, bathe.

laxō, 1, stretch out, reveal.

lea, -ae, f., lioness.

leaena, -ae, f., lioness.

lēctor, -ōris, m., reader.

lectulus, -ī, m., small couch or bed.

lectus, -ī, m., couch, bed.

legō, -ere, lēgī, lēctus, collect; pick out, appoint; read; pass over, traverse.

lēne, adv., softly, gently.

lēniō, -īre, -īvī, -ītus, soften, soothe, calm.

lēnis, -e, soft, smooth, mild, gentle, calm, favorable.

lēnō, -ōnis, m., pander, procurer.

lentus, -a, -um, slow, sluggish; immovable, tough, pliant.

leō, -ōnis, m., lion.

lepus, -oris, m., hare.

Lerna, -ae, f., a forest near Argos.

Lesbis, -idis, acc. -ida, Lesbian.

lētō, 1, kill, slay.

lētum, -ī, n., death.

levis, -e, light, unimportant.

lēvis, -e, smooth, delicate.

levitās, -ātis, f., lightness.

levō, 1, lift up; support; lessen, alleviate; weaken.

lēx, legis, f., law, rule; mode, manner; agreement.

libellus, -ī, m., pamphlet, diary.

libenter, adv., willingly, gladly.

līber, -era, -erum, free.

liber, -brī, m., bark; book.

līberō, 1, set free.

libet, -ēre, -uit (libitum est), impers., it is pleasing, it is agreeable.

lībō, 1, pour out, offer as a libation.

lībrō, 1, balance; hurl.

Libycus, -a, -um, Libyan.

Libyē, -ēs, f., Libya, Africa.

licentia, -ae, f., freedom, liberty; boldness, wantonness.

licet, -ēre, -uit (licitum est), impers., it is allowed, it is lawful or permitted. Often equivalent to a conj., although.

lignum, -ī, n., wood; ship.

ligō, 1, tie, bind.

ligō, -ōnis, m., mattock, axe.

līlium, -ī, n., lily.

limbus, -ī, m., border, edge.

līmen, -inis, n., threshold, door,

entrance; house, dwelling.

līmes, -itis, m., *path, road, track; boundary, limit.*

līmōsus, -a, -um, *muddy.*

līmus, -ī, m., *mud, slime.*

lingua, -ae, f., *tongue, speech.*

līniger, -gera, -gerum, *clothed in linen.*

linquō, -ere, līquī, —, *leave, leave behind.*

linteum, -ī, n., *linen cloth; sail.*

līnum, -ī, n., *thread, line.*

liquefaciō, -ere, -fēcī, -factus, *make liquid, melt; weaken.*

liqueō, -ēre, līquī, —, *be fluid; be clear or evident.*

liquēscō, -ere, licuī, —, *become fluid, melt; waste away.*

liquidus, -a, -um, *liquid, fluid; clear, bright.* As subst., liquidum, -ī, n., *water.*

līquor, -ī, —, *be fluid; melt.*

liquor, -ōris, m., *fluid, liquid.*

līs, lītis, f., *strife, quarrel; litigation.*

littera, -ae, f., *letter* (of the alphabet), *writing.* In pl., *letter, document.*

lītus, -oris, n., *beach, coast, shore.*

līveō, -ēre, —, —, *be black and blue.*

līvor, -ōris, m., *bruise; envy.* Personified as Līvor, *Envy.*

locō, 1, *place, put, arrange; establish.*

locus, -ī, m., loca, -ōrum, n., *place, region; office, rank.*

lolium, -ī, n., *a weed.*

longus, -a, -um, *long, extended; great, vast; lasting.* As adv., longē, *far, far off.*

loquāx, -ācis, *talkative.*

loquor, -ī, locūtus, *speak, talk, say, mention, relate.*

lōrīca, -ae, f., *armor, defense.*

lōrum, -ī, n., *strap, strip of leather; whip.* In pl., *reins, bridle.*

lūbricus, -a, -um, *smooth, slippery.*

lūceō, -ēre, lūxī, —, *be clear, glow.*

lūcidus, -a, -um, *bright, shining.*

lūctisonus, -a, -um, *mournful-sounding.*

luctor, -ārī, -ātus, *wrestle; struggle.*

lūctus, -ūs, m., *grief, lamentation, mourning.*

lūcus, -ī, m., *sacred grove.*

lūdius, -ī, m., *dancer.*

lūdō, -ere, lūsī, lūsus, *play, frolic; mock; delude.*

lūdus, -ī, m., *play, game, joke, jest.* In pl., *public games.*

lūgeō, -ēre, lūxi, lūctus, *mourn, lament, bewail.*

lūgubris, -e, *mourning, sorrowing; disastrous, mournful.*

lumbus, -ī, m., *loin.*

lūmen, -inis, n., *light, lamp, torch; daylight, day; look, glance.* In pl., lūmina, -um, *eyes.*

lūna, -ae, f., *moon.*

lūnāris, -e, *of the moon.*

luō, -ere, luī, —, *loose, free, pay off.* With poena: *pay the penalty.*

lupus, -ī, m., *wolf.*

lūridus, -a, -um, *wan, ghastly.*

lūsor, -ōris, m., *writer, poet.*

lūstrō, 1, *survey, examine; traverse.*

lūstrum, -ī, n., *sacrifice; period of five years.*

lustrum, -ī, n., *wilderness.*

lūsus, -ūs, m., *play, game, sport.*

lūx, lūcis, f., *light, brightness; daylight, day.*

luxuriō, 1, *grow, abound.*

Lycia, -ae, f., *a country in Asia Minor.*

Lydia, -ae, f., *a country in Asia Minor.*

Lydus, -a, -um, *Lydian.*

lympha, -ae, f., *water.*

lymphātus, -a, -um, *maddened.*

lyra, -ae, f., *lyre, lute.*

Lyrcēus, -a, -um, *of Lyrceum,* a mountain of Arcadia.

lyricus, -a, -um, *lyric.*

maciēs, (-ēī), f., *emaciation.*

mactō, 1, *sacrifice, kill.*

macula, -ae, f., *spot, mark.*

maculō, 1, *spot, stain, pollute.*

maculōsus, -a, -um, *spotted.*

madefaciō, -ere, -fēcī, -factus, *make wet, moisten, drench.*

madeō, -ēre, -uī, —, *be wet; drip.*

madēscō, -ere, -duī, —, *become moist.*

madidus, -a, -um, *wet, soaked.*

Maeonis, -idis, f., *a Maeonian or Lydian woman.*

Maeonius, -a, -um, *Maeonian or Lydian.*

maereō, -ēre, —, —, *be sad, mourn.*

maestus, -a, -um, *sad, gloomy.*

magis, adv., *more, in a higher degree, rather.*

magister, -trī, m., *master, leader; teacher, instructor.*

magnanimus, -a, -um, *possessing a noble spirit.*

magnificus, -a, -um, *noble, great.*

magnus, -a, -um, comp. māior, māius, super. maximus, -a, -um, *great, extensive, spacious; abundant; celebrated, important.*

male, adv., *badly, ruinously.*

maledīcō, -ere, -dīxī, -dictus, *speak ill of, slander, abuse.*

malignus, -a, -um, *wicked, malicious, malignant.*

mālō, mālle, māluī, —, *prefer.*

mālum, -ī, n., *apple.*

malus, -a, -um, comp. pēior, pēius, super. pessimus, -a, -um, *bad, wicked, malicious.* As subst., malum, -ī, n., *evil, mischief, misfortune, harm.*

mandātum, -ī, n., *command, order.*

mandō, 1, *hand over, deliver; order, command.*

māne, adv., *early in the morning.*

maneō, -ēre, mānsī, mānsus, *remain, last, endure; expect, await.*

Mānēs, -ium, m., *departed spirits, shades, inhabitants of the underworld.*

manifestus, -a, -um, *clear, apparent, obvious; true.*

mānō, 1, *drip, trickle, flow.*

manus, -ūs, f., *hand; band, group.*

mare, -is, n., *sea.*

margō, -inis, m., *edge, border, boundary.*

marīnus, -a, -um, *of the sea.*

marītus, -a, -um, *of marriage, nuptial.* As subst., marītus, -ī, m., *husband, married man.*

marmor, -oris, m., *marble.*

marmoreus, -a, -um, *of marble, white.*

Mārs, Mārtis, m., *the god of war, father of Romulus and Remus; war, fury, conflict.*

mās, maris, *masculine.*

massa, -ae, f., *lump, mass.*

māter, -tris, f., *mother, parent.*

māteria, -ae, f., *stuff, matter, material, source.*

māternus, -a, -um, *of a mother.*

mātertera, -ae, f., *a mother's sister.*

mātrōna, -ae, f., *married woman, wife.*

mātrōnālis, -e, *womanly, matronly.*

mātūrēscō, -ere, -ruī, —, *become ripe, come to maturity.*

mātūrus, -a, -um, *ripe, mature; proper, fit, seasonable.*

mātūtīnus, -a, -um, *of the morning, early.*

Māvors, -ortis, m., *Mavors, an old and poetic name for Mars, the Roman god of war.*

maximus, super. of magnus.

medeor, -ērī, —, *heal, cure, restore.*

medicāmen, -inis, n., *drug, remedy, medicine; poison.*

medicātus, -a, -um, *imbued with healing powers; magic.*

medicīna, -ae, f., *remedy.*

mediocris, -e, *medium, ordinary.*

medius, -a, -um, *the middle of; not great, small; undetermined, indifferent, moderate.* As subst., medium, -ī, n., *middle, midst, center, interval.*

medulla, -ae, f., *innermost part.*

mel, mellis, n., *honey.*

melior, comp. of bonus.

membrāna, -ae, f., *skin, membrane.*

membrum, -ī, n., *limb of the body, member, part.*

meminī, -isse (only perf. system), *remember, think of.*

Memnōn, -onis, m., *Memnon, son of Aurora, and king of the Ethiopians.*

memor, -oris, *remembering, for remembrance.*

memorō, 1, *remember; mention, recount, speak of, name.*

mendācium, -ī, n., *lie, falsehood.*

mendāx, -ācis, *false, deceptive.*

mēns, mentis, f., *mind, disposition, intellect, reason.*

mēnsa, -ae, f., *table; meal.*

mēnsis, -is, m., *month.*

mēnsor, -ōris, m., *surveyor.*

mēnsūra, -ae, f., *measure, size.*

menta, -ae, f., *mint.*

mentior, -īrī, -ītus, *lie, cheat.*

mercēs, -ēdis, f., *price, reward.*

mereō, -ēre, -uī, -itus, *deserve, merit; earn, acquire, obtain.*

mergō, -ere, mersī, mersus, *dip, plunge; engulf, overwhelm.*

mergus, -ī, m., *a waterfowl.*

meritus, -a, -um, *deserving, due, fit, proper, right.* As subst., meritum, -ī, n., *merit, favor, reward.* As adv., meritō, *deservedly, justly.*

merus, -a, -um, *pure, unmixed, unadulterated.* As subst., merum, -ī, n., *unadulterated wine, wine unmixed with water; wine.*

messis, -is, f., *harvest.*

mēta, -ae, f., *goal, turning post; end, boundary.*

mētior, -īrī, mēnsus, *measure; pass over, traverse.*

metō, -ere, messuī, messus, *reap; mow, cut off.*

metuō, -ere, -uī, -ūtus, *fear, be afraid, revere.*

metus, -ūs, m., *fear, terror.*

meus, -a, -um, *my, mine.*

micō, -āre, -uī, —, *quiver, shake; shine, flash, glitter.*

mīles, -itis, m., *soldier.*

mille, indecl. in sing., *thousand.* In pl., mīlia, -ium, n., *thousands.*

minae, -ārum, f., *threats.*

mināx, -ācis, *threatening, menacing; projecting.*

Minerva, -ae, f., *Minerva, a Roman goddess, identified with the Greek Athena, daughter of Jupiter, and goddess of wisdom, poetry, spinning, and weaving.*

minimus, super. of parvus.

minister, -tra, -trum, *helping, assisting.* As subst., minister, -trī, m., *attendant, servant, helper.*

ministrō, 1, *attend, serve.*

minitor, -ārī, -ātus, *threaten, menace.*

minor, -ārī, -ātus, *project; threaten, menace.*

minor, comp. of parvus.

minuō, -ere, -uī, -ūtus, *make small, lessen, diminish, reduce.*

minus, adv., *less.* As adj., n., see parvus.

Minyae, -ārum, m., *Minyans, so-called from their ancestor, Minyas, king of Thessaly; companions of Jason on his quest for the Golden Fleece.*

mīrābilis, -e, *wonderful, marvelous, amazing; strange.*

mīrāculum, -ī, n., *wonder, marvel.*

mīror, -ārī, -ātus, *wonder, marvel.*

mīrus, -a, -um, *wonderful, marvelous, astonishing, amazing.*

misceō, -ēre, miscuī, mixtus, *mix, mingle; throw into confusion.*

miser, -era, -erum, *wretched, unfortunate, miserable, pitiable.*

miserābilis, -e, *pitiable, lamentable, wretched, sad.*

miserandus, -a, -um, *lamentable.*

misereor, -ērī, -itus, *feel pity, pity, commiserate.*

miseror, -ārī, -ātus, *commiserate, pity.*

mītēscō, -ere, —, —, *become mild.*

mītis, -e, *mild, gentle, kind.*

mittō, -ere, mīsī, missus, *send, throw.*

mixtus, -a, -um, see misceō.

mōbilis, -e, *active, changeable.*

moderāmen, -inis, n., *control.*

moderātē, adv., *with moderation.*

moderātor, -ōris, m., *one who controls, director, manager.*

moderor, -ārī, -ātus, *restrain, mitigate, allay; manage, rule.*

modo, adv., *only, merely, no more than; just now.* modo . . . modo, *now . . . now, sometimes . . . sometimes.* As conj., *if only, provided that, on condition that.*

modulor, -ārī, -ātus, *measure rhythmically, play* (a musical instrument).

modus, -ī, m., *measure, extent; mode, style; meter, rhythm, song, music.*

moenia, -ium, n., *defensive walls, city walls, fortifications.*

molāris, -is, m., *huge stone.*

mōlēs, -is, f., *mass, bulk, pile; massive structure; foundation; greatness, might; labor, difficulty.*

molestus, -a, -um, *annoying.*

mōlior, -īrī, -ītus, *struggle, strive, toil; set in motion, rouse; attempt, undertake; guide, direct.*

mollēscō, -ere, —, —, *become soft.*

molliō, -īre, -īvī, -ītus, *make soft, pacify, tame, ease.*

mollis, -e, *soft, gentle, mild.*

mōmentum, -ī, n., *movement, motion, change, disturbance; motive.*

moneō, -ēre, -uī, -itus, *remind, advise, warn, predict.*

monīle, -is, n., *necklace.*

monimentum (or monu-), -ī, n., *that which brings something to mind, memorial, monument.*

monitum, -ī, n., *warning, advice.*

monitus, -ūs, m., *reminding, warning, admonition.*

mōns, montis, m., *mountain, mountain range.*

mōnstrō, 1, *point out, make known, indicate, advise, tell.*

mōnstrum, -ī, n., *wonder, portent; monster; awful deed.*

montānus, -a, -um, *mountainous.*

monumentum, see moni-.

mora, -ae, f., *delay, pause; obstruction, lapse of time.*

morbus, -ī, m., *sickness, disease.*

mordāx, -ācis, *biting, sharp.*

mordeō, -ēre, momordī, morsus, *bite, eat, devour; sting, pain.*

moribundus, -a, -um, *dying.*

morior, -ī, mortuus, *die, decay, pass away.*

moror, -ārī, -ātus, *delay, remain; hinder.*

mors, mortis, f., *death.*

morsus, -ūs, m., *bite, biting.*

mortālis, -e, *subject to death, mortal, human.* As subst., mortālis, -is, m. or f., *human being.*

mōrum, -ī, n., *mulberry.*

mōrus, -ī, f., *mulberry tree.*

mōs, mōris, m., *way, habit, custom, conduct, nature.*

mōtus, -ūs, m., *motion, movement; impulse, inspiration.*

moveō, -ēre, mōvī, mōtus, *move, disturb, change; arouse, excite.*

mox, adv., *soon, presently, next.*

mucrō, -ōnis, m., *sharp point, edge; sword.*

mūgiō, -īre, -īvī, mūgītus, *bellow, roar.*

mūgītus, -ūs, m., *bellowing.*

mulceō, -ēre, -sī, -sus, *stroke, caress, soothe; flatter.*

multifidus, -a, -um, *splintered.*

multus, -a, -um, comp. plūs, plūris, super. plūrimus, -a, -um, *much, great, many, a great number.*

mundus, -ī, m., *universe, world, heavens, earth; ornament.*

mūnus, -eris, n., *service, favor, kindness, present, gift, reward.*

mūrex, -icis, m., *murex, a shellfish; purple dye* (obtained from the fish).

murmur, -uris, n., *murmur, sound.*

murmurō, 1, *murmur, make a sound.*

mūrus, -ī, m., *wall.*

Mūsa, -ae, f., *Muse,* one of the nine goddesses of music, poetry, and the other arts.

muscus, -ī, m., *moss.*

mustum, -ī, n., *unfermented wine.*

mūtābilis, -e, *changeable, open to persuasion.*

mūtō, 1, *change, alter.*

mūtus, -a, -um, *mute, still.*

mūtuus, -a, -um, *borrowed, lent; mutual, reciprocal.*

myrteus, -a, -um, *of myrtle.*

mysticus, -a, -um, *mystic.*

Nāis, -idis, and Nāias, -adis, f., *Naiad,* water nymph.

nam, conj., *for.*

namque, conj., a strengthened form of nam, *for, in fact, inasmuch as.*

nancīscor, -ī, nactus or nānctus, *get, obtain, reach, find.*

nāris, -is, f., *nostril.* In pl., nārēs, -ium, *nose.*

(nārrātus, -ūs), m., *narration, narrative.*

nārrō, 1, *tell, relate.*

nāscor, -ī, nātus, *be born, begin life, be produced; rise, begin, grow.*

Nāso, -ōnis, m., cognomen of the poet Ovid.

nātālis, -e, *of birth.*

nātīvus, -a, -um, *born, inborn, innate, natural, native.*

natō, 1, *swim, float.*

nātūra, -ae, f., *nature, property, quality; universe, world.*

nātūrālis, -e, *natural.*

nātus (and gnā-), -a, -um, *born, produced, fit, destined.* As subst., nāta, -ae, f., *daughter;* nātus, -ī, m., *son.*

naufragus, -a, -um, *shipwrecked, wrecked.*

nāvigō, 1, *sail.*

nāvis, -is, f., *ship.*

nāvita, -ae, m., *sailor.*

nāvus, -a, -um, *busy, diligent.*

nē, adv. and conj., *not; that not, lest;* nē . . . quǐdem, *not . . . even.*

-ne, enclitic interr. particle added to the first or principal word of a direct question, not translatable. In indirect questions, *whether.*

nebula, -ae, f., *mist, vapor, fog.*

nec or neque, adv. and conj., *and not, nor;* neque . . . neque, *neither . . . nor;* nec nōn, *and certainly, and assuredly, likewise.*

necō, 1, *kill.*

nectar, -aris, n., *nectar,* drink of the gods.

nectō, -ere, nexuī, nexus, *bind, tie, join, link, weave.*

nefandus, -a, -um, *unspeakable, impious, evil.*

nefās, indecl. n., *sin, evil deed, crime.*

neglegō, -ere, -ēxī, -ēctus, *disregard, neglect; not care for, disdain.*

negō, 1, *say no, deny, refuse.*

nēmō, (nēminis), m. or f., *no one, nobody.*

nemorālis, -e, *of a grove.*

nemorōsus, -a, -um, *rich in foliage, shady.*

nempe, conj., *assuredly, without doubt, certainly, of course.*

nemus, -oris, n., *woodland, grove.*

neō, nēre, nēvī, nētus, *spin* (cloth).

nepōs, -ōtis, m., *grandson, descendant.*

Neptūnus, -ī, m., *Neptune,* god of the waters, brother of Jupiter and Pluto.

neque, see nec.

nequeō, -īre, -īvī, -itus, *be unable.*

nēquīquam, adv., *to no avail.*

Nēreis, -idis, f., *a daughter of Nereus,* sea nymph.

Nēreus, -eos, acc. -ea, m., *Nereus,* a divinity of the sea.

nervōsus, -a, -um, *sinewy, strong.*

nervus, -ī, m., *sinew, tendon, muscle; gutstring of a lyre or bow.*

nesciō, -īre, -īvī, -ītus, *not know, be ignorant.* With *quis* or *quid,* used as indef. pron., *someone, something,* usually in a disparaging sense.

nescius, -a, -um, *not knowing.*

neu or nēve, conj., *and not, nor, and lest.*

nex, necis, f., *death, slaughter.*

nexilis, -e, *bound together.*

nexus, -ūs, m., *coil, embrace.*

nī, conj., *if not, unless.*

niger, -gra, -grum, *black, dark.*

nihil or nīl, indecl. n., *nothing.* As adv., *not at all.*

nimbus, -ī, m., *rainstorm, heavy shower; rain cloud, thundercloud.*

nimis, adv., *too much, exceedingly, greatly.*

nimius, -a, -um, *too much, excessive, too great.* As adv., nimium, *too much, exceedingly, greatly.*

nisi, conj., *unless, except.*

niteō, -ēre, —, —, *shine, glitter; thrive.*

nitidus, -a, -um, *shining, bright, sleek; thriving.*

nitor, -ōris, m., *brightness, splendor, beauty.*

nītor, -ī, nīxus, *press upon; strive, struggle; rely upon.*

niveus, -a, -um, *snow-white.*

nix, nivis, f., *snow.*

nō, nāre, nāvī, —, *swim, float.*

nōbilitās, -ātis, f., *celebrity, fame; high birth, nobility.*

noceō, -ēre, -uī, -itus, *harm, injure, hurt.*

nocturnus, -a, -um, *nocturnal.*

nōdōsus, -a, -um, *full of knots.*

nōdus, -ī, m., *knot.*

nōlō, nōlle, nōluī, —, *be unwilling, wish something not to happen.*

nōmen, -inis, n., *name, title, fame, reputation; pretext.*

nōminō, 1, *call, name.*

nōn, adv., *by no means, not at all, not.*

nōndum, adv., *not yet.*

nōnne, interr. adv. *expecting an affirmative answer in a direct question; in indirect questions, if not, whether not.*

nōnus, -a, -um, *ninth.*

nōscō, -ere, nōvī, nōtus, *become acquainted with, come to know, learn.* In perf., *know.*

noster, -tra, -trum, *our, ours.*

nota, -ae, f., *means of recognition, sign, mark.* In pl., *letters, writing.*

nōtitia, -ae, f., *fame; acquaintance, familiarity.*

notō, 1, *mark, point out; observe, note.*

nōtus, -a, -um, *known, famous.*

Notus, -ī, m., *the south wind.*

novellus, -a, -um, *young, new.*

novem, indecl. num., *nine.*

noverca, -ae, f., *stepmother.*

noviēns and noviēs, adv., *nine times.*

novitās, -ātis, f., *newness, strangeness, novelty.*

novō, 1, *make new, renovate, repair, change, alter.*

novus, -a, -um, *new, recent; unused, inexperienced; strange.*

nox, noctis, f., *night, darkness.*

nūbēs, -is, f., *cloud, mist.*

nūbifer, -era, -erum, *cloud-bearing.*

nūbilus, -a, -um, *cloudy, dark, gloomy, melancholy.* As subst., nūbila, -ōrum, n., *clouds, rain clouds.*

nūbō, -ere, nūpsī, nuptus, *wed, take a husband.*

nūdō, 1, *strip, bare, reveal, expose, uncover; plunder.*

nūdus, -a, -um, *bare, uncovered; destitute, without.*

nūllus, -a, -um, *not any, none, no.*

num, interr. conj. introducing a direct question that usually expects a negative answer; in indirect questions, *whether.*

nūmen, -inis, n., *divine will, power of the gods; divinity, god.*

numerābilis, -e, *capable of being counted.*

numerō, 1, *number, count.*

numerōsus, -a, -um, *numerous.*

numerus, -ī, m., *number, quantity, collection; rank, position, category; measure, rhythm.*

numquam, adv., *never.*

nunc, adv., *now, at this time, at that time, just now, under these circumstances.* nunc . . . nunc, *at one time . . . at another time, now . . . then.*

nūntia, -ae, f., *female messenger.*

nūntius, -ī, m., *messenger.*

nūper, adv., *recently, just now.*

nupta, -ae, f., *bride, wife, married woman.*

nurus, -ūs, f., *daughter-in-law, married woman, woman.*

nusquam, adv., *nowhere, in no place.*

nūtō, 1, *nod, wave.*

nūtriō, -īre, -īvī, -ītus, *nourish, feed, support, sustain.*

nūtrīx, -īcis, f., *nurse.*

nūtus, (-ūs), m., *nod.*

nux, nucis, f., *nut.*

nympha, -ae and nymphē, -ēs, f., *young woman, nymph.* Usually in pl., nymphae, -ārum, *nymphs,* the demigoddesses who inhabit the waters, woods, trees, and mountains.

ō, *oh!*, interj. denoting surprise.

ob, prep., *on account of.*

obeō, -īre, -iī, -itus, *go to meet, travel over, attend to one's business; perish, die.*

obiciō, -ere, -iēcī, -iectus, *offer, present; oppose; taunt.*

obitus, -ūs, m., *ruin, destruction, death.*

oblinō, -ere, -lēvī, -litus, *smear, smear over.*

oblīquus, -a, -um, *slanting.*

oblītus, -a, -um, *forgetful.*

oblīvīscor, -ī, -lītus, *forget, neglect, disregard.*

oblīvium, -ī, n., *forgetfulness.*

oborior, -īrī, -ortus, *arise, appear, spring up.*

obruō, -ere, -uī, -utus, *overwhelm, cover, bury; destroy.*

obscūrus, -a, -um, *dark, shady, obscure; unintelligible, disguised.*

obsequium, -ī, n., *yielding, indulgence, compliance.*

obsequor, -sequī, -secūtus, *yield.*

obserō, -ere, -sēvī, -situs, *sow, plant, cover, fill.*

observō, 1, *watch, attend to.*

obsideō, -ēre, -sēdī, -sessus, *remain; besiege, attack.*

obsidiō, -ōnis, f., *siege.*

obsistō, -ere, -stitī, -stitus, *stand in the way, resist, prevent.*

obsitus, see obserō.

obstipēscō, -ere, -puī, —, *be stupefied, be astounded.*

obstō, -āre, -stitī, -stātus, *oppose, hinder, obstruct.*

obstrepō, -ere, -uī, -itus, *roar at, resound, shout at, be annoying.*

obstruō, -ere, -strūxī, -strūctus, *block, place something in the way.*

obstrūsus, -a, -um, *bordered, decorated.*

obtūsus, -a, -um, *dull.*

obumbrō, 1, *overshadow, darken.*

obvius, -a, -um, *in the way, against, opposing.*

occāsus, -ūs, m., *falling, setting; sunset,* hence, *west.*

occīdō, -ere, -cīdī, -cīsus, *kill, slay.*

occidō, -ere, -cidī, -cāsus, *fall down, perish, die.*

occiduus, -a, -um, *going down, setting.*

occulō, -ere, -culuī, -cultus, *cover, hide, conceal.*

occultus, -a, -um, *hidden, secret.*

occupō, 1, *seize, occupy, fill; attack.*

occurrō, -ere, -currī, -cursus, *run to meet; oppose, resist.*

ocellus, -ī, m., *eye.*

ōcior, -ius, *swifter.*

octāvus, -a, -um, *eighth.*

oculus, -ī, m., *eye.*

ōdī, ōdisse (only perf. system), *hate.*
ōdium, -ī, n., *hatred.*
odor, -ōris, m., *smell, scent, odor, essence.* In pl., *essences or spices burned as offerings to the gods.*
odōrātus, -a, -um, *scented, odorous, sweet-smelling.*
offendō, -ere, -fendī, -fēnsus, *strike, dash against; offend, injure.*
offerō, -ferre, obtulī, oblātus, *present, offer, exhibit.*
officiōsus, -a, -um, *obliging.*
officium, -ī, n., *service, kindness; ceremony; duty, office, function.*
olea, -ae, f., *olive, olive branch.*
olēns, -entis, *smelling, odorous, sweet-smelling.*
ōlim, adv., *formerly, at that time, once upon a time, once.*
olīva, -ae, f., *olive, olive tree.*
olor, -ōris, m., *swan.*
olōrīnus, -a, -um, *of a swan.*
Olympus, -ī, m., *Olympus,* a mountain of great height on the borders of Macedonia and Thessaly, regarded as the abode of the gods.
ōmen, -inis, n., *sign, omen.*
omnipotēns, -entis, *all-powerful.*
omnis, -e, *all, every.*
onerō, 1, *burden, oppress, vex.*
onerōsus, -a, -um, *oppressive.*
onus, -eris, n., *load, burden; difficulty, trouble.*
opācus, -a, -um, *shaded, shady; dark, obscure.*
operiō, -īre, -uī, -tus, *cover, cover over, hide.*
operor, -ārī, -ātus, *work, labor, be busy, attend to.*
operōsus, -a, -um, *laborious, difficult.*
opifer, -fera, -ferum, *help-bringing.*
opifex, -icis, m., *craftsman, artisan.*
oppidum, -ī, n., *town, village.*
oppōnō, -ere, -posuī, -positus, *set against, oppose.*
opportūnus, -a, -um, *convenient.*
opprimō, -ere, -pressī, -pressus, *weigh down, burden, overwhelm.*

(ops), opis, f., *wealth, riches; help, aid, assistance; power, might.*
optābilis, -e, *desirable.*
optimus, -a, -um, super. of **bonus.**
optō, 1, *hope for, long for, wish.*
opus, -eris, n., *work, labor; workmanship, structure, art; task.* With **est:** *there is need* or *use for.*
ōra, -ae, f., *border, edge, boundary; coast; region, country.*
ōrāculum or ōrāclum, -ī, n., *divine announcement, oracle, prophecy.*
orbis, -is, m., *circle, wheel, coil, circuit; world, universe.*
orbus, -a, -um, *bereft, deprived; parentless, childless.*
ōrdior, -īrī, ōrsus, *begin, commence.*
ōrdō, -inis, m., *row, line, series, order, succession.*
Orēas, -adis, acc. -ada, f., *Oread,* a mountain nymph.
orgia, -ōrum, n., *secret rites,* esp. of the worship of Bacchus.
Oriēns, -entis, m., *the East.*
orīgō, -inis, f., *source, origin, birth; race, family.*
orior, -īrī, ortus, *arise, rise, come forth, originate, be born.*
ōrnātus, -a, -um, *fitted out, supplied; adorned, decorated; excellent, distinguished.*
ōrnō, 1, *furnish, equip; adorn.*
ōrō, 1, *pray, beg, entreat.*
Orphēus, -a, -um, *of* or *belonging to Orpheus.*
ortus, -ūs, m., *a rising; sunrise.*
Ortygia, -ae, f., another name for the island of Delos; an island in the bay of Syracuse.
ōs, ōris, n., *mouth, lips, face, features, brow; voice, speech.*
os, ossis, n., *bone.*
osculum, -ī, n., *lips, kiss.*
ostendō, -ere, -dī, -tus, *stretch out, point out, disclose.*
ōstium, -ī, n., *door, entrance, mouth* (of a river).
ōtium, -ī, n., *leisure, inactivity, idleness; quiet, rest.*

ovis, -is, f., *sheep.*

ōvum, -ī, n., *egg.*

pābulum, -ī, n., *food, nourishment, fodder, grass, pasture.*

pācālis, -e, *peaceful.*

pactum, -ī, n., *agreement, pact.*

pactus, -a, -um, see pangō.

Padus, -ī, m., *the Po river.*

paelex, -icis, f., *mistress, concubine, bedmate.*

paene, adv., *almost, nearly.*

paenitet, -ēre, -uit, —, impers., *it grieves.*

palaestra, -ae, f., *wrestling ring, place of exercise; wrestling.*

palam, adv., *openly, publicly.*

palātum, -ī, n., *palate, throat, mouth.*

palear, -āris, n., *dewlap,* the skin that hangs down from the neck of an ox.

palla, -ae, f., *long robe, cloak* (worn by women).

Pallas, -adis and -ados, f., *Pallas,* epithet of Athena, and, hence, of Minerva.

palleō, -ēre, -uī, —, *be pale, turn pale, lose color, fade.*

pallēscō, -ere, palluī, —, *become pale or pallid, lose color, fade.*

pallidus, -a, -um, *pale, pallid.*

pallor, -ōris, m., *pale color, pallor.*

palma, -ae, f., *palm, hand; palm tree; fruit of the tree, date.*

palūs, -ūdis, f., *swamp, pool.*

palūster, -tris, -tre, *marshy, swampy.*

pampineus, -a, -um, *decked with vine leaves.*

Pān, Pānos, acc. Pāna, m., *Pan,* son of Mercury, god of the woods and of shepherds.

pandō, -ere, pandī, passus, *spread out, extend; reveal.*

pandus, -a, -um, *bent, curved.*

pangō, -ere, pepigī, pactus, *fasten, fix, settle, contract; promise in marriage, betroth.*

papilla, -ae, f., *breast.*

papȳrifer, -fera, -ferum, *papyrus-bearing.*

pār, paris, *equal, like.*

parātus, -ūs, m., *preparation; clothing.*

parcō, -ere, pepercī, parsus, *spare, treat with kindness.*

parcus, -a, -um, *sparing.*

parēns, -entis, m. or f., *parent.*

parentālis, -e, *of a parent.*

pāreō, -ēre, -uī, pāritus, *obey.*

pariēs, -etis, m., *wall.*

parilis, -e, *equal, like.*

pariō, -ere, peperī, partus, *bring forth, bear, give birth.*

Parnāsis, -idis, *of Parnasus.*

Parnāsus and Parnassus, -ī, m., *Parnasus,* a mountain in Phocis sacred to Apollo and the Muses; Delphi lies at its foot.

parō, 1, *make ready, prepare, furnish, arrange.*

pars, partis, f., *part, portion, share, division, section, area.*

particeps, -ipis, *sharing, taking part.*

partim, adv., *partly.*

partus, -ūs, m., *birth.*

parum, adv., *too little, not enough, insufficiently.*

parvus, -a, -um, comp. minor, minus, super. minimus, -a, -um, *little, small, trifling, unimportant.*

pāscō, -ere, pāvī, pāstus, *feed, nourish, maintain, support.* In pass., *graze, feed, pasture.*

pāscua, -ōrum, n., *pastures, pasture land.*

passim, adv., *in every direction, everywhere.*

passus, -a, -um [pandō], *outspread, extended, open; dishevelled* (with crīnis or capillus).

passus, -ūs, m., *step, pace, track.*

pāstor, -ōris, m., *shepherd.*

patefaciō, -ere, -fēcī, -factus, *lay open, disclose.*

pateō, -ēre, -uī, —, *stand open, be revealed, be known.*

pater, -tris, m., *father.*

paternus, -a, -um, *paternal.*

patientia, -ae, f., *endurance, suffering.*

patior, -ī, passus, *suffer, endure, undergo; allow, permit.*

patria, -ae, f., *native land, home.*

patrius, -a, -um, *fatherly.*

patruēlis, -e, *of a father's brother.* As subst., patruēlis, -is, m. or f., *cousin.*

patruus, -ī, m., *paternal uncle.*

patulus, -a, -um, *spread out, standing open; extended, wide.*

paucus, -a, -um, *few, little.*

paulātim, adv., *little by little.*

paulus, -a, -um, *little, small.* As adv., paulum, *a little, somewhat, not much.*

pauper, -eris, *poor, not wealthy; scanty, inconsiderable.*

paupertās, -ātis, f., *poverty, need.*

paveō, -ēre, pāvī, —, *be in terror, be terrified, tremble.*

pavidus, -a, -um, *trembling with fear, fearful, timid.*

pavor, -ōris, m., *trembling, terror, anxiety, fear, dread.*

pāx, pācis, f., *agreement, treaty; peace, tranquillity.*

peccō, 1, *miss, mistake; commit an error, sin.*

pectus, -oris, n., *breast; soul, feelings, spirit, heart.*

pecus, -oris, n., *cattle, flock.*

pecus, -udis, f., *animal, esp. sheep.*

pēior, -us, comp. of malus.

pelagus, -ī, n., *sea.*

pellis, -is, f., *skin, hide, pelt.*

pellō, -ere, pepulī, pulsus, *push, drive, expel, drive out.*

Penātēs, -ium, m., *Penates,* the guardian deities of the household.

pendeō, -ēre, pependī, —, *hang, be suspended, overhang.*

pendō, -ere, pependī, pēnsus, *weigh out, pay; suffer, undergo.*

pendulus, -a, -um, *hanging.*

penes, prep., *in the power or possession of.*

penetrālis, -e, *inner, innermost.* As subst., penetrālia, -ium, n., *inner chamber of a house; shrine.*

penetrō, 1, *enter, penetrate.*

Pēnēus, -ī, m., *Peneus,* a river of Thessaly, or the god of the river, father of Daphne.

penitus, adv., *inwardly, deeply.*

penna or pinna, -ae, f., *feather, plume.* In pl., *wings.*

pēnsō, 1, *recompense, pay back.*

pēnsum, -ī, n., *weight, allotment* (esp. of wool for spinning).

per, prep., *through, along; during; by means of; on account of; in oaths, by.*

peragō, -ere, -ēgī, -āctus, *traverse; finish, accomplish; relate.*

percipiō, -ere, -cēpī, -ceptus, *take, seize, receive.*

percutiō, -ere, -cussī, -cussus, *strike hard, beat; pierce; overwhelm, kill.*

perdō, -ere, -didī, -ditus, *destroy, ruin; squander, waste, lose.*

peregrīnus, -a, -um, *strange, foreign.*

perennis, -e, *lasting throughout the year; everlasting, unceasing.* perenne, adv., *all year through.*

pereō, -īre, -iī, -itus, *pass away, vanish, perish, die.*

pererrō, 1, *wander through, travel over.*

perferō, -ferre, -tulī, -lātus, *carry.*

perficiō, -ere, -fēcī, -fectus, *make perfect.*

perfidus, -a, -um, *faithless, treacherous.*

perfundō, -ere, -fūdī, -fūsus, *pour over, wet, drench; scatter.*

pergō, -ere, perrēxī, perrēctus, *continue.*

perīculum, -ī, n., *danger, peril.*

perimō, -ere, -ēmī, -ēmptus, *take away, destroy, kill.*

perītus, -a, -um, *experienced, skilled.*

periūrus, -a, -um, *faithless, oathbreaking, false.*

perlūcidus, -a, -um, *very clear.*

perluŏ, -ere, -luī, -lūtus, *wash, bathe, wash off.*

permaneŏ, -ēre, -mānsī, -mānsus, *stay, continue, endure, remain.*

permātūrēscō, -ere, -ruī, —, *ripen fully.*

permittŏ, -ere, -mīsī, -missus, *let go, yield; allow, permit.*

permulceŏ, -ēre, -mulsī, -mulsus, *soothe, charm, delight; appease.*

pernox, -noctis, *all through the night.* With *luna: the full moon.*

perōsus, -a, -um, *loathing.*

perpetior, -ī, -pessus, *suffer, endure.*

perpetuus, -a, -um, *continuous, constant, unbroken, perpetual.*

perquīrō, -ere, -sīvī, -sītus, *search diligently for.*

Persēis, -idos, f., *daughter of Perses,* i.e., Hecate.

Persephonē, -ēs or Proserpina, -ae, f., *Proserpina,* daughter of Ceres and Jupiter and wife of Pluto.

persequor, -ī, -secūtus, *follow after, pursue, chase.*

Persis, -idis, *Persian.*

perspiciŏ, -ere, -spexī, -spectus, *inspect; discern, see clearly.*

perspicuus, -a, -um, *very clear, plain, transparent.*

perstō, -āre, -stitī, -status, *stand firm, endure, persevere, persist.*

perterritus, -a, -um, *thoroughly terrified.*

pertimēscō, -ere, -muī, —, *become frightened, be alarmed, fear greatly.*

perveniŏ, -īre, -vēnī, -ventus, *arrive, reach, attain.*

pervigil, -ilis, *always watching, sleepless.*

pervigilō, 1, *remain awake.*

pervius, -a, -um, *passable.*

pēs, pedis, m., *foot.*

pessimus, super. of malus.

pestifer, -fera, -ferum, *bringing evil, pernicious, destructive.*

petŏ, -ere, -īvī, -ītus, *seek; attack, assault; ask, request.*

Phaestias, -adis, f., *woman of Phaestus,* a town of Crete.

pharetra, -ae, f., *quiver.*

pharetrātus, -a, -um, *wearing a quiver.*

phasēlus, -ī, m., *boat.*

Phēgiacus, -a, -um, *Arcadian.*

phōca, -ae, f., *seal.*

Phoebēus, -a, -um, *of Phoebus.*

Phoebus, -ī, m., *Phoebus,* an epithet of Apollo as the god of light; *the sun-god.*

Phoenicēs, -um, acc. -as, m., *Phoenicians.*

Phoenissus, -a, -um, *Phoenician.*

Phrixēus, -a, -um, *of Phrixus.*

Phrygēs, -um, m., *Phrygians.*

Phrygia, -ae, f., *Phrygia,* a district of Asia Minor.

Phrygius, -a, -um, *Phrygian.*

Phryx, -gis, *Phrygian.*

picea, -ae, f., *pine.*

piceus, -a, -um, *pitch-black.*

pictus, -a, -um, *painted, decorated.*

Pīerides, -um, f., *the Muses.*

pīetās, -ātis, f., *dutiful conduct, devotion, piety.*

piger, -gra, -grum, *reluctant; slow, lazy, sluggish.*

piget, -ēre, -uit (pigitum est), impers., *it grieves, it pains.*

pignus, -oris, n., *pledge, security, token.*

pila, -ae, f., *ball.*

pīnētum, -ī, n., *pine grove.*

pingō, -ere, pīnxī, pictus, *paint, color, decorate.*

pinguis, -e, *plump; rich, fertile; heavy; stupid.*

pinna, see penna.

pīnus, -ūs, f., *pine, pine tree.*

Pīrēnis, -idis, acc. pl. -idas, *of or belonging to Pirene,* a fountain near Corinth sacred to the Muses.

Pīsa, -ae, f., a city of Elis in Greece.

piscis, -is, m., *fish.*

piscōsus, -a, -um, *abounding in fish.*

pius, -a, -um, *dutiful, pious, religious; sacred.*

pix, picis, f., *pitch.*

placeō, -ēre, -uī, -itus, *please, be pleasing.*

placidus, -a, -um, *gentle, calm.*

placitus, -a, -um, *pleasing.*

plācō, 1, *quiet, soothe.*

plāga, -ae, f., *blow, wound.*

plaga, -ae, f., *hunting net.*

plangō, -ere, plānxī, plānctus, *strike, beat; lament, wail.*

plangor, -ōris, m., *striking, beating; lamentation, wailing.*

planta, -ae, f., *sole, foot.*

plānus, -a, -um, *even, level, flat; plain, clear, distinct.*

plaudō, -ere, -sī, -sus, *strike, beat, clap the hands; approve.*

plaustrum, -ī, n., *cart, wagon.*

plausus, -ūs, m., *noise, applause, approval.*

plēbs, plēbis, f. *the common people, lower ranks, multitude.*

plectō, -ere, —, —, *be punished.*

plectrum, -ī, n., *plectrum* for playing a stringed instrument.

plēnus, -a, -um, *full, complete; filled, satisfied; uninterrupted.*

plōrō, 1, *lament, weep.*

plūma, -ae, f., *feather, plume.*

plumbum, -ī, n., *lead.*

plūrimus, super. of **multus.**

plūs, comp. of **multum.**

pluvia, -ae, f., *rain, shower.*

pluviālis, -e, *rainy, rain-bringing.*

pōculum, -ī, n., *drinking vessel.*

poena, -ae, f., *punishment, penalty.*

poēta, -ae, m., *poet, writer.*

polenta, -ae, f., *barley.*

pollēns, -entis, *powerful.*

polleō, -ēre, —, —, *be strong, be able, prevail.*

pollex, -icis, m., *thumb.*

pollicitum, -ī, n., *promise, pledge.*

polus, -ī, m., *end of an axis, pole; the north pole; the heavens, sky.*

pompa, -ae, f., *procession, parade.*

pōmum, -ī, n., *a fruit,* esp. *apple.*

pondus, -eris, n., *weight, mass, load, burden.*

pōnō, -ere, posuī, positus, *put, set, place.*

pōns, pontis, m., *bridge.*

Ponticus, -a, -um, *of the Pontus.*

pontus, -ī, m., *the sea.* Pontus, *the Black Sea.*

poples, -itis, m., *back of the knee, knee.*

populāris, -e, *of the people; of the country, native; popular.*

pōpulifer, -fera, -ferum, *bearing or shaded by poplar trees.*

populor, -ārī, -ātus, *lay waste, destroy.*

populus, -ī, m., *people, nation; multitude.*

pōpulus, -ī, f., *poplar tree.*

porrigō, -ere, -rēxī, -rēctus, *reach out; hold forth, extend.*

porta, -ae, f., *gate, city gate.*

porticus, -ūs, f., *covered walk, colonnade.*

portō, 1, *carry.*

portus, -ūs, m., *harbor, port; place of refuge.*

poscō, -ere, poposcī, —, *ask urgently, beg, demand.*

possideō, -ēre, -sēdī, -sessus, *hold, be master of, occupy.*

possum, posse, potuī, —, *be able, have power, be strong.*

post, prep. and adv., *behind, after.*

posterus, -a, -um, *the following.*

postis, -is, m., *post, pillar, doorpost.* In pl., *door.*

postmodo, adv., *afterwards, a little later.*

postpōnō, -ere, -posuī, -positus, *put after.*

postquam, conj., *after, as soon as, when.*

potēns, -entis, *able, strong.*

potentia, -ae, f., *might, force, power, strength, potency.*

potestās, -ātis, f., *ability, power, capacity; authority, rule.*

potior, -īrī, -ītus, *become master of, get, gain; hold, possess.*

potius, adv., *rather, preferably, more.*

pōtō, 1, *drink.*

pōtus, -a, -um, *drunk.*

prae, prep., *before, superior to.*

praeacūtus, -a, -um, *sharp-pointed.*

praebeō, -ēre, -uī, -itus, *offer, supply; exhibit; allow.*

praecēdō, -ere, -cessī, -cessus, *go before, precede, lead; surpass.*

praeceps, -itis, *headlong; steep, downhill; rushing, violent.*

praeceptor, -ōris, m., *teacher.*

praecingō, -ere, cīnxī, -cīnctus, *gird; encircle, enclose.*

praecipitō, 1, *cast down, rush down, drop, fall.*

praecipuē, adv., *chiefly, principally, especially.*

praeclūdō, -ere, -clūsī, -clūsus, *shut off, close; forbid access to.*

praecordia, -ōrum, n., *midriff, diaphragm; breast, heart.*

praeda, -ae, f., *booty, prey.*

praedō, -ōnis, m., *plunderer, robber.*

praeferō, -ferre, -tulī, -lātus, *hold forth, offer; prefer.*

praefīgō, -ere, -fīxī, -fīxus, *fasten on the end, tip.*

praegustō, 1, *taste beforehand.*

praemium, -ī, n., *reward, recompense; prize, plunder; favor.*

praenūntius, -a, -um, *foretelling, foreboding.* As subst., praenūntius, -ī, m., *herald.*

praepōnō, -ere, -posuī, -positus, *place before; put in charge; prefer.*

praeruptus, -a, -um, *broken off, steep, abrupt, rugged.*

praesāgium, -ī, n., *foreboding, presage.*

praesāgus, -a, -um, *prophetic.*

praescius, -a, -um, *knowing beforehand, prescient.*

praesēns, -entis, *at hand, in sight, present.*

praesentia, -ae, f., *presence.*

praesentiō, -īre, -sēnsī, -sēnsus, *feel beforehand.*

praesēpe, -is, n., *enclosure, stable, stall.*

praeses, -idis, m. or f., *protector, guard, guardian.*

praesignis, -e, *illustrious.*

praestāns, -antis, *superior, excellent, distinguished.*

praesūtus, -a, -um, *sewed up; covered.*

praetendō, -ere, -tendī, -tentus, *stretch forth, extend, offer.*

praeter, prep., *beyond, before; except, besides.*

praetereā, adv., *further, moreover, in addition, besides.*

praetereō, -īre, -iī, -itus, *go past, go beyond; pass over, omit, disregard; transgress.*

praetīnctus, -a, -um, *previously moistened* or *dipped.*

praevalidus, -a, -um, *of superior strength.*

praevius, -a, -um, *going before.*

prātum, -ī, n., *meadow.*

precor, -ārī, -ātus, *beg, request, pray.*

prehendō and prēndō, -ere, -dī, -sus, *grasp, seize, take, lay hold of.*

premō, -ere, pressī, pressus, *press, urge, drive, pursue; attempt; bear upon, lie upon* or *over; close, shut, stop.*

pressō, -āre, —, —, *press.*

pretiōsus, -a, -um, *of great value.*

pretium, -ī, n., *price, value, worth; return, reward, recompense.*

(prex, precis), f., *prayer, entreaty.*

prīmus, -a, -um, *first, chief, foremost; earliest.* As adv., prīmō and prīmum, *at first, in the beginning, before all else.*

prīnceps, -ipis, *first in order, foremost; chief, most eminent.* As subst., m., *chief, leader, sovereign.*

prīncipium, -ī, n., *beginning, origin.* As adv., prīncipiō, *in the beginning, in the first place.*

prior, prius, *former, previous, prior.* As subst., priōrēs, -um, m., *ancestors, forefathers.* As adv., prius, *before, sooner.*

prīscus, -a, -um, *of former times, ancient, primitive.*

prīstinus, -a, -um, *former, original.*

priusquam, conj., *earlier than, before, sooner than.*

prŏ, prep., *before, in front of; for, in behalf of; instead of, in place of; in proportion to.*

prŏ, interj. used in direct address, *O!*

probŏ, 1, *approve, esteem, commend; try, test, prove.*

probus, -a, -um, *excellent, honest, honorable, virtuous.*

procellōsus, -a, -um, *stormy, bringing storms.*

procul, adv., *at a distance, far away; long before.*

prŏcumbō, -ere, -cubuī, -cubitus, *fall forward, bend down, sink down; fall.*

prŏcurrō, -ere, -currī, -cursus, *run forth, stretch forth, extend.*

prōdeō, -īre, -iī, -itus, *go forth, appear, advance.*

prōdigiōsus, -a, -um, *unnatural, monstrous.*

prōdigium, -ī, n., *prophetic sign, omen, wonder.*

prōditiō, -ōnis, f., *betrayal, treachery.*

prōdō, -ere, -didī, -ditus, *bring forth, reveal; betray.*

prōdūcō, -ere, -dūxī, -ductus, *bring forth, produce.*

profānus, -a, -um, *not sacred, wicked, impious, profane.*

profectō, adv., *actually, indeed, certainly, assuredly.*

prōferō, -ferre, -tulī, -lātus, *bring forth, thrust forth; extend, enlarge.*

prōficiō, -ere, -fēcī, -fectus, *advance, accomplish, gain, profit.*

proficīscor, -ī, -fectus, *set out, start, proceed; depart.*

profiteor, -ērī, -fessus, *declare publicly, profess; propose.*

profugus, -a, -um, *wandering, banished, exiled, fugitive.*

profundō, -ere, -fūdī, -fūsus, *pour out, pour forth.*

profundus, -a, -um, *deep.* As subst., profundum, -ī, n., *the deep, the sea.*

prōgeniēs, (-ēī), f., *descent, family; offspring, descendants.*

prōgīgnō, -ere, -genuī, -genitus, *beget, bear, bring forth.*

prohibeō, -ēre, -uī, -itus, *hold back, keep off, avert; forbid, hinder, prevent.*

prōiciō, -ere, -iēcī, -iectus, *throw forth.*

prōlēs, -is, f., *children, descendants.*

prōmissum, -ī, n., *promise.*

prōmittō, -ere, -mīsī, -missus, *give hope of, assure; promise.*

prōmō, -ere, prōmpsī, prōmptus, *bring forth, produce; display.*

prōmptus, -a, -um, *ready, at hand, prepared; quick.*

(prōmptus, -ūs), m., only in abl. phrase, in prōmptū, *easy, ready.*

prōnuba, -ae, f., *bride's maid.*

prōnus, -a, -um, *stooping forward, leaning, bent over; headlong.*

propāgō, -inis, f., *offspring.*

prope, adv. and prep., *near, almost.*

properē, adv., *hastily.*

properō, 1, *hasten.*

propior, -ius, *nearer.* Super., proximus, -a, -um, *nearest, next.*

propius, adv., comp. of prope.

prōpōnō, -ere, -posuī, -positus, *set before, propose, offer; intend.*

prōpositum, -ī, n., *plan, purpose.*

proprius, -a, -um, *one's own, individual, personal, proper.*

prōscindō, -ere, -scidī, -scissus, *plough, cut up, break up.*

prōsectum, -ī, n., *entrails.*

Proserpina, -ae, see Persephonē.

prōsiliō, -īre, -uī, —, *leap forward, spring up, burst forth.*

prōspiciō, -ere, -spexī, -spectus, *look forward, discern; watch for; provide for.*

prōsternō, -ere, -strāvī, -strātus, *spread out; overthrow, destroy.*

prōsum, prōdesse, prōfuī, —, *be use-ful, do good, benefit, profit.*

prōtegō, -ere, -tēxī, -tēctus, *cover over, protect, shelter.*

prōtinus, adv., *forward; continu-ously; directly, immediately.*

prōturbō, 1, *overthrow.*

prōvocō, 1, *call forth, summon.*

proximus, -a, -um, super. of propior.

prūdēns, -entis, *wise, discreet, sensi-ble, clever.*

pruīna, -ae, f., *frost.*

pruīnōsus, -a, -um, *frosty.*

prūnum, -i, n., *plum.*

pūbēs, -is, f., *young men.*

pūblicus, -a, -um, *public, common.*

pudibundus, -a, -um, *ashamed, modest.*

pudīcus, -a, -um, *bashful, modest; chaste, pure.*

pudor, -ōris, m., *shame, modesty, chastity, decency.*

puella, -ae, f., *girl, maiden.*

puellāris, -e, *girlish.*

puer, -erī, m., *boy, young man.*

puerīlis, -e, *boyish.*

puerpera, -ae, f., *new mother.*

pūgna, -ae, f., *fight, battle.*

pūgnō, 1, *fight, give battle, struggle, strive.*

pulcher, -chra, -chrum, *beautiful, fair, handsome, excellent, glorious.*

pullus, -a, -um, *dark-colored, dark-gray.* As subst., pullum, -ī, n., *dark-gray cloth.*

pūlmō, -ōnis, m., *lung.*

pulpita, -ōrum, n., *stage.*

pulsō, 1, *strike, beat; put to flight.*

pulvereus, -a, -um, *dusty.*

pulverulentus, -a, -um, *dusty.*

pulvis, -eris, m., *dust.*

pūmex, -icis, m., *pumice stone.*

pūniceus, -a, -um, *red- or purple-colored.*

pūniō, -īre, -īvī, -ītus, *punish.*

puppis, -is, f., *stern* (of a ship); *ship.*

purpura, -ae, f., *purple.*

purpureus, -a, -um, *purple-colored, dark-red.*

pūrus, -a, -um, *pure, clean, un-stained, spotless; chaste, innocent.*

putō, 1, *consider, think.*

Pȳthagoras, -ae, m., *a Greek philoso-pher who taught in Italy around 525 B.C.*

quā, adv., *at which place, in what direction, where, anywhere; how?, where?; inasmuch as, as far as, how.*

quācumque, adv., *wherever, by whatever way.*

quadriiugī, -ōrum, m., *team of four horses.*

quadripēs, -pedis, *having four feet.*

quaerō, -ere, -sīvī, -sītus, *seek, look for; ask, inquire.*

quālibet, adv., *where you will, every-where, anywhere.*

quālis, -e, I. Interr. pron., *of what sort?, what kind?* II. Rel. pron., *of such a kind, such as.*

quam, adv., *in what way, how, as much as.* After tam, *as.* With comp., *than.* With a super., *as . . . as possible.*

quamquam, conj., *although.*

quamvīs, adv. and conj., *as you will, however much.*

quandō, I. Adv., *at what time?, when? At any time, some day.* II. Conj., *at the time that; since, in-asmuch as.*

quantuluscumque, *however small.*

quantus, -a, -um, I. Interr. pron., *how great?, how much?, of what size?* II. Rel. pron., *as great as, as much as.* As adv., quantum, *to how great an extent?; to as great an extent.*

quartō, adv., *for the fourth time.*

quartus, -a, -um, *fourth.*

quasi, adv., *as if, just as if, as though.*

quātenus, adv., *as far as.*

quater, adv., *four times.*

quatiŏ, -ere, —, quassus, *shake, agitate, beat, batter, shatter.*

quattuor, indecl. num., *four.*

-que, encl. conj., *and.* **-que . . . -que,** *both . . . and.*

quercus, -ūs, f., *oak tree.*

querella, -ae, f., *lament, complaint.*

queror, -ī, questus, *complain, lament, bewail.*

querulus, -a, -um, *complaining; creaking.*

questus, -ūs, m., *complaint.*

quī, quae, quod, *who, which, that; which?, what?; whoever, whatever.*

quia, conj., *because.*

quīcumque, quaecumque, quodcumque, rel. pron., *whoever, whatever.*

quid, interr. adv., *in what respect?, why?, how?, to what extent?*

quīdam, quaedam, quoddam, indef. pron., *a certain one, somebody, something.*

quidem, adv., *assuredly, certainly, of course, in fact.*

quiēs, -ētis, f., *rest, inaction, quiet, peace; sleep.*

quiēscō, -ere, -ēvī, -ētus, *rest, keep quiet; sleep.*

quīlibet, quaelibet, quodlibet, indef. pron., *anyone, no matter who, whatever there is, whatever or whoever you wish.*

quīn, conj., I. Interr., *why not?* II. *So that . . . not; but that; on the contrary.*

quīnī, -ae, -a, *five each.*

quīnque, indecl. num., *five.*

quīntus, -a, -um, *fifth.*

quippe, I. Adv., *indeed, surely, certainly.* II. Conj., *since, for in fact, inasmuch as.*

Quirīnus, -ī, m., *Quirinus,* the name given to Romulus after his deification.

Quirītēs, -ium, m., *Quirites,* a name applied to the early Romans after their union with the Sabines.

quīs, for *quibus,* dat. and abl. pl. of *quis* and *quī.*

quis, qua, quid, indef. pron., *anyone, anybody, anything; someone, somebody, something.*

quis, quid, interr. pron., *who?, what?*

quisquam, quaequam, quidquam and **quicquam,** indef. pron., *anyone, anything, any.*

quisque, quaeque, quidque or **quodque,** indef. pron., *whoever, whatever, each one, everyone, everything.*

quisquis, quicquid, indef. rel. pron., *whoever, whatever, everyone who, everything which.*

quīvīs, quaevīs, quodvīs and **quidvīs,** indef. pron., *whoever it be, anyone you please, any, anything.*

quō, adv., *to what place, where, how, when.*

quod, I. Adv., *in respect to what, as to what.* II. Conj., *because, the fact that, that, in that.*

quondam, adv., *at some time, formerly, sometimes, at certain times.*

quoniam, adv., *since now, since then, because, whereas.*

quoque, conj., *also, too.*

quot, indecl. adj., *how many?; as many as.*

quotiēns, adv., *how often?, how many times?, as often as, as many times as.*

racēmus, -ī, m., *bunch, cluster.*

radiō, 1, *gleam, shine.*

radius, -ī, m., *spoke* (of a wheel), *beam, ray; staff, rod.*

rādīx, -īcis, f., *root; radish.*

rādō, -ere, rāsī, rāsus, *scrape, scratch, rub, smooth.*

rāmālia, -ium, n., *sticks, twigs.*

rāmus, -ī, m., *branch, bough.*

rāna, -ae, f., *frog.*

rapāx, -ācis, *furious, violent, rapacious; greedy.*

rapidus, -a, -um, *swift, rushing, rapid; fierce.*

rapīna, -ae, f., *robbery, pillage.*

rapiō, -ere, rapuī, raptus, *seize, snatch, carry off; rescue; pillage, plunder, steal; hurry, hasten.*

raptō, 1, *plunder, ravage.*

raptor, -ōris, m., *robber, abductor.*

raptum, -ī, n., *plunder.*

rārus, -a, -um, *thin, of loose texture; scattered, far apart; infrequent, uncommon, scarce, rare.*

rāstrum, -ī, n.; pl., rāstrī, -ōrum, m., *rake, mattock.*

ratiō, -ōnis, f., *account, calculation; transaction, business, affair; plan, course of action, method; reason, judgment, counsel.*

ratis, -is, f., *raft, boat.*

ratus, -a, -um [reor], *thought-out, established, true.*

raucus, -a, -um, *hoarse, grating.*

recandēscō, -ere, -canduī, —, *grow white again, glow again.*

recēdō, -ere, -cessī, -cessus, *withdraw, fall back; flee, disappear.*

recēns, -entis, *fresh, young, vigorous; just arrived, recent.*

receptus, -ūs, m., *retreat.*

recessus, -ūs, m., *retreat, withdrawal; remote place, recess.*

recidō and reccidō, -ere, recidī or reccidī, -cāsus, *fall back, return.*

recingō, -ere, —, -cīnctus, *loosen, undo.*

recipiō, -ere, -cēpī, -ceptus, *take back, receive; regain.*

recitō, 1, *recite.*

reclūdō, -ere, -sī, -sus, *open, disclose, reveal, display.*

recōgnōscō, -ere, -gnōvī, -gnitus, *recall to mind; recognize.*

recolligō, -ere, -lēgī, -lēctus, *gather again, collect.*

reconditus, -a, -um, *out of the way, far-removed, concealed.*

recondō, -ere, -didī, -ditus, *put back, put away, hide, conceal.*

recordor, -ārī, -ātus, *remember.*

recrēscō, -ere, -crēvī, -crētus, *grow again.*

rēctor, -ōris, m., *guide, leader; helmsman, captain, pilot.*

rēctus, -a, -um, *straight, upright, direct; right, proper, fitting; just, virtuous.* As subst., rēctum, -ī, n., *virtue, that which is right.*

recubō, -āre, —, —, *lie back, recline.*

recumbō, -ere, -cubuī, —, *lie down, recline; fall or sink down.*

recurrō, -ere, -currī, —, *run back, return.*

recurvō, -āre, —, -ātus, *turn back, bend.*

recurvus, -a, -um, *turned back, bent, crooked, curved, winding.*

recūsō, 1, *reject, refuse.*

reddō, -ere, -didī, -ditus, *restore, return; reply, answer.*

redeō, -īre, -iī, -itus, *go back, come back, return.*

redigō, -ere, -ēgī, -āctus, *bring back; force, subdue.*

redimīculum, -ī, n., *necklace, pendant.*

reditus, -ūs, m., *return.*

redoleō, -ēre, -uī, —, *emit a scent.*

redūcō, -ere, -dūxī, -ductus, *lead back, bring back.*

redundō, 1, *pour over, overflow; be in excess; remain.*

referō, -ferre, rettulī, relātus, *bring back, give back, return, pay back; submit, offer; refer.*

rēfert, -ferre, -tulit, —, impers., *it concerns, it makes a difference, it matters.*

reficiō, -ere, -fēcī, -fectus, *repair.*

reflectō, -ere, -flexī, -flexus, *bend back, turn backwards.*

refluus, -a, -um, *flowing back.*

reformō, 1, *transform, resume a shape.*

refoveō, -ēre, -fōvī, -fōtus, *warm again; refresh, restore.*

refugiō, -ere, -fūgī, —, *retreat; escape, avoid.*

refugus, -a, -um, *receding, vanishing, falling back.*

rēgālis, -e, *kingly, royal.*

regerō, -ere, -gessī, -gestus, *throw back, carry back.*

rēgia, -ae, f., *palace, royal court.*

rēgīna, -ae, f., *queen.*

regiō, -ōnis, f., *direction; region, district, quarter.*

rēgius, -a, -um, *kingly, royal.*

rēgnō, 1, *be king, rule.*

rēgnum, -ī, n., *royal authority, rule; kingdom, state, realm.*

regō, -ere, rēxī, rēctus, *guide, conduct, govern, control, rule.*

relābor, -ī, -lāpsus, *sink back.*

relanguēscō, -ere, -guī, —, *become faint, sink down.*

relaxō, 1, *widen, loosen.*

relegō, -ere, -lēgī, -lēctus, *traverse again.*

relevō, 1, *lighten, relieve; rest.*

religō, 1, *bind fast.*

relinquō, -ere, -līquī, -lictus, *quit, abandon, forsake.*

relūcēscō, -ere, -lūxī, —, *begin to blaze.*

remaneō, -ēre, -mānsī, —, *stay behind, remain; endure, last.*

rēmigium, -ī, n., *oars.*

reminīscor, -ī, —, *recall to mind.*

remissus, -a, -um, *merry.*

remittō, -ere, -mīsī, -missus, *send back, yield, let loose.*

remōlior, -īrī, -ītus, *roll away.*

remollēscō, -ere, —, —, *soften, relent.*

remoror, -ārī, -ātus, *delay, detain.*

removeō, -ēre, -mōvī, -mōtus, *move back, set aside, drive away.*

remūgiō, -īre, —, —, *bellow back.*

rēmus, -ī, m., *oar.*

renārrō, -āre, —, —, *tell again, relate.*

renovāmen, -inis, n., *new form.*

renovō, 1, *renew, restore.*

reor, rērī, ratus, *reckon, think, believe, imagine.*

repāgula, -ōrum, n., *barrier.*

reparābilis, -e, *reparable.*

reparō, 1, *repair, renew.*

repellō, -ere, reppulī, repulsus, *drive back, repel; reject.*

repercutiō, -ere, -cussī, -cussus, *strike back, reflect.*

reperiō, -īre, repperī, repertus, *find, discover; find out.*

repetō, -ere, -īvī, -ītus, *seek again, demand back; strike again, attack anew; recommence, renew, repeat.*

repleō, -ēre, -ēvī, -ētus, *fill again, replenish, replace; fill up.*

repōnō, -ere, -posuī, -positus, *put back, replace; set aside; keep.*

reportō, 1, *send back, report.*

reportor, -ōris, m., *discoverer.*

repūgnō, 1, *fight back, oppose, resist, object.*

repulsa, -ae, f., *rejection, refusal; defeat.*

requiēs, -ētis, acc. requiem, abl. requiē, f., *rest, respite.*

requiēscō, -ere, -ēvī, -ētus, *rest, repose, sleep.*

requīrō, -ere, -sīvī, -sītus, *search for, seek; need, want, require.*

rēs, reī, f., *object, matter, affair, fact, property, fortune.*

rēscrībō, -ere, -īpsī, -īptus, *write back.*

resecō, -āre, -secuī, -sectus, *cut loose, cut off, cut.*

(resequor, -ī), -secūtus, *answer.*

resideō, -ēre, -sēdī, —, *remain behind.*

resīdō, -ere, -sēdī, —, *subside.*

resiliō, -īre, -uī, —, *leap back, recoil, retreat.*

resistō, -ere, -stitī, —, *stand back, halt, stop; resist, oppose.*

resolvō, -ere, -solvī, -solūtus, *unbind, loosen, release, free.*

resonābilis, -e, *resounding.*

resonō, -āre, -āvī, —, *resound, echo.*

resonus, -a, -um, *resounding.*

rēspectus, -ūs, m., *consideration.*

rēspiciō, -ere, -spexī, -spectus, *look back, regard, contemplate.*

rēspondeō, -ēre, -spondī, -spōnsus, *answer, reply; agree.*

rēspōnsum, -ī, n., *answer, reply.*

rēstituō, -ere, -uī, -ūtus, *replace, restore, rebuild, repair.*

rēstō, -āre, -stitī, —, *resist, oppose, hold out; be left, remain.*

resupīnus, -a, -um, *bent back, lying on the back, facing upward.*

resurgō, -ere, -surrēxī, -surrēctus, *rise again, appear again.*

retardō, 1, *hinder, detain.*

rēte, -is, n., *net, snare.*

retegō, -ere, -tēxī, -tēctus, *uncover, disclose, reveal.*

retemptō, -āre, —, —, *try anew.*

retentus, -a, -um [retendō], *slack.*

retexō, -ere, -texuī, -textus, *unweave, undo; cancel, annul.*

reticeō, -ēre, -cuī, —, *be silent, keep silence, conceal.*

retineō, -ēre, -tinuī, -tentus, *hold back, retain, restrain, stop.*

retorqueō, -ēre, -torsī, -tortus, *twist or turn back.*

retractō, 1, *touch again.*

retrahō, -ere, -trāxī, -trāctus, *draw back.*

retrō, adv., *backward, back.*

revellō, -ere, -vellī, -vulsus, *pull away, tear out or off.*

reverentia, -ae, f., *respect, awe.*

revertor, -ī, -versus, *turn back, go back, return.*

revīvīscō, -ere, -vīxī, —, *come to life again, revive.*

revocābilis, -e, *revocable.*

revocō, 1, *call back, call off.*

revolō, 1, *fly back.*

revolvō, -ere, -volvī, -volūtus, *fall back. In mid., return, traverse again.*

rēx, rēgis, m., *monarch, king.*

Rhodopē, -ēs, f., *Rhodope, a mountain range in Thrace.*

Rhodopēius, -a, -um, *of Rhodope, Thracian.*

rictus, -ūs, m., *gaping jaws.*

rīdeō, -ēre, rīsī, rīsus, *laugh; deride, mock.*

rigeō, -ēre, —, —, *be stiff, stand on end, bristle.*

rigidus, -a, -um, *stiff, hard, inflexible; stern, rough.*

rigor, -ōris, m., *stiffness.*

riguus, -a, -um, *well-watered.*

rīma, -ae, f., *chink, crack.*

rīpa, -ae, f., *bank* (of a river).

rīte, adv., *according to religious usage, solemnly, fitly, well.*

ritus, -ūs, m., *religious usage, ceremony, rite; habit, custom.*

rīvālis, -is, m., *rival.*

rīvus, -ī, m., *stream, river.*

rōbur, -oris, n., *hardwood, oak; strength, vigor, power.*

rogō, 1, *ask, question; request, beg, demand.*

rogus, -ī, m., *funeral pyre, burial mound.*

rōrō, 1, *drop, drip; form dew.*

rōs, rōris, m., *dew, spray.*

rosa, -ae, f., *rose.*

rōscidus, -a, -um, *wet with dew.*

roseus, -a, -um, *rose-colored.*

rōstrum, -ī, n., *beak, snout, muzzle, mouth; ship's prow.*

rota, -ae, f., *wheel; chariot.*

rotō, 1, *turn, revolve.*

rubeō, -ēre, —, —, *be red, redden.*

ruber, -bra, -brum, *red, ruddy.*

rubēscō, -ere, -buī, —, *grow red.*

rubēta, -ōrum, n., *bramblebush.*

rūbīgo, -inis, f., *rust.*

rubor, -ōris, m., *redness; blush.*

rudis, -e, *rough, raw, unformed; unpolished, clumsy, awkward.*

rūga, -ae, f., *wrinkle.*

rūgōsus, -a, -um, *wrinkled.*

ruīna, -ae, f., *downfall, ruin, catastrophe, destruction.*

rūmor, -ōris, m., *report, hearsay, rumor; reputation.*

rumpō, -ere, rūpī, ruptus, *break, burst, destroy, interrupt.*

ruō, -ere, -uī, -utus, *rush down, fall down, go to ruin; cast down.*

rūpēs, -is, f., *rock, cliff.*

rūricola, -ae, m., *farmer, rustic.*

rūrsus, adv., *again, in return.*

rūs, rūris, n., *the country.* In pl., *lands, fields.*

rūsticus, -a, -um, *of the country, rural; simple, coarse.*

rutilus, -a, -um, *golden-red.*

rūtrum, -ī, n., *spade, shovel.*

sacer, -cra, -crum, *consecrated, sacred, holy, regarded with reverence.* As subst., sacrum, -ī, n., *sacred object* or *rite.*

sacerdōs, -ōtis, m. or f., *priest, priestess.*

sacrilegus, -a, -um, *sacrilegious, impious.*

saeculum, -ī, n., *race, generation, age, lifetime.* Personified as Saecula, -ōrum, *Age.*

saepe, adv., *often, frequently.*

saepēs, -is, f., *hedge.*

saeta, -ae, f., *bristle.*

saevitia, -ae, f., *cruelty.*

saevus, -a, -um, *fierce, wild, savage, cruel, severe.*

sagāx, -ācis, *keen, alert, wise.*

sagitta, -ae, f., *arrow.*

sagittifer, -fera, -ferum, *arrow-bearing.*

salictum, -ī, n., *willow grove.*

salignus, -a, -um, *of willow wood.*

saliō, -īre, -uī, saltus, *leap, jump.*

salix, -icis, f., *willow tree.*

saltem, adv., *at least, anyhow, in any event.*

saltō, 1, *dance.*

saltus, -ūs, m., *forest, woodland.*

(saltus, -ūs), m., *leap, bound.*

salūs, -ūtis, f., *health, welfare.*

salūtō, 1, *greet, hail.*

sānābilis, -e, *curable.*

sānctus, -a, -um, *sacred, holy.*

sanguineus, -a, -um, *bloody, bloodthirsty.*

sanguinulentus, -a, -um, *bloody, blood red.*

sanguis, -inis, m., *blood; family, stock, race.*

sānus, -a, -um, *sound, healthy, well, unharmed; sensible.*

sapiēns, -entis, *wise, judicious.*

sapiō, -īre, -īvī, —, *be sensible.*

sapor, -ōris, m., *taste, flavor.*

sarcina, -ae, f., *package, bundle, load, pack.* In pl., *baggage.*

sarculum, -ī, n., *hoe.*

Sarmaticus, -a, -um, and Sarmatis, -idis, *of the Sarmatians,* a Slavic people dwelling on the Black Sea.

sata, -ōrum, n., *crops* [serō].

satiō, 1, *fill, satisfy.*

satis, adv., *enough, sufficient, satisfactory, adequate.*

satur, -ura, -urum, *full.*

Sāturnia, -ae, f., *daughter of Saturn,* i.e., Juno.

Sāturnius, -ī, m., *son of Saturn,* i.e., Jupiter, Neptune, or Pluto.

Sāturnus, -ī, m., *Saturn,* father of Jupiter, Juno, Neptune, and Pluto, identified with the Gk. Cronos.

saturō, 1, *fill, saturate.*

satus, see serō.

satyrus, -ī, m., *satyr.*

saucius, -a, -um, *wounded, hurt.*

saxeus, -a, -um, *rocky.*

saxificus, -a, -um, *petrifying.*

saxum, -ī, n., *stone, rock.*

scaber, -bra, -brum, *rough.*

scaena, -ae, f., *stage, scene.*

scamnum, -ī, n., *footstool.*

scelerātus, -a, -um, *impious, wicked, shameful.*

scelus, -eris, n., *wicked deed, crime, sin, outrage.* As a term of reproach, *villain, rascal, wretch.*

scēptrum, -ī, n., *royal staff, scepter; rule, authority.*

scīlicet, adv., *of course, no doubt, you may be sure, it may be admitted.*

scindō, -ere, scidī, scissus, *cut, split, separate, divide, cleave.*

scintilla, -ae, f., *spark.*

sciō, -īre, -īvī, -ītus, *know.*

scopulus, -ī, m., *rock, crag, cliff, rocky ledge.*

Scorpiō, -ōnis and Scorpius, -ī, acc. -ion, m., *the constellation Scorpion.*

scrībo, -ere, scrīpsī, scrīptus, *write.*

scrobis, -is, f., *ditch, trench.*

sculpō, -ere, -psī, -ptus, *carve, fashion by carving.*

sēcēdō, -ere, -cessī, -cessus, *go away, withdraw.*

sēcernō, -ere, -crēvī, -crētus, *separate, part.*

secō, -āre, -uī, sectus, *cut, cut off, cleave, divide.*

sēcrētus, -a, -um, *separate, hidden, secret.* As subst., sēcrētum, -ī, n., *hidden place, solitary place.*

sēcubō, -āre, -uī, —, *sleep alone.*

secundus, -a, -um, *following, next; second; favorable, fortunate.*

secūris, -is, f., *axe, hatchet.*

sēcūrus, -a, -um, *free from care, quiet, tranquil; safe.*

secus, adv., *differently.*

sed, conj., *but, on the contrary.*

sedeō, -ēre, sēdī, sessus, *sit, remain seated; sink, settle.*

sēdēs, -is, f., *seat, place of residence, home; temple; burial place.*

sedīle, -is, n., *chair, bench.*

sēdō, 1, *allay, stop.*

sēducō, -ere, -dūxī, -ductus, *lead away, set aside, separate.*

sēdulus, -a, -um, *busy, diligent.*

seges, -itis, f., *cornfield, crop.*

sēgnis, -e, *slow, sluggish, lazy.*

semel, adv., *once, a single time.*

sēmen, -inis, n., *seed; race; posterity, offspring; origin.*

sēmianimis, -e, *half-dead.*

Semīramis, -is, f., *queen of Babylon.*

sēmisupīnus, -a, -um, *reclining.*

semper, adv., *always, forever, at all times.*

senecta, -ae, f., *old age.*

senectūs, -ūtis, f., *old age.*

senēscō, -ere, -uī, —, *grow feeble.*

senex, senis, *old, aged.* As subst., m., *old man.*

senīlis, -e, *of old age, senile.*

senior, -ōris, comp. of senex.

sēnsus, -ūs, m., *feeling, sentiment, thought, sense.*

sententia, -ae, f., *opinion, will.*

sentēs, -ium, m., *thorns, briers.*

sentiō, -īre, sēnsī, sēnsus, *feel, perceive, think, know.*

sēparō, 1, *separate, part.*

sepeliō, -īre, -iī, -pultus, *bury.*

sēpōnō, -ere, -posuī, -positus, *lay aside; select.*

septem, indecl. num., *seven.*

septimus, -a, -um, *seventh.*

sepulcrālis, -e, *sepulchral.*

sepulcrum, -ī, n., *burial place, grave, tomb.*

sequor, -ī, secūtus, *follow, pursue, come after.*

sera, -ae, f., *bar, bolt.*

serēnus, -a, -um, *calm, serene.*

sermō, -ōnis, m., *speech, talk, discourse, conversation.*

serō, -ere, sēvī, satus, *sow, plant.* satus, -a, -um, *sprung from, begotten, born.* As subst., satus, -ī, m., *son;* sata, -ae, f., *daughter.*

sērō, adv., *late.*

serpēns, -entis, m. and f., *serpent.*

serpentigena, -ae, m., *serpent-born.*

serpō, -ere, -psī, -ptus, *creep, move slowly.*

serta, -ōrum, n., *wreaths of flowers, garlands.*

sērus, -a, -um, *late.*

servātrīx, -īcis, f., *she who saves.*

serviō, -īre, -īvī, -ītus, *be subject to.*

servitium, -ī, n., *servitude.*

servō, 1, *preserve, retain, delay; rescue, save; observe.*

servus, -ī, m., *slave.*

seu, see sive.

sevērus, -a, -um, *strict, stern, severe, serious, austere.*

sex, indecl. num., *six.*

sextus, -a, -um, *sixth.*

sī, conj., *if.*

sībila, -ōrum, n., *hissing sounds.*

sīc, adv., *thus, so.*

Sīcania, -ae, f., *Sicily.*

siccō, 1, *dry, dry up.*

siccus, -a, -um, *dry, parched.*

Sīcelis, -idis, acc. pl. -idas, *Sicilian.*

Siculus, -a, -um, *Sicilian.*

sīcut, adv., *so as, just as, like.*

Sicyōnius, -a, -um, *of Sicyon, the capital of Siconia, a district of Greece.*

sīdereus, -a, -um, *starry.*

Sīdōnis, -idis, *of Sidon,* an ancient city of Phoenicia.

Sīdōnius, -a, -um, *Sidonian.*

sīdus, -eris, n., *star, constellation.*

sigilla, -ōrum, n., *small figure.*

sīgnō, 1, *mark, designate.*

sīgnum, -ī, n., *mark, sign, indication; image, statue.*

silēns, -entis, *calm, quiet, still.* As subst., silentēs, -ium, m., *the dead.*

silentium, -ī, n., *stillness.*

sileō, -ēre, -uī, —, *keep silence.*

silex, -icis, m., *stone, limestone.*

silva, -ae, f., *forest, woodland.*

silvestris, -e, *of a forest; wooded.*

similis, -e, *like, resembling.*

simplex, -icis, *simple, guileless, sincere; single.*

simplicitās, -ātis, f., *frankness, candor, naturalness, simplicity.*

simul, adv., *at the same time, together, when, as soon as.*

simulac, adv., *as soon as.*

simulācrum, -ī, n., *likeness, image, figure, picture, statue.*

simulō, 1, *copy, represent; pretend.*

sincērus, -a, -um, *clean, pure; truthful, candid.*

sine, prep., *without.*

singulī, -ae, -a, *one at a time.*

singultus, -ūs, m., *sobbing.*

sinister, -tra, -trum, *left, on the left; unlucky, unfavorable.*

sinō, -ere, sīvī, situs, *allow, let, permit.*

sinuō, 1, *bend, wind, curve.*

sinus, -ūs, m., *curve, fold, hollow; the bosom; bay, gulf.*

sistō, -ere, stitī, status, *place, set up; cease, stop.*

sīstrum, -ī, n., *a rattle.*

Sīthonis, -idis, *Thracian.*

sitiō, -īre, -īvī, —, *thirst.*

sitis, -is, f., *thirst.*

situs, -ūs, m., *situation, position; inactivity, idleness; the effect or appearance of neglect.*

sīve or seu, conj., *or if, if.* sīve . . . sīve, *if . . . or if, whether . . . or.*

smaragdus, -ī, m., *emerald.*

socer, -erī, m., *father-in-law.*

sociālis, -e, *of companionship, allied; of marriage, conjugal.*

sociō, 1, *unite; share.*

socius, -a, -um, *sharing, united, associated, joining in.* As subst., socia, -ae, f., and socius, -ī, m., *partner, ally, companion.*

sodālicium, -ī, n., *comradeship.*

sodālis, -is, m. or f., *companion, associate, intimate.*

sōl, sōlis, m., *sun.*

sōlācium, -ī, n., *comfort, solace.*

soleō, -ēre, -itus sum, *be accustomed, be used.*

solidus, -a, -um, *firm, compact, dense, substantial, solid.* As subst., solidum, -ī, n., *solid ground, rock.*

solitus, -a, -um, *accustomed, usual, ordinary.*

solium, -ī, n., *seat, throne.*

sollemnis, -e, *sacred, solemn.*

sollers, -ertis, *skilled, clever.*

sollertia, -ae, f., *skill, ingenuity.*

sollicitō, 1, *disturb, move, rouse, incite; exhort, beg.*

sollicitus, -a, -um, *disturbed, troubled, anxious, solicitous.*

sōlor, -ārī, -ātus, *comfort, console.*

solum, -ī, n., *lowest part, bottom, ground, earth.*

sōlus, -a, -um, *alone, only, single; lonely, deserted.* As adv., sōlum, *alone, only.*

solūtus, -a, -um, *unbound, free, exempt; relaxed.*

solvō, -ere, solvī, solūtus, *loosen, unbind, release, take apart, break;*

bestow a gift or *reward; pay a debt, fulfill a vow.*

somnifer, -fera, -ferum, *sleep-producing.*

somnus, -ī, m., *sleep.*

sonābilis, -e, *resounding.*

sonāns, -antis, *resounding.*

sonitus, -ūs, m., *noise, sound.*

sonō, -āre, -uī, -itus, *make a noise, sound; speak, call out.*

sonus, -ī, m., *noise, sound.*

sōpiō, -īre, -īvī, -ītus, *put to sleep.*

sopor, -ōris, m., *deep sleep.*

sorbeō, -ēre, -uī, —, *drink, absorb.*

sordidus, -a, -um, *squalid, black from smoke; humble.*

soror, -ōris, f., *sister.*

sorōrius, -a, -um, *of a sister.*

sors, sortis, f., *lot, share, chance, fortune, fate.*

sortior, -īrī, -ītus, *cast* or *draw lots, obtain* or *assign by lot; distribute, apportion.*

sospes, -itis, *saved, safe.*

spargō, -ere, -sī, -sus, *sprinkle, wet; spread out, distribute, scatter.*

spatior, -ārī, -ātus, *spread out, expand; walk about; proceed.*

spatiōsus, -a, -um, *roomy, of great extent, large.*

spatium, -ī, n., *space, room, extent, distance, interval, period.*

speciēs, -ēī, f., *look, appearance; pretense.*

speciōsus, -a, -um, *handsome, beautiful, splendid; deceptively fair.*

spectābilis, -e, *visible; admirable.*

spectāculum, -ī, n., *sight, spectacle; show.*

spectō, 1, *watch, observe.*

speculor, -ārī, -ātus, *observe; look around.*

specus, -ūs, m., *cave, cavern.*

Sperchēis, -idis, *of the Sperchios river.*

Sperchīos, -ī, m., *Sperchios,* a river of Thessaly.

spernō, -ere, sprēvī, sprētus, *reject, scorn, spurn.*

spērō, 1, *hope, expect, await; trust, believe.*

spēs, -eī, f., *hope, expectation.*

spīca, -ae, f., *ear* or *spike* (of grain).

spīceus, -a, -um, *of ears* (of grain).

spīculum, -ī, n., *arrow.*

spīna, -ae, f., *backbone; back.*

spīra, -ae, f., *coil, spiral.*

spīritus, -ūs, m., *breath; soul, life.*

spissus, -a, -um, *thick, crowded, dense.*

splendeō, -ēre, —, —, *gleam, glitter.*

splendidus, -a, -um, *bright, shining, brilliant.*

spoliō, 1, *strip, plunder, despoil.*

spolium, -ī, n., *skin, hide; booty, prey, spoil.*

sponda, -ae, f., *bedstead, bed.*

(**spōns,** -ontis), f., *free will, impulse, volition.* In abl., suā sponte, *of one's own accord, voluntarily.*

spōnsor, -ōris, m., *sponsor.*

spūma, -ae, f., *foam, froth.*

spūmēscō, -ere, —, —, *begin to foam.*

spūmiger, -gera, -gerum, *foamy.*

spūmō, 1, *foam, froth.*

spūmōsus, -a, -um, *covered with* or *full of foam.*

squāleō, -ēre, -uī, —, *be filthy, be dirty; lie neglected.*

squālidus, -a, -um, *dirty, filthy, neglected.*

squāma, -ae, f., *scale* (of a serpent or fish).

squāmeus, -a, -um, *scaly.*

squamōsus, -a, -um, *covered with scales.*

stabulum, -ī, n., *stall, stable, enclosure.*

stāgnō, 1, *be covered with water, become a pool* or *lake.*

stāgnum, -ī, n., *lake, pool, body of water.*

stāmen, -inis, n., *thread, string.*

statiō, -ōnis, f., *station, post.*

statuō, -ere, -uī, -ūtus, *set, erect; establish, decide.*

status, -ūs, m., *position, posture, place.*

stella, -ae, f., *star.*

stellāns, -antis, *starlike, glittering.*

stellātus, -a, -um, *many-starred, glittering.*

sterilis, -e, *unfruitful, barren.*

sternō, -ere, strāvī, strātus, *spread out, scatter, cover.*

stertō, -ere, -ī, —, *snore.*

stillō, 1, *drop, drip.*

stimulus, -ī, m., *spur, goad, incentive.*

stīpes, -itis, m., *log, post, trunk, stick.*

stīpō, 1, *crowd together, throng; accompany.*

stipula, -ae, f., *stalk, stubble; straw.*

stirps, -pis, f., *stock, family, offspring.*

stīva, -ae, f., *plow handle.*

stō, -āre, stetī, status, *stand, remain in place, continue, endure.*

stolidus, -a, -um, *slow, obtuse, stupid, unmoving.*

stomachus, -ī, m., *stomach.*

strāmen, -inis, n., *straw, litter.*

strātum, -ī, n., *covering, spread.*

strīdō, -ere, -uī, —, *screech, creak, hiss.*

strīdulus, -a, -um, *creaking, hissing.*

stringō, -ere, -īnxī, -ictus, *draw tight; draw or bare* (a weapon); *graze.*

strix, -igis, f., *screech owl.*

struō, -ere, strūxī, strūctus, *heap up, build; arrange.*

studiōsus, -a, -um, *eager, fond.*

studium, -ī, n., *zeal, eagerness, desire, exertion, endeavor.*

stultus, -a, -um, *foolish, simple, stupid.* As subst., stultus, -ī, m., *fool.*

stupeō, -ēre, -uī, —, *be astounded, be amazed, be stupefied.*

Stygius, -a, -um, *Stygian.*

Styx, Stygis, acc. Styga, f., *Styx, a river of the underworld.*

suadeō, -ēre, -sī, -sus, *advise, urge, persuade, induce.*

sub, prep. I. With abl.: of position, *under, below;* of time, *during;* *subject to, under the power of.* II. With acc.: of motion, *under, toward;* of time, *before, until; into the power of.*

subdō, -ere, -didī, -ditus, *place under, apply.*

subdūcō, -ere, -dūxī, -ductus, *take away, lead away, hide.*

subedō, -ere, -ēdī, —, *wear away.*

subeō, -īre, -iī, -itus, *go under, enter; come into being.*

subiciō, -ere, -iēcī, -iectus, *place under; make subject.*

subigō, -ere, -ēgī, -āctus, *turn up, break up; work, fashion.*

subitus, -a, -um, *sudden, unexpected, surprising.* As adv., subitō, *suddenly, immediately.*

sublevō, 1, *raise up; support, bring aid.*

sublīmis, -e, *high, lofty, elevated; distinguished, exalted.*

submergō, -ere, -sī, -sus, *sink, submerge.*

submittō, -ere, -mīsī, -missus, *let down, lower; reduce, humble; surrender, yield.*

submoveō, -ēre, -mōvī, -mōtus, *drive back; remove, banish.*

subsequor, -ī, -secūtus, *follow after; come after, succeed, follow.*

subsīdō, -ere, -sēdī, -sessus, *settle down, sink, subside.*

substrictus, -a, -um, *drawn in, thin.*

subsum, -esse, —, —, *be under; be near at hand; approach.*

subter, prep., *under, beneath.*

subvehō, -ere, -vēxī, -vectus, *carry, transport.*

succēdō, -ere, -cessī, -cessus, *follow, take the place of, succeed.*

succendō, -ere, -cendī, -cēnsus, *kindle, set fire to.*

successor, -ōris, m., *successor.*

successus, -ūs, m., *good result, success.*

succīdō, -ere, -cīdī, -cīsus, *cut off, cut down.*

succingō, -ere, -cīnxi, -cīnctus, *tuck up, gird; surround; equip.*

succrēscō, -ere, —, —, *grow, increase.*

succumbō, -ere, -cubuī, -cubitus, *lie back; be overcome, submit.*

succurrō, -ere, -currī, -cursus, *run to help, aid; come to mind.*

succutiō, -ere, -cussī, -cussus, *toss up.*

sūcus, -ī, m., *juice, liquid; drink, potion.*

sūdor, -ōris, m., *sweat; labor.*

sufferō, -ere, sustulī, sublātus, *raise up, hold up.*

sufficiō, -ere, -fēcī, -fectus, *be sufficient, be adequate.*

suffundō, -ere, -fūdī, -fūsus, *overspread, suffuse.*

suī, sibi, sē or sēsē, reflex. pron., 3rd pers., *himself, herself, itself, themselves.*

sulcō, 1, *plow, furrow, mark.*

sulcus, -ī, m., *furrow, trench, ditch.*

sulphur, -uris, n., *sulphur.*

sum, esse, fuī, futūrus; imperf. subjunctive often forem, forēs, foret, etc.; fut. inf. often fore, *be, exist, be able;* est, often *it is possible.*

summa, -ae, f., *top, summit; whole; the universe.*

summus, -a, -um, *topmost, highest, extreme, the top of.*

sūmō, -ere, sūmpsī, sūmptus, *take up, assume; appropriate.*

suō, -ere, suī, sūtum, *sew, join together.*

super, adv. and prep., *over, above, beyond, on; besides, in addition to.*

superbia, -ae, f., *pride, arrogance.*

superbus, -a, -um, *proud, haughty, arrogant, vain, insolent.*

supercilium, -ī, n., *eyebrow.*

superēmineō, -ēre, —, —, *surmount, tower over.*

superīniciō, -ere, -iēcī, -iectus, *throw over, scatter upon.*

superō, 1, *rise above, go over, exceed; subdue, conquer.*

superstes, -itis, *remaining, existing, surviving.*

superstō, -āre, —, —, *stand upon.*

supersum, -esse, -fuī, —, *be left, remain; be in excess.*

superus, -a, -um, *upper, higher, above.* As subst., superī, -ōrum, m., *the gods.*

supīnus, -a, -um, *bent backwards, on the back, upturned.*

suppleō, -ēre, -plēvī, -plētus, *fill up, complete; supply.*

supplex, -icis, *begging, entreating, suppliant.*

suppliciter, adv., *humbly, submissively.*

supplicō, 1, *humble oneself.*

suppōnō, -ere, -posuī, -positus, *place below, plant.*

supprimō, -ere, -pressī, -pressus, *hold back, hold down, restrain.*

suprā, adv. and prep., *above.*

suprēmus, -a, -um, super. of superus, *highest, last, final.* As adv., suprēmum, *for the last time.*

sūra, -ae, f., *calf of the leg.*

surgō, -ere, surrēxī, surrēctus, *rise, arise, swell, surge.*

sūs, suis, m. or f., *hog, sow.*

suscitō, 1, *stir up, arouse.*

suspendō, -ere, -dī, -sus, *hang up, suspend; keep in suspense.*

suspiciō, -ere, -spexī, -spectus, *suspect.*

suspicor, -ārī, -ātus, *mistrust, suspect; suppose.*

suspīrium, -ī, n., *sighing, sigh.*

suspīrō, 1, *breathe deeply, sigh.*

sustineō, -ēre, -tinuī, -tentus, *hold up, support, sustain, bear, endure, hold out, withstand.*

suus, -a, -um, *his own, her own, its own, their own.*

Sȳrus, -a, -um, *Syrian.*

tabella, -ae, f., *writing tablet; votive tablet; fan.*

tābēs, -is, f., *wasting, melting away, decay.*

tābēscō, -ere, -buī, —, *waste away.*

taceō, -ēre, -uī, -itus, *be silent, not speak.*

taciturnus, -a, -um, *not talkative, silent.*

tacitus, -a, -um, *secret, unmentioned; silent, still, quiet.*

tāctus, -ūs, m., *touch, contact.*

taeda, -ae, f., *torch; wedding torch, wedding.*

taedifer, -fera, -ferum, *torch-bearing,* an epithet of Ceres.

taedium, -ī, n., *weariness.*

Taenarius, -a, -um, *of* or *belonging to Taenarus,* a promontory and town in the Peloponnesus.

tālis, -e, *such, of such a kind.*

tālus, -ī, m., *ankle.*

tam, adv., *in such a degree, as much, so much, so.*

tamen, adv., *nevertheless, however, yet, still.*

tamquam, adv., *as much as, just as, as if.*

tandem, adv., *at length, at last, finally.*

tangō, -ere, tetigī, tāctus, *touch, strike, reach, take in hand.*

Tantalis, -idis, f., *daughter of Tantalus,* i.e., Niobe.

tantummodo, adv., *only, merely.*

tantus, -a, -um, *of such size, so great, so much.* As adv., tantum, *to such a degree, so far; only so much, so little, merely.*

tardō, 1, *make slow, delay.*

tardus, -a, -um, *slow, sluggish, lingering.*

Tartara, -ōrum, n., *Tartarus,* the infernal regions, the underworld.

Tartareus, -a, -um, *infernal.*

taurus, -ī, m., *bull.* Taurus, *Taurus,* the constellation; a mountain range in Asia Minor.

tēctum, -ī, n., *roof; house, building, abode, shelter.*

tēctus, -a, -um, *covered, concealed; secret.*

tegō, -ere, tēxī, tēctus, *cover, hide, conceal; defend, protect.*

tegumen, tegminis, n., *covering, cover.*

tēla, -ae, f., *warp,* the threads that run through a loom; *loom.*

tellūs, -ūris, f., *earth, land, ground, country, district, region.*

tēlum, -ī, n., *weapon, spear, missile.*

temerārius, -a, -um, *rash, heedless, foolhardy, thoughtless.*

temerō, 1, *dishonor, profane, disgrace, outrage.*

tēmō, -ōnis, m., *the tongue of a wagon.*

Tempē, indecl. n. pl., *Tempe,* a valley in Thessaly through which the Peneus river ran.

temperiēs, -ēī, f., *proper mixture, temper.*

temperō, 1, *regulate, guide.*

tempestīvus, -a, -um, *at the proper time, timely, suitable.*

templum, -ī, n., *temple, shrine.*

temptāmen, -inis, n., *trial, attempt.*

temptō, 1, *try, attempt, prove; urge, incite.*

tempus, -oris, n., *time, period, opportunity, occasion, proper time; temple, head.*

tenāx, -ācis, *holding fast, tenacious.*

tendō, -ere, tetendī, tentus, *stretch out, offer; tend, strive.*

tenebrae, -ārum, f., *darkness, gloom; gloomy place, infernal regions; hiding place.*

tenebrōsus, -a, -um, *dark, gloomy.*

teneō, -ēre, tenuī, tentus, *hold, keep, retain; watch, guard, preserve; hold a position; direct oneself; inhabit.*

tener, -era, -erum, *soft, delicate, tender, thin; youthful.*

tenor, -ōris, m., *course, movement, steady motion.*

tenuis, -e, *slim, thin, slender; insignificant, scanty.*

tenuō, 1, *make thin, rarefy, attenuate; lessen, diminish.*

tenus, prep., *all the way to, up to, as far as.*

tepeō, -ēre, —, —, *be warm, glow.*

tepēscō, -ere, -uī, —, *grow warm.*

tepidus, -a, -um, *warm, tepid.*

ter, adv., *three times.*

terebinthus, -ī, m., *terebinth, a tree.*

terebrō, 1, *bore through, perforate.*

teres, -itis, *smooth, polished; dainty.*

tergeō, -ēre, -sī, -sus, *wipe off, wipe clean.*

tergum, -ī, n., *back, hind part; hind quarter.*

tergus, -oris, n., *back, body, trunk; hide.*

ternī, -ae, -a, *three each.*

terō, -ere, trīvī, trītus, *rub, wear away, wear out; tread.*

terra, -ae, f., *earth, land, ground; region, country; world.*

terrēnus, -a, -um, *earthly.*

terreō, -ēre, -uī, -itus, *frighten, alarm, terrify.*

terribilis, -e, *frightful, dreadful, terrible.*

terrigena, -ae, m. and f., *earthborn.*

terror, -ōris, m., *great fear, fright, terror.*

tertius, -a, -um, *third.*

testa, -ae, f., *clay vessel, pot.*

testificor, -ārī, -ātus, *call to witness; attest.*

testis, -is, m. or f., *one who attests, witness.*

testor, -ārī, -ātus, *call as a witness, invoke, appeal to; assert, prove, demonstrate.*

Teuthrantēus, -a, -um, *Mysian.*

texō, -ere, texuī, textus, *weave; join together, construct, make.*

textum, -ī, n., *that which has been woven, blanket, spread.*

thalamus, -ī, m., *inner room, chamber, bedroom; bridal chamber; marriage.*

theātrum, -ī, n., *theater.*

Thēbae, -ārum, f., *Thebes*, a city of Boeotia.

Thēbais, -idis, *Theban.* As subst., Thēbaides, -um, f., *women of Thebes.*

Thēseus, -eī, and -eos, acc. Thēsea, m., *Theseus*, king of Athens, son of Aegeus (or, by some accounts, Neptune) and Aethra.

Thessalia, -ae, f., *Thessaly.*

Thessalus, -a, -um, *Thessalian.*

Thrācē, -ēs, acc. -ēn, f., *Thrace.*

Thrācius, -a, -um, *Thracian.*

Thrāx, -ācis, *Thracian.*

Thrēicius, -a, -um, *Thracian.*

Thybris, see Tiberis.

thymum, -ī, n., *thyme.*

tiāra, -ae, f., *turban, oriental head-dress.*

Tiberis, -is and Thybris, -is, m., *the Tiber river.*

tībia, -ae, f., *pipe, flute.*

tībīcen, -inis, m., *one who plays the pipe, flutist.*

tīgnum, -ī, n., *beam.*

tigris, -is or -idis, m. or f., *tiger.*

Tigris, -idis, m., *the Tigris river.*

tilia, -ae, f., *linden tree.*

timeō, -ēre, -uī, —, *fear, be afraid, dread.*

timidus, -a, -um, *fearful, afraid.*

Timōlus, see Tmōlus.

timor, -ōris, m., *fear, dread, anxiety.*

tinctilis, -e, *clinging.*

tingō, -ere, tīnxī, tīnctus, *dip, imbue, dye, color.*

Tīresias, -ae, m., *Tiresias*, famed blind seer of Thebes.

Tītānia, -ae and Tītānis, -idis, f., *daughter or descendant of a Titan.*

titubō, 1, *stagger, totter.*

titulus, -ī, m., *inscription; honor, glory, title, fame.*

Tmōlus and Timōlus, -ī, m., *a mountain of Lydia.*

tōfus, -ī, m., *tufa, a porous stone.*

toga, -ae, f., *toga.*

tolerō, 1, *bear, endure, support, sustain.*

tollō, -ere, sustulī, sublātus, *lift, raise, exalt; carry away; save.*

tondeō, -ēre, totondī, tōnsus, *shear, clip, cut.*

tonitrus, -ūs, m. and tonitrum, -ī, n., *thunder.*

torpeō, -ēre, —, —, *be stupefied, be sluggish or inactive.*

torpēscō, -ere, -puī, —, *become benumbed or useless.*

torpor, -ōris, m., *numbness, stupefaction.*

torquātus, -a, -um, *adorned with a necklace.*

torqueō, -ēre, torsī, tortus, *turn, twist, bend; whirl, brandish, hurl.*

torrēns, -entis, *hot, burning.* As a subst., m., *torrent.*

torreō, -ēre, torruī, tostus, *dry up, parch, scorch, burn.*

tortilis, -e, *twisted, coiled.*

tortus, -a, -um, *curved, twisted.*

torus, -ī, m., *couch, bed; bridal bed.*

torvus, -a, -um, *wild, savage.*

tot, indecl. adj., *so many, such a number of.*

totidem, indecl. adj., *just so many, the same number of.*

totiēns, adv., *so often, as often, the same number of times.*

tōtus, -a, -um, *all, the whole.*

toxicum, -ī, n., *poison.*

trabs or trabes, -is, f., *beam, timber, tree.*

tractō, 1, *drag, pull; take in hand, manage; mould.*

tractus, -ūs, m., *course, track; district, tract.*

trādō, -ere, -didī, -ditus, *give up, hand over; surrender; entrust, confide; tell, relate.*

trahō, -ere, trāxī, tractus, *draw, drag; take on, assume; attract; extend, prolong.*

trāiciō, -ere, -iēcī, -iectus, *throw across, transfer; cross over; pierce.*

trāmes, -itis, m., *path.*

trāns, prep., *across, over.*

trānscrībō, -ere, -īpsī, -īptus, *transfer, assign.*

trānseō, -īre, -iī, -itus, *go across, pass through; turn to.*

trānsferō, -ferre, -tulī, -lātus, *carry over, transport, transfer.*

trānsfōrmis, -e, *changed.*

trānsiliō, -īre, -uī, —, *leap over.*

trānsitus, -ūs, m., *passage.*

tremebundus, -a, -um, *trembling.*

tremēscō, -ere, —, —, *begin to shake.*

tremō, -ere, -uī, —, *shake, tremble.*

tremor, -ōris, m., *shaking, trembling.*

tremulus, -a, -um, *shaking.*

trepidō, 1, *be disturbed, be afraid of, tremble at.*

trepidus, -a, -um, *agitated, disturbed, alarmed, frightened.*

trēs, tria, *three.*

tribulus, -ī, m., *thorn, thistle.*

tribuō, -ere, -uī, -ūtus, *assign, confer, give, concede, attribute.*

triceps, -ipitis, *three-headed.*

tricuspis, -idis, *having three points.*

tridēns, -entis, *with three teeth.* As subst., m., *three-pronged spear, trident.*

trifidus, -a, -um, *three-forked.*

trifōrmis, -e, *in three forms.*

Trīnacria, -ae, f., *Sicily.*

Triopēis, -idis, f., *descendant of Triopas, a king of Thessaly; hence, daughter of Erysichthon.*

Triopēius, -ī, m., *son of Triopas, i.e., Erysichthon.*

triplex, -icis, *triple.*

trīstis, -e, *sad, sorrowful, mournful; dismal, gloomy.*

trīstitia, -ae, f., *sadness, melancholy, gloom.*

trīticeus, -a, -um, *of wheat.*

trītus, -a, -um, *frequented, common, worn.*

triumphō, 1, *triumph, rejoice.*

triumphus, -ī, m., *triumphal procession; triumph, victory.*

Trōia, -ae, f., *Troy.*

Trōius, -a, -um, *Trojan.*

truncō, 1, *cut off.*

truncus, -ī, m., *trunk of a tree.*

trux, -cis, *wild, savage.*

tū, tuī, pers. pron., *you.*

tuba, -ae, f., *trumpet.*

tūber, -eris, n., *lump, swelling.*

tueor, -ērī, tūtus, *watch, regard; watch over, support, protect.*

tum, adv., *then, at that time.*

tumeō, -ēre, —, —, *be swollen, swell; swell with rage, be violent.*

tumēscō, -ere, -muī, —, *begin to swell up; grow excited.*

tumidus, -a, -um, *swollen; swollen with anger, enraged.*

tumulō, 1, *cover with a mound, bury, entomb.*

tumultus, -ūs, m., *uproar, commotion, disturbance.*

tumulus, -ī, m., *mound of earth, hill; grave, tumulus.*

tunc, adv., *then, at that time.*

tunica, -ae, f., *tunic.*

turba, -ae, f., *turmoil, commotion; crowd, multitude, throng, band.*

turbidus, -a, -um, *confused, disordered, troubled.*

turbō, 1, *disturb, agitate, throw into confusion.*

turbō, -inis, m., *spiral, whirl.*

tūricremus, -a, -um, *incense-burning.*

turpis, -e, *ugly, disgraceful, foul, filthy; shameful, infamous.*

turris, -is, f., *tower; castle.*

tūs, tūris, n., *incense.*

Tuscus, -a, -um, *Etruscan.*

tūtēla, -ae, f., *protector, guardian; care, trust, charge, protection.*

tūtor, -ārī, -ātus, *guard, protect.*

tūtus, -a, -um, *safe, out of danger.* As subst., tūtum, -ī, n., *safe place, shelter, security, safety.*

tuus, *your, yours.*

tympanum, -ī, n., *drum.*

Typhōeus, -eos, acc. -ea, m., *Typhoeus,* a Giant who tried to oust Jupiter from Mt. Olympus.

tyrannus, -ī, m., *monarch, sovereign, king, tyrant, ruler.*

Tyrius, -a, -um, *of Tyre,* an ancient city of Phoenicia.

ūber, -eris, *rich, fertile.*

ūber, -eris, n., *breast.*

ubi, adv., *where, when; where?, when?*

ūdus, -a, -um, *wet, moist.*

ullus, -a, -um, *any.*

ulmus, -ī, f., *elm tree.*

ulna, -ae, f., *elbow, arm; ell.*

ulterior, -ius, *farther, more remote, more distant.*

ultimus, -a, -um, *farthest, most remote.*

ultor, -ōris, m., *avenger.*

ultrā, adv., *beyond, over, across.*

ultrīx, -īcis, *avenging, vengeful.*

ultrō, adv., *beyond, on the other side.*

ululātus, -ūs, m., *howling, wailing, loud lamentation.*

ululō, 1, *howl, shriek, lament.*

ulva, -ae, f., *swamp grass.*

umbra, -ae, f., *shade, shadow.*

umbrāculum, -ī, n., *shady place.* In pl., *sunshade, parasol.*

umbrōsus, -a, -um, *shady.*

ūmēns, -entis, *moist, wet.*

umerus, -ī, m., *upper arm, shoulder.*

ūmidus, -a, -um, *moist, wet.*

ūmor, -ōris, m., *moisture, liquid.*

umquam, adv., *at any time, ever.*

uncus, -a, -um, *hooked, barbed.*

unda, -ae, f., *wave; water.*

unde, adv., *from which place; from where?*

undecimus, -a, -um, *eleventh.*

undique, adv., *on all sides, from every part, everywhere.*

unguentum, -ī, n., *ointment, unguent.*

unguis, -is, m., *nail of the finger or toe; talon, hoof.*

ungula, -ae, f., *hoof, talon.*

unguō, -ere, ūnxī, ūnctus, *anoint, soothe.*

ūnicus, -a, -um, *only, sole, single; uncommon, unique.*

ūnus, -a, -um, *one; alone.* As adv., ūnā, *in the same place, at the same time, together.*

urbs, urbis, f., *city.*

urgeō, -ēre, ursī, —, *drive, urge; press upon; pursue.*

urna, -ae, f., *vessel, pot, jar.*

ūrō, -ere, ussī, ustus, *burn, heat, parch, kindle.*

usquam, adv., *at any place, anywhere.*

usque, adv., *all the way, continuously; as far as, to.*

ūsus, -ūs, m., *use, practice, employment, enjoyment.*

ut or utī, adv., *how, as, in what manner;* in comparisons, *as, just as.* Conj. with indic., *when, as if;* with subj., *in order that, although.*

uter, utra, utrum, *which one* (of two).

uterque, utraque, utrumque, *each, each one, either* (of two).

uterus, -ī, m., *womb.*

ūtilis, -e, *useful, serviceable, advantageous.*

ūtilitās, -ātis, f., *usefulness.*

utinam, adv. expressing a wish, *I wish that!, if only!*

ūtor, ūtī, ūsus, *use, employ, profit by, enjoy.*

utrimque, adv., *on both sides, from each side.*

utrōque, adv., *in each direction.*

ūva, -ae, f., *grape, bunch of grapes.*

uxor, -ōris, f., *wife.*

vacca, -ae, f., *cow.*

vacō, 1, *be empty, be free, have leisure.*

vacuus, -a, -um, *empty, vacant, without.*

vādō, -ere, —, —, *go, walk, rush.*

vadum, -ī, n., *shallow place, ford.*

vāgīna, -ae, f., *sheath, scabbard.*

vagor, -ārī, -ātus, *wander, roam, stroll.*

vagus, -a, -um, *wandering, roaming, strolling, unsettled.*

valēns, -entis, *strong, mighty.*

valeō, -ēre, -uī, -itus, *be strong, have strength, be able.* Imper., valē, *farewell, good-bye.*

validus, -a, -um, *strong, powerful, healthy; effective.*

vallēs or vallis, -is, f., *valley.*

valvae, -ārum, f., *double doors.*

vānus, -a, -um, *empty, meaningless, fruitless, vain.*

vapor, -ōris, m., *steam, vapor, warmth.*

variō, 1, *change, alternate.*

varius, -a, -um, *different, of different colors, spotted.*

vāstus, -a, -um, *immense, enormous, monstrous.*

vātēs, -is, m., *seer, prophet; bard, minstrel; poet.*

vāticinor, -ārī, -ātus, *predict.*

-ve, encl. conj., *or.*

vehō, -ere, vēxī, vectus, *bear, carry, convey.*

vel, conj., *or;* vel . . . vel, *either . . . or.*

vēlāmen, -inis, n., *covering, robe, garment; drapery.*

vellō, -ere, vulsī, vulsus, *pluck, tear away, pull out.*

vellus, -eris, n., *hide, pelt, fleece.*

vēlō, 1, *cover up, enfold.*

vēlōx, -ōcis, *swift.*

vēlum, -ī, n., *sail; awning, covering.*

velut or velutī, adv., *even as, just as, like; just as if.*

vēna, -ae, f., *blood vessel; vein of metal.*

vēnātor, -ōris, m., *hunter.*

vēnātus, -ūs, m., *hunting.*

vendō, -ere, -didī, -ditus, *sell.*

venēnifer, -fera, -ferum, *venomous.*

venēnum, -ī, n., *poison, venom.*

venerābilis, -e, *holy.*

veneror, -ārī, -ātus, *worship, revere.*

venia, -ae, f., *indulgence, grace, favor; forgiveness, pardon.*

veniō, -īre, vēnī, ventus, *come.*

vēnor, -ārī, -ātus, *hunt, chase.*

venter, -tris, m., *belly, stomach.*

ventus, -ī, m., *wind.*

Venus, -eris, f., *Venus, the goddess of love; love, passion.*

vepres, -is, m., *bramblebush.*

věr, věris, n., *springtime.*
verbēna, -ae, f., *bough.*
(verber), -eris, n., *lash, whip, blow.*
verberō, 1, *beat, whip.*
verbōsus, -a, -um, *talkative.*
verbum, -ī, n., *word.*
verēcundus, -a, -um, *modest, shy, ashamed.*
vereor, -ērī, -itus, *reverence, respect, revere; fear, be afraid.*
vernō, -āre, —, —, *flourish, be verdant, blossom.*
vernus, -a, -um, *of spring.*
verrō, -ere, verrī, versus, *sweep, sweep up.*
versō, 1, *keep turning, revolve.*
versus, -ūs, m., *verse.*
vertex, -icis, m., *top, peak.*
vertīgō, -inis, f., *whirling.*
vertō, -ere, vertī, versus, *turn, incline; change, alter.*
vērus, -a, -um, *true, real, genuine.* As subst., vērum, -ī, n., *truth, reality, fact.* As adv., vērum and vērō, *truly, without a doubt.*
vescor, -ī, —, *feed upon, eat.*
vesper, -eris, m., *the evening star; the west.*
Vesta, -ae, f., *Vesta,* daughter of Saturn, and goddess of the household.
vester, -tra, -trum, *your, yours.*
vestīgium, -ī, n., *footstep, track, trace.*
vestīgō, -āre, —, —, *follow, track.*
vestis, -is, f., *garment, clothes, clothing.*
vetō, -āre, -uī, -itus, *forbid, prohibit.*
vetus, -eris, *old, aged, ancient, former.*
vetustās, -ātis, f., *old age, antiquity.*
vetustus, -a, -um, *old, ancient.*
vexō, 1, *disturb, worry.*
via, -ae, f., *way, road, street, passage, journey.*
viātor, -ōris, m., *traveller.*
vibrō, 1, *flutter, wave; agitate.*
vīcīnia, -ae, f., *neighborhood.*

vīcīnus, -a, -um, *near, neighboring, in the vicinity.* As subst., vīcīna, -ōrum, n., *the neighborhood, vicinity.*
(vicis), -is, f., *change, alternation.*
victima, -ae, f., *sacrificial animal; victim.*
victor, -ōris, m., *conqueror.*
victōria, -ae, f., *victory.*
victrīx, -īcis, *conquering, victorious.* As subst., f., *conqueress.*
victus, -ūs, m., *sustenance, nourishment, food.*
videō, -ēre, vīdī, vīsus, *see, observe, perceive, understand.* In pass., videor, -ērī, vīsus, *seem.*
viduus, -a, -um, *bereft, deprived, widowed.*
vigeō, -ēre, -uī, —, *thrive, flourish, be strong.*
vigil, -ilis, *awake, watchful.* As subst., m., *watchman, guard.*
vigilō, 1, *keep awake, stay on guard.*
vigor, -ōris, m., *activity, vigor.*
vīlis, -e, *cheap, base, worthless.*
vīlla, -ae, f., *country house, farm.*
villōsus, -a, -um, *hairy, shaggy.*
villus, -ī, m., *shaggy hair.*
vīmen, -inis, n., *twig, shoot.*
vinciō, -īre, vīnxī, vīnctus, *bind, fasten, restrain.*
vinclum, see vinculum.
vincō, -ere, vīcī, victus, *conquer, overcome, defeat, be victorious.*
vinculum or vinclum, -ī, n., *clasp, fastening, bond, fetter; sandal.*
vindex, -icis, m. or f., *protector, champion, liberator.*
vindicō, 1, *deliver, liberate; avenge, punish.*
vīnētum, -ī, n., *vineyard.*
vīnum, -ī, n., *wine.*
viola, -ae, f., *violet.*
violēns, -entis, *violent.*
violentus, -a, -um, *violent.*
violō, 1, *injure, outrage.*
vīpera, -ae, f., *snake, serpent.*
vīpereus, -a, -um, *of a serpent; bearing snakes.*

vir, virī, m., *man, husband.*
virāgō, -inis, f., *heroine, goddess.*
vireō, -ēre, -uī, —, *be green or verdant; be fresh, flourish, bloom.*
virga, -ae, f., *branch, twig; staff, wand.*
virgineus, -a, -um, *maidenly.*
virginitās, -ātis, f., *virginity, chastity.*
virgō, -inis, f., *maiden, virgin; girl.*
viridis, -e, *green, fresh, youthful, blooming.*
virīlis, -e, *manly, masculine, bold, spirited; of a man.*
virtūs, -ūtis, f., *manliness, bravery, courage; high character, worth.*
vīs, vis, pl. vīrēs, -ium, f., *strength, force, power, energy; violence, might.*
vīscus, -eris, n., *internal organs, entrails, viscera.*
vīsō, -ere, vīsī, vīsus, *look at, survey; visit.*
vīsum, -ī, n., *sight, vision.*
vīsus, -ūs, m., *sight, vision, appearance.*
vīta, -ae, f., *life.*
vitiō, 1, *spoil, void.*
vitiōsus, -a, -um, *false.*
vītis, -is, f., *vine, grapevine.*
vitium, -ī, n., *fault, defect, error, crime.*
vītō, 1, *avoid, evade.*
vitta, -ae, f., *headband; fillet, a band worn about the head symbolically by sacrificial victims, priests, and brides.*
vīvāx, -ācis, *long-lived, lasting; lively, vivacious.*
vīvō, -ere, vīxī, vīctus, *live, be alive, pass one's life; dwell.*
vīvus, -a, -um, *alive, living.*
vix, adv., *with difficulty, hardly, scarcely.*

vōcālis, -e, *sounding, speaking, possessing a voice.*
vocō, 1, *call, summon, invoke, appeal to, name.*
volō, velle, voluī, —, *wish, desire.*
volō, 1, *fly.*
volūbilis, -e, *turning, circling.*
volucer, -cris, -cre, *winged, flying.* As subst., volucris, -is, f., *bird.*
volūmen, -inis, n., *whirl, revolution.*
voluntās, -ātis, f., *will, wish, choice, desire.*
voluptās, -ātis, f., *satisfaction, enjoyment, delight, joy.*
volūtō, 1, *turn, toss about.*
volvō, -ere, volvī, volūtus, *roll, turn, revolve.*
vōmer, -eris, m., *plowshare, plow.*
vomō, -ere, -uī, -itus, *spew, throw out, emit.*
vorāgō, -inis, f., *depth, abyss.*
vorāx, -ācis, *devouring, ravenous.*
vōtum, -ī, n., *solemn pledge, vow.*
voveō, -ēre, vōvī, vōtus, *vow, pledge, solemnly promise, dedicate.*
vōx, vōcis, f., *voice, speech, word, utterance.*
Vulcānius, -a, -um, *of Vulcan.*
Vulcānus, -ī, m., *Vulcan, the fire-god, son of Jupiter and Juno; hence, fire, flames.*
vulgō, 1, *spread about, make known.*
vulgus, -ī, n., *the multitude, people, public, crowd.*
vulnerō, 1, *wound, injure.*
vulnus, -eris, n., *wound, injury, blow.*
vultus, -ūs, m., *countenance, expression, features, appearance.*

Zephyrus, -ī, m., *Zephyr, the god of the west wind; a western breeze.*
zōna, -ae, f., *belt or garment worn by women; zone of the earth.*